体育・スポーツ分野における
実践研究の考え方と論文の書き方

福永　哲夫・山本　正嘉編著

市村出版

[編著者]

福永　哲夫　東京大学名誉教授，早稲田大学名誉教授
　　　　　　鹿屋体育大学名誉教授
山本　正嘉　鹿屋体育大学スポーツ生命科学系　教授

[著者]

會田　　宏　筑波大学体育系　教授
笠原　政志　国際武道大学体育学部大学院　教授
金高　宏文　鹿屋体育大学スポーツ・武道実践科学系　教授
小林　秀紹　札幌国際大学スポーツ人間学部　教授
高井　洋平　鹿屋体育大学スポーツ生命科学系　准教授
髙橋　仁大　鹿屋体育大学スポーツ・武道実践科学系　教授
竹中健太郎　鹿屋体育大学スポーツ・武道実践科学系　教授
土屋　　純　早稲田大学スポーツ科学学術院　教授
中本　浩揮　鹿屋体育大学スポーツ人文・応用社会科学系　准教授
鍋倉　賢治　筑波大学体育系　教授
前田　　明　鹿屋体育大学スポーツ生命科学系　教授
道上　静香　滋賀大学経済学部社会システム学系　教授
山本　利春　国際武道大学体育学部大学院　教授

〈五十音順〉

まえがき

　日本のスポーツ界に科学が導入されたのは，1964年の東京オリンピックが契機とされています．以来50余年，スポーツや体育を対象とした科学研究は大きく発展してきました．

　しかしその一方で，現場で日々試行錯誤する選手，コーチ，指導者にとって直接的に役立つような「実践研究」の分野に関しては，その発達が取り残されてきた感があります．2020年に二度目の東京オリンピックを迎えるにあたり，この領域の基盤を固め，かつ発展させることは不可欠ともいえる課題です．

　科学研究では厳密さや普遍性を追求します．一方，実践現場では，厳密さよりも現実的・即時的な解決を求められ，普遍性よりも個別性の方が重要となります．そしてその答えは，従来型の科学研究だけからでは導くことができません．

　このような背景をふまえて，2009年に，本書の編者である福永の提唱により，『スポーツパフォーマンス研究』が創刊されました．以来10年近くが経過して，さまざまなスポーツや体育の分野を対象とした実践研究が少しずつ蓄積されてきました．

　ただし課題はまだ多くあります．たとえば，実践研究の論文を書こうとしてもなかなか書けない，あるいはようやく書いても査読者とのやりとりがうまくいかず却下されてしまう，といった問題です．この要因として，実践研究の定義が不明確であることや，従来型の科学研究の書き方との違いが曖昧であること，などがあげられます．そこで，実践研究の定義，あり方，書き方を少しでも明確化したいと考えて作成したのが本書です．

　読者対象は，研究者や指導者はもとよりですが，体育学やスポーツ学を学ぶ学生にも理解ができ，彼らが卒業研究や修士論文などに取り組む際の参考書にもなるものを目指しました．彼らの多くは卒業後に，体育やスポーツの現場で指導に携わります．その際に，実践研究の考え方，具体的な進め方，そのまとめ方を身につけておくことは，極めて重要なことです．

　実践研究が扱うべき領域や内容は多彩であり，実践研究を行っている人の間でも，意見の相違はあるものと思います．しかし，実践現場に役立つ研究を世に出すことを願う，という点では共通項を持っています．このような共同体の中で，実践研究という領域を確立していくためには，まず論文を書き，蓄積していく努力が必要です．その上で初めて，よりよい論文とはこのようなものである，という合意が形成されていくと考えています．

体育やスポーツを学ぶ大学生や大学院生，彼らを指導する教員，実践研究に携わる研究者やそれを目指す者，さらにはすでに現場で活躍している指導者も含めて，本書を活用することで多くの実践研究論文が生まれ，それが蓄積されて，実践研究の発展に寄与することを願うものです．

2018年7月

編著者　福永　哲夫
　　　　山本　正嘉

体育・スポーツ分野における**実践研究の考え方と論文の書き方**

目　次

まえがき ……………………………………………………………………………… *i*

I部　体育・スポーツの分野における実践研究の必要性とあり方

1. 体育・スポーツの実践研究はなぜ必要なのか ………… 福永　哲夫… *1*
 1. スポーツの意義 …………………………………………………………… *1*
 2. スポーツにおける主観と客観 …………………………………………… *3*
 3. スポーツにおける主観と客観をつなぐ研究 …………………………… *3*
 4. スポーツにおける実践研究の意義 ……………………………………… *4*
 5. ウエブジャーナル「スポーツパフォーマンス研究」の誕生 ………… *4*
 6. スポーツの実践研究と自然・人文・社会科学研究との有機的連携 …… *6*

2. 体育・スポーツの実践研究はどうあるべきか ………… 山本　正嘉… *8*
 1. はじめに：実践研究は価値が低いのか？ ……………………………… *8*
 2. 科学研究と実践研究の価値は対等 ……………………………………… *9*
 3. 95％以上の確からしさを求めることで失われるもの ………………… *9*
 4. 為末選手の言葉 …………………………………………………………… *10*
 5. 実践研究に独自のパラダイムとは？ …………………………………… *11*
 6. 科学技術社会論の考え方
  ：科学者の合理性と社会の合理性とは一致しない ……………… *12*
 7. 医療の考え方：エビデンスとナラティブの調和を目指す ………… *13*
 8. 工学の考え方：科学と技術は別物 ……………………………………… *13*
 9. 科学の理念と技術の理念 ………………………………………………… *14*
 10. 従来型の研究は科学を，実践研究は科学「的」を目指す ………… *15*
 11. 科学的なトレーニングとは ……………………………………………… *16*
 12. 実践研究の定義 …………………………………………………………… *17*
 13. 実践研究の具体例 ………………………………………………………… *18*
  （1）科学研究の視点から実践研究の視点へ（カヌー） ……………… *18*
  （2）危険率が5％以上の結果をどう扱うか（カヌー：続き） ……… *19*
  （3）対照群がない場合にどう説明するか（長距離走） …………… *20*
  （4）1名の事例から普遍性のある仮説を提案する（自転車競技） …… *21*
  （5）戦術を可視化する（ウィンドサーフィン） …………………… *21*
  （6）選手の主観を可視化する（長距離走） ………………………… *22*
  （7）指導者の主観を可視化する（バレーボール） ………………… *24*
  （8）武道における「気剣体」を可視化する（なぎなた） ……… *24*
  （9）客観データと主観データとを関連づけて考えることの重要性 …… *25*
 14. 実践研究論文のあり方 …………………………………………………… *26*
 15. 事例研究の重要性と難しさ ……………………………………………… *27*
 16. 論文の作法：事実と意見の峻別 ………………………………………… *27*
 17. 実践研究の解は1つではない …………………………………………… *28*
 18. 母国語で考え，書くことの重要性 ……………………………………… *28*

II部　実践研究の考え方と研究の進め方—基礎編

1. データを活用した実践研究 ……………………………… 前田　　明 … *31*
   1. これまで自身が行ってきた従来型の研究と実践研究への思い ………… *31*
   2. 埋もれてしまった実践研究の思い出（野球監督の試合中の心拍数）… *31*
   3. 従来型の横断研究から実践研究への流れ ………………………… *33*
   （1）チームのパフォーマンステストからその後の実践研究へ …………… *33*
   （2）条件を与えた動作の比較とその後の実践研究へ …………………… *34*
   （3）実践研究のアイディアから全国大会優勝につながった例 ………… *36*
   4. バイオメカニクス・運動生理学のデータを用いた実践研究 ………… *38*

2. コツやカンを対象とした実践研究 ……………………… 會田　　宏 … *41*
   1. コツやカンを対象とした実践研究の考え方 ……………………… *41*
   （1）観察者の視点と行為者の視点 ……………………………………… *41*
   （2）理論知と実践知 ……………………………………………………… *42*
   （3）理論知の偏重がもたらした実践現場と研究との乖離 ……………… *42*
   （4）実践知を対象にする質的研究の台頭 ……………………………… *42*
   （5）個別事例から伝承できる知の創出へ ……………………………… *43*
   2. コツやカンを対象とした実践研究で生み出された知の事例 ………… *43*
   （1）卓越したハンドボール選手における
        シュートに関する実践知の獲得過程 ……………………………… *43*
        1）実践知の事例 …………………………………………………… *43*
        2）事例の解釈 ……………………………………………………… *45*
   （2）ハンドボールのシュート局面における
        ゴールキーパーとシューターのかけ引き ………………………… *46*
        1）実践知の事例 …………………………………………………… *46*
        2）事例の解釈 ……………………………………………………… *47*
   3. コツやカンを対象とした実践研究の手続き ……………………… *48*
   （1）質的研究に対する批判 …………………………………………… *48*
   （2）科学性が保証され，行為者の視点を持った質的研究の手続き ……… *49*
        1）対象者の選出 …………………………………………………… *49*
        2）実践知の手がかりとしてのコツとカン ………………………… *49*
        3）語りによる内省の外化 ………………………………………… *49*
        4）内省を活性化させる手段：事前アンケート調査 ……………… *49*
        5）対話による語りの共同産出 …………………………………… *49*
        6）聞き手の現場感覚および生成的視点 ………………………… *50*
        7）インタビュー調査の内容と方法 ……………………………… *50*
        8）語りの内容の作成 ……………………………………………… *50*
        9）テキストの作成 ………………………………………………… *50*
        10）テキストの分析 ………………………………………………… *50*
        11）新たな知見の提示 ……………………………………………… *51*

3. 現場でのコーチングやトレーニングを対象とした
   実践研究 ……………………………………………………… 髙橋　仁大 … *53*

1. 実践研究を行うにあたって ……………………………………………… 53
　　2. 実践研究の視点（オリジナリティ） …………………………………… 53
　　3. 実践研究におけるデータ ………………………………………………… 54
　　4. 実践研究の枠組み：どんな観点でパフォーマンスを評価するか ……… 56
　　5. 現場でのコーチングやトレーニングの実践研究を進める上での
　　　 方法論と具体例 …………………………………………………………… 57
　　（1）縦断的研究：実践者の変化を長期的観点で整理した例 ……………… 60
　　（2）縦断的研究：目標とする大会に向けた取り組みの成果 ……………… 61
　　（3）横断的研究：対象とするスポーツ種目の現状を数値化 ……………… 62
　　（4）横断的研究：対象とする集団の現状を数値化 ………………………… 63

Ⅲ部　実践研究の考え方と研究の進め方―応用編

1. 陸上競技を対象とした実践研究 ……………………… 金高　宏文 … 66
　　1. 実践研究の論文作成のポイント ………………………………………… 66
　　（1）運動実践者等の思考・行動過程に沿った記述・説明 ………………… 66
　　（2）研究の方向性を明確にする：仮説創出か，仮説検証か ……………… 66
　　2. 陸上競技を対象にした実践研究の参考例 ……………………………… 68
　　（1）仮説創出型の論文の例 ………………………………………………… 68
　　　　1) トレーニングの問題解決サイクルに沿ってまとめられた
　　　　　 事例研究 ……………………………………………………………… 68
　　　　2) 失敗およびその失敗を克服した事例についての事例研究 ……… 68
　　　　3) 競技に関連する重要なデータの変化を報告した事例研究の例 … 72
　　（2）仮説検証型の論文の例 ………………………………………………… 73
　　　　1) 運動・練習の条件や課題を検討した事例研究 …………………… 73
　　　　2) 運動・練習の条件や課題を検討した構造的な実証研究 ………… 73
　　　　3) 運動や練習の即時的な波及効果を検討した実証研究 …………… 74
　　　　4) 1人の被検者で運動動作の違いの影響を検証した実証研究 …… 75
　　3. これから事例研究を進める人へのアドバイス ………………………… 76
　　（1）運動の構造を理解する：「客観的運動」と「主観的運動」 …………… 76
　　（2）指導者が観ている運動を理解する
　　　　　：「客体的に把握」と「主体的に把握」 ……………………………… 77
　　（3）主観的運動である運動意識の記述・分析法 ………………………… 78
　　　　1)「動きの意図」と「動きの感じ」に分けて記述する ……………… 78
　　　　2) 運動意識の可視化の例 …………………………………………… 78

2. 野球を対象とした実践研究 …………………………… 中本　浩揮 … 82
　　1. 野球の実践研究の重要性を考える：野球パフォーマンスの性質 ……… 82
　　2. 研究事例からみる野球の実践研究 ……………………………………… 84
　　3-A. 実践についての研究 …………………………………………………… 85
　　　　・優れた指導者の思考を研究する ……………………………………… 85
　　3-B. 実践を通しての研究 …………………………………………………… 90
　　　　・専門家としての介入研究論文：実践者を意識した情報発信 ……… 90
　　4. 実践者と研究者の協同的取り組み ……………………………………… 91

（1）練習の場と研究の場を同じにする …………………………… 91
　　　（2）研究者と実践者の目的を近似させる
　　　　　：野球選手の診断・処方システムの構築 …………………… 92

3. サッカーを対象とした実践研究 …………………… 高井　洋平 … 96
　1. 試合時のプレーおよび戦術分析 ……………………………………… 96
　　　（1）試合時の技術的なプレーが勝敗に影響する事例 …………… 96
　　　（2）攻撃場面における高速度帯域での移動の重要性 …………… 97
　　　（3）GPSを用いたフィードバックの事例 ……………………… 100
　2. サッカー選手のフィジカル能力との関連からみた
　　　試合時の移動データについて …………………………………… 102
　　　（1）大学サッカー選手における競技水準が高い選手の
　　　　　フィジカルの特徴 ……………………………………………… 102
　　　（2）日々のトレーニング内容がフィジカル能力に与える影響 …… 103
　　　（3）フィジカルトレーニングと試合時の移動データとの関連 …… 104
　3. スポーツパフォーマンス研究の考え方と進め方の提案 ………… 105

4. テニスを対象とした実践研究 …………………… 道上　静香 … 109
　1. 日本テニス学会の取り組み ………………………………………… 109
　2. テニスの科学で実践研究が増えない理由 ………………………… 109
　3. テニスを対象とした科学研究と実践研究の考え方 ……………… 110
　4. テニスの実践現場の取組過程と実践研究との関係 ……………… 112
　5. テニスを対象とした実践研究とは ………………………………… 113
　6. テニスを対象とした実践研究における2つの視点と書き方 …… 114
　7. テニスを対象とした「仮説生成型研究」の具体例 ……………… 115
　　　（1）一選手の怪我からテニス復帰までの取組事例 …………… 115
　　　（2）一選手の4年間の戦術改善の取組事例 …………………… 118
　　　（3）1チームのメダル獲得までの2年間の取組事例 ………… 120
　8. テニスを対象とした「仮説検証型研究」の具体例 ……………… 122
　　　（1）テニスの指導者の疑問点を検証した事例 ………………… 122
　9. テニスを対象とした実践研究の論文を書く際の注意点 ………… 123

5. 体操競技を対象とした実践研究 ………………… 土屋　　純 … 127
　1. 体操競技における事例研究・実践研究の対象 …………………… 127
　2. 体操競技における技術トレーニングの実践・事例研究の内容 …… 127
　　　（1）理想像の設定 ………………………………………………… 128
　　　（2）技術の明確化 ………………………………………………… 128
　　　（3）練習方法の考案 ……………………………………………… 129
　　　（4）トレーニングの実施 ………………………………………… 130
　3. 体操競技の事例研究例 ……………………………………………… 130
　　　（1）理想像の設定 ………………………………………………… 131
　　　（2）技術の明確化 ………………………………………………… 131
　　　（3）練習方法の考案 ……………………………………………… 131
　　　（4）トレーニングの実施 ………………………………………… 132

6. 剣道を対象とした実践研究 ……………… 竹中 健太郎… *136*
1. 剣道の実戦研究を進めるにあたって ………………………… *136*
（1）剣道の実践研究における可能性とその意義 ……………… *136*
（2）剣道の実践研究を進める上での考え方 …………………… *137*
2. 剣道における実践研究の具体例 ……………………………… *137*
（1）悪癖の修正に向けたアイデアの指導事例から稽古方法を提案 ……… *137*
（2）初心者の学習効果について検証した実践研究 …………… *140*
（3）主観的データの可視化による実践研究 …………………… *142*
3. 剣道の実践研究を行う上でのコツやヒント ……………… *145*

7. コンディショニングを対象とした実践研究 ………… 笠原 政志
　　　　　　　　　　　　　　　　　　　　　　　　　　山本 利春… *148*
1. コンディショニングを対象とした実践研究の根幹となる
　　実験デザイン ……………………………………………………… *148*
（1）競技特有の体力 ……………………………………………… *149*
（2）競技特有のスポーツ外傷・障害 …………………………… *150*
（3）競技ルール・運動条件設定 ………………………………… *151*
（4）競技環境 ……………………………………………………… *151*
（5）コンディショニングツール ………………………………… *152*
2. コンディショニングを対象とした測定データの活用 … *154*
（1）特定選手の特徴からみた体力特性分析 …………………… *154*
（2）継続した測定結果から考える ……………………………… *156*
（3）経験値や主観を客観値にする ……………………………… *157*

8. 大学での体育教育を対象とした実践研究 ……………… 鍋倉 賢治… *161*
1. 大学体育を対象とした実践研究のあり方・研究の進め方 ……… *161*
（1）大学体育の理念 ……………………………………………… *161*
（2）本稿で取り上げる大学体育の目的：生涯スポーツ ……… *161*
（3）大学生を対象とする意義 …………………………………… *162*
2. 実践研究の具体例 ……………………………………………… *162*
（1）現代学生の運動量と体力の関係 …………………………… *163*
（2）現代学生の歩行量とそれに関連する要因 ………………… *164*
（3）激しいトレーニング習慣は
　　24時間の総心拍動数を増加させるか？ …………………… *165*
（4）半年間の授業で心拍数は変わるのか ……………………… *167*
（5）運動習慣の獲得による自尊感情の醸成 …………………… *168*
3. 大学体育における実践研究をするうえの課題 …………… *169*

IV部　論文の具体的な書き方

1. 論文の書き方
A 実証研究の論文を書く ……………………………… 山本 正嘉… *173*
1. 実証研究とは ………………………………………………………… *173*
2. 論文の作法と流儀 ………………………………………………… *174*

3.「研究目的」の書き方 …………………………………………… 174
　　4.「研究方法」の書き方 …………………………………………… 175
　　5.「結果」の書き方 ………………………………………………… 176
　　6.「考察」の書き方 ………………………………………………… 177
　　（1）説得力のある文章 ……………………………………………… 177
　　（2）共感できる文章 ………………………………………………… 178
　　（3）読みやすい文章 ………………………………………………… 178
　　7.「まとめ」の書き方 ……………………………………………… 179
　　8. 文献と謝辞 ……………………………………………………… 179
　　9. 論文を書くための演習 ………………………………………… 180

　B 事例研究の論文を書く ……………………………… 髙橋　仁大 … 182
　　1. 事例研究とは …………………………………………………… 182
　　2. 事例研究論文の書き方 ………………………………………… 182
　　3.「問題提起」の書き方 …………………………………………… 182
　　4.「研究対象の現状と課題」の書き方 …………………………… 183
　　5.「実践記録および事例の提示」の書き方 ……………………… 184
　　6.「結果の考察および事例展開」の書き方 ……………………… 185
　　7.「まとめと今後の課題」の書き方 ……………………………… 187
　　8. 事例研究論文の構成はワンパターンではない ……………… 187

2. 実践研究における統計の意味と使い方 ……………… 小林　秀紹 … 189
　　1. 体育・スポーツ科学における統計 …………………………… 189
　　2. 頻度論による伝統的な統計分析 ……………………………… 191
　　3. 体育・スポーツ科学における仮説 …………………………… 192
　　4. 体育・スポーツ分野における研究デザイン ………………… 193
　　（1）実験計画 ………………………………………………………… 194
　　（2）準実験計画 ……………………………………………………… 196
　　5. 単一事例実験（シングルケース）計画 ………………………… 196
　　（1）単一事例実験計画の概要と手法 ……………………………… 196
　　（2）SCDのデザイン ………………………………………………… 197
　　（3）SCDの統計 ……………………………………………………… 199
　　6. 実践研究における相関分析 …………………………………… 201
　　7. ベイズ統計の活用 ……………………………………………… 203
　　8. 欠損データの扱い ……………………………………………… 204
　　9. 実践研究における統計の意味と使い方のまとめにかえて … 204

3. Q&A〈文献研究，倫理的配慮など〉 …………………… 金高　宏文 … 207
　　【文献研究に関するQ&A】 ……………………………………… 207
　　【研究倫理・配慮事項に関するQ&A】 ………………………… 208
　　【論文投稿および査読に関するQ&A】 ………………………… 210

索引 ……………………………………………………………………… 213

I部 体育・スポーツの分野における実践研究の必要性とあり方

1. 体育・スポーツの実践研究はなぜ必要なのか

1. スポーツの意義

2011年,スポーツ基本法が超党派で認められ,2012年からスポーツ基本計画が実施され,2015年にはスポーツ庁が発足しました.このことはスポーツが日本国民の健康で文化的な生活に必要な条件として法律で認められ,日常生活にスポーツが重要な役割を果たしていることを意味するものとして,非常に意義深いものがあると思います.

「健康的で体力のある身体,動ける身体」は多くの人の願いです.このような身体を作り上げて行くには,健康・体力に関して理論的に明らかにされている原理原則にしたがって,スポーツを実践していかなければなりません.一般に,野球,テニス,サッカーなどは「スポーツ」と呼ばれ,散歩,ジョギング,山登り,ストレッチングなどは「身体運動」とか「エクササイズ」とかの言葉で表現されているようです.しかし,1992年の「新ヨーロッパスポーツ憲章」では,「スポーツ」を「体力向上,精神的充足感の表出,社会的関係の形成,および競技力向上を目的とするあらゆる身体活動の総体」と定義しています.この定義に従えば,健康のためのジョギングや山登りやストレッチも「スポーツ」に含まれます.

私もこの「新ヨーロッパスポーツ憲章」の定義にしたがい「スポーツ」を「競技力向上のため,健康つくりのため,および人間としての教養の形成のための,あらゆる身体運動」と定義して用いることにしたいと思います.

そこで,スポーツを実施する際の動機あるいは

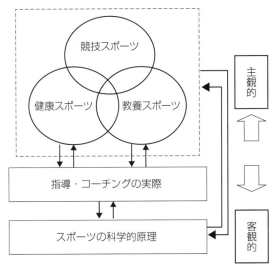

図I-1-1 スポーツをめぐる実践,指導,科学的原理
(福永哲夫,2011)

目的として,
1) 競技としての記録や勝利を目指して(競技スポーツ)
2) 健康つくりのために(健康スポーツ)
3) 文化的な人間生活を目指して(教養スポーツ)
の3つを考えることが出来ます(図I-1-1).

それぞれの目的の間には,相互に密接な関係があります.例えば,「競技スポーツ」の代表であるオリンピック選手が,勝利を目指して記録の向上を願い,連日,激しいトレーニングを実施している場合でも,健康を維持増進する「健康スポーツ」の側面がなければ,障害や病気に悩まされ,トップレベルを持続できないでしょう.さらには,仲間と仲良くプレーする側面や,自らの人間性を磨く

「教養スポーツ」が必要な場面も多いと思います．

一方，健康のためのジョギングやウォーキングを実施する「健康スポーツ」の領域においても，仲間と競争するような側面（「競技スポーツ」の側面）があった方が楽しく長続きできる場合が多いと思います．

さらに，「競技スポーツ」「健康スポーツ」とは別に「教養スポーツ」の観点から，仲間と楽しくプレーをする，新しいスポーツ技術を獲得する楽しみを味わう，気分を転換する，人間性を涵養するなどの目的を意識しながらスポーツする人も数多く存在します．これは，モーツァルトを聞く楽しみ，ゴッホを鑑賞する楽しみ，外国語を読み書き喋る楽しみなどと同等のものであると思います．つまり，人間の教養としてのスポーツを実施する側面です．教養とは「単なる学殖・多識とは異なり，一定の文化理想を体得し，それによって個人が身につけた創造的な理解力や知識である．そして，その内容は時代や民族の文化理念の変遷に応じて異なる」（広辞苑）と定義されています．スポーツをこのような概念でとらえて実施するのは「競技スポーツ」や「健康スポーツ」とは異なります．つまり，「教養スポーツ」とは「理想的身体を意識，理解し，それを創造するための知識と技術の獲得を目的としたスポーツ」と定義されます[1]．

最近の多くの大学で行われているスポーツを観察すると，いわゆる運動会運動部にあまり人が集まらず，同好会やサークルに多くの学生が参加する傾向があるといわれています．この現象は多くの大学生が「教養スポーツ」を体験していることを意味し，「教養スポーツ」の社会的意義が高いことを象徴するものであろうと思います．また，中高齢者のスポーツでは，健康を維持したり，病気にならないようにするための運動（健康スポーツ）が多くを占めますが，仲間とスポーツを楽しんだり，より良い姿勢や体型を保つことや，機敏な動きが出来るようになることなどの「教養スポーツ」の側面も，高齢者の生活の中で重要な意味を持っています．

つまり，「健康スポーツ」はQuality of Life（QOL）を目指し，「教養スポーツ」はより高いQOL（High Quality of Life；HQOL）を目指すものであるといえるでしょう．このように「競技スポーツ」「健康スポーツ」「教養スポーツ」と大きく3概念でのスポーツを考えてみましたが，いずれにせよ，それぞれの間には密接な関係が存在することは前述のとおりです．

ここで私個人の場合を振り返ってみたいと思います．子どものときから運動することが好きで，学校での体育の時間を楽しみに生活していました．これは，跳び箱を飛ぶ面白さや，ボールを投げたり蹴ったりする，逆上がりが出来る，等々の様々な身体運動での動きの獲得や，出来なかったことが出来るようになるなどの喜びを求めてスポーツをしていたと思います．これは「教養スポーツ」の範疇に入るものです．

その後，小学校高学年から中学校にかけては陸上短距離競技とバレーボール競技が面白くなり，学校での運動部活動に精出し，勝つための努力をしてきました．また大学からはラグビー競技に熱中し，勝利にこだわってスポーツを実施した時期がありました．「競技スポーツ」への興味です．社会人になってからは，テニス，サッカー，ゴルフなどに興味がわき，また，運動不足解消の目的もあり（「健康スポーツ」「教養スポーツ」），さらに，テニスやゴルフで仲間に勝つために，壁打ちでのストローク練習や，ゴルフ練習場でショットの練習をしたものです．そのことは同時に自らの「健康」にもつながったことを考えると，「健康」と「競技」とが同居する感じでスポーツに親しんできたことになります．

60歳を過ぎてからも「教養スポーツ」および「健康スポーツ」を主な目的としながらも「競技スポーツ」への興味は尽きないものでした．他人と競争したい感情は人間の本能によるものであろうと思います．いずれにせよ，スポーツを実施する場合，多くは「競技スポーツ」「健康スポーツ」「教養スポーツ」が混在して行われていると考えられます．

スポーツとはつまり，人間が生きていくうえで欠かせない文化であり，将来に向かって人類生存

のための必修な財産として，時空を超えて引き継がれていくものでしょう．そのためには，「競技」「健康」「教養」スポーツに関わる様々な問題（ドーピングなどを含めて）を適切に解決するための，理論と実践を踏まえた科学的なアプローチ（体育・スポーツ科学）が必要であると思います．

2．スポーツにおける主観と客観

　スポーツを実施する場合には様々な言葉が使用されます．例えば，「腰を入れて踏み切る」「ボールに体重を乗せる」「ボールが伸びる」「鞭のように腕をしならせる」「手首をやわらかく使う」等々．このようなスポーツの場面で使用される言葉は，そのほとんどが主観的な「感じ」を表わすものです．しかし，その言葉の意味が通じるためには「動きのイメージ」が共有できなければなりません．様々な動きのイメージや動きの感覚が共有されて，はじめて上記のような言語が通じることになります．例えば，キャッチボールをしたことのない人には「投げられたボールが伸びる」といってもその意味が通じないと思います．

　一方，スポーツを科学的に分析，統合することは自然科学的，人文・社会科学的手法を用いて行われますが，そこでは正確に定義された客観的な言葉，数字や図表が共通の言語として使用されます．従来，スポーツの様々な科学的原理や原則は，自然・人文・社会科学領域で用いられる客観的言語により解明されてきたものです．この領域では，生理学，医学，力学，経済学，哲学，倫理学，歴史学など，様々な学問領域で用いられる科学的手法が利用されて，スポーツの科学的原理を明らかにする試みが行われております．

　現在行われているスポーツの科学的な指導・コーチングの領域では，主観的言語と客観的言語との相互関係が，論理的に整理される必要があると思います．例えば，「鞭のように腕をしならせる」といった主観的言語の意味を，バイオメカニクス領域の手法を用いて客観的な言語で説明する必要があるかもしれません．最近の3次元動作分析法を用いて，「鞭のようにしなる投球動作時の身体各関節の動き」を数値や図表などで解析する試みも行われてきています．

　投球動作の関節の動き（運動エネルギー）についていえば，下半身の関節から動きが生じ，体幹から上肢の関節へと，時間的に遅れながら段階的に関節の動きが繋がっていくと説明されることになります．つまり，「鞭のような撓る投球動作」では各関節のもつエネルギーが，ロスなく次の関節に伝達されていくと解釈されることが科学的分析ということになります．逆に「しならない動作」では，複数の関節が同時に動く結果，エネルギーが上手く伝達されないで，各関節の速度が増加していかなくなり，結果的にリリースされたボールの速度が高まらないことになると解釈されます．

　科学的指導とは，このような「主観的な感じ」と「客観的な事実」との関係が理解された上で，プレーヤーの特性に合わせた指導が行われることと理解されます．スポーツにおける「理論」と「実践」との連携とは，このような現象を意味するものでしょう（図I-1-1）．多くの指導者講習会などのプログラムは，スポーツの実際（スポーツ実践）とその科学的メカニズム（スポーツの科学的原理）とで編成されている場合が多いと思います．体育大学や体育学部などのスポーツ科学の専門家養成教育機関においても，このような観点からの授業プログラムが考えられています．

3．スポーツにおける主観と客観をつなぐ研究

　多くのスポーツにおいては，「苦しい」「楽しい」「面白い」「重い」「軽い」「強い」「弱い」「速い」「遅い」「遅れる」「開く」「閉じる」…などの言葉が頻繁に聞かれます．この言葉の意味は，個人によりその程度が異なるために客観的データとはなりにくく，したがって従来からの科学論文には適しませんでした．しかし，1970年に発表されたボルグによる主観的運動強度の論文[2]は非常に興味深いものでした．ランニング中の主観的な「苦し

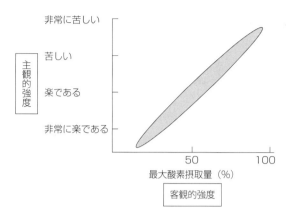

図 I-1-2 主観的強度と客観的強度との関係
（小野寺ら，1976）

さ」の程度が酸素摂取量や心拍数と高い相関関係があり，「苦しさ」の程度が客観的な身体への負荷強度を表すことが出来るとする内容であります．

日本でも小野寺ら[3]は，走運動時の主観的強度と客観的強度との関係を明らかにしました．図I-1-2に見られるように，走速度を徐々に増加していったときの主観的に感じる苦しさの程度の指標（「苦しい」「やや苦しい」「楽である」など20分割）と，心拍数とか酸素摂取量とかの客観的指標との間には統計的に有意な相関関係が見られ，このことから主観的強度が客観的強度を推定する有効な指標として使えることを科学的に示したものです．この研究結果は現在においても多くのスポーツ現場で利用されています．

このように，体育・スポーツ科学の領域においては，スポーツの実践と理論との連携は重要であり，かつ，体育・スポーツ科学のアイデンティティを示す上でも欠かすことの出来ない重要な部分であろうと思います．

4. スポーツにおける実践研究の意義

加えて，スポーツ現場での実践研究の集積が必要です．グラウンドや体育館では数多くのスポーツの実践や指導が繰り返され，多くの成功例や失敗例が存在しています．小，中，高，大学でのスポーツ指導の例は数知れず行われており，フィットネスクラブやスポーツクラブなどでの実践例を含めると，数えきれないほど多くのスポーツ実践例が存在することが容易に想像されます．

そこには意図した結果が得られなかった失敗例も多いであろうと思われます．スポーツの指導者は，日々プレーヤーの状況を見ながら，最も効果的であると思われる方法を処方し，指導に当たっています．このような，様々なスポーツ実践例を収録した研究誌が必要であると思います．従来の研究誌にも「実践研究」の収録が試みられていますが，その領域での研究論文はあまり多くないのが現状です．

体育・スポーツ科学が，社会に必要な科学としてこれまで以上に認知されるためには，このようなスポーツの実践例を論文として収録するジャーナルが必要であると思われます．このような観点から，実践研究のみを集めた研究誌ウエブジャーナル「スポーツパフォーマンス研究」が生まれました（図I-1-3，図I-1-4）

5. ウエブジャーナル「スポーツパフォーマンス研究」の誕生

スポーツ科学の領域は主に，1．自然科学系，2．人文・社会科学系，3．スポーツ実践科学系に分けることが出来，それぞれの系において研究誌が発刊されています．特に，自然科学系と人文・社会科学系においては，国際的にもすでに数多くの学術誌があり，多くの学術論文が発刊されています．例えば，自然科学系では「体力科学」「バイオメカニクス研究」「運動生理学雑誌」などであり，人文・社会学系では，「スポーツ社会学研究」「スポーツ哲学」「スポーツ経営学」などです．また，いずれの領域も網羅する研究誌として「体育学研究」などがあります．一方で，前述のように実践科学系においては学術誌がほとんどなく，その領域で発刊される論文も非常に少ないのが現状です．

スポーツ指導に関する実践系の研究は，個々のプレーヤーの能力をいかに伸ばすかに焦点が絞られて，個人別の指導例を対象とする場合が多いと

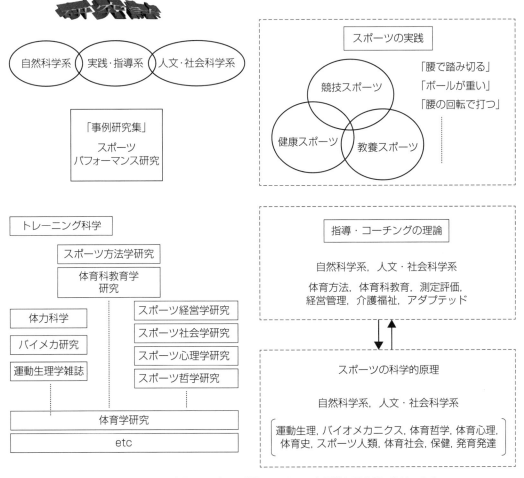

図I-1-3　体育・スポーツ科学における研究領域と研究誌（福永原図）

思います．つまり，スポーツ指導は個人の事例を対象にした場合が多く，事例研究として発表されることになります．このようなスポーツの実践例を対象とした事例研究は，従来の自然，人文・社会科学的手法と同じように，重要な研究として注目されなければならないと思います．

特に，スポーツ指導の現場においては，前述のように主観的なイメージ言語が多く使用されています．このイメージ言語の意味を解説する「動き」を，動画や音声を利用して伝える方法を利用した研究誌「スポーツパフォーマンス研究」はこれからの発展が期待されます．例えば，この研究誌に掲載されている論文に「脚で踏み切る」イメージから「腰を使って踏み切る」イメージへ動きを変えた結果，走り幅跳びの記録が非常に伸びた事例を動画で説明したものがあります．このような事例研究が論文として公表されれば，その論文から自然科学的な手法を用いた新しい研究テーマが浮かんでくると思います．

例えば，「脚で踏み切る」イメージと，「腰を使って踏み切る」イメージの動きとを，モーションキャプチャーや圧力盤を用いたバイオメカニクス研究

図I-1-4 実践者のための実践者による実践論文「スポーツパフォーマンス研究」

に発展させることなどのアイデアが生まれてきます．また，その動作に関わる神経筋系の機能を，筋電図法やMRI法など，運動生理学的手法を用いた研究に発展していく可能性を秘めています（図I-1-5）．つまり，このような実践研究例の論文が従来の自然科学的研究と連携することによって，いわゆる「現場と研究をつなぐ」新しいスポーツ科学研究のテーマが出現することが大いに期待できると思います．

6. スポーツの実践研究と自然・人文・社会科学研究との有機的連携

スポーツ活動は多くの人間が複雑な環境で実施するものであり，人間生活の質（健康・体力や文化）に重要な影響を与える時代になってきました．スポーツ活動を研究する領域としてのスポーツ科学は，人間生活の質（Quality of Life）に直結する学問として注目されてきています．しかし，人間生活を取り巻く環境が複雑な故に，従来の研究

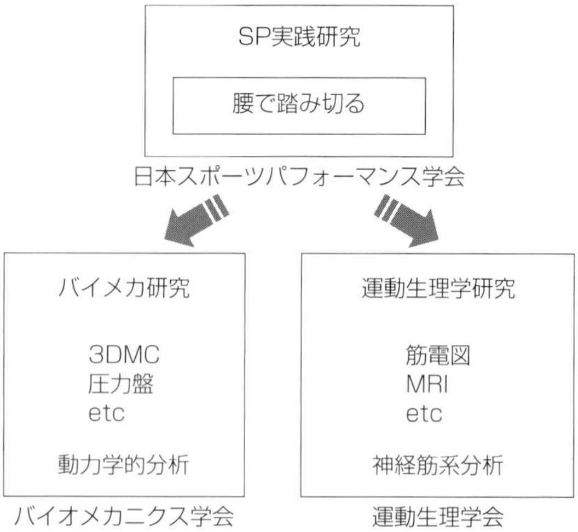

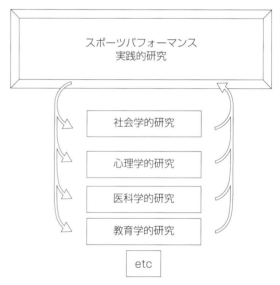

図I-1-5 実践研究と自然科学研究との有機的連携（福永原図）

図I-1-6 スポーツパフォーマンス研究と自然・人文・社会科学研究との有機的連携（福永原図）

手法（自然・人文・社会）では研究として認められない場合も数多くあります．また，人の感覚や感情などの主観的要素がスポーツのパフォーマンスに与える影響は大きく，そのことが研究の再現性や信頼性に影響を与え，科学論文としての地位を得ることが出来ない原因であると思われます．（図I-1-6）

しかし，スポーツパフォーマンスの具体例を明らかにした論文として公表することは，人間を対象とした研究領域では非常に重要であろうと思います．多くの異なるケースでのスポーツパフォーマンス実践論文の公表は，個々人の生活に適合した例として，貴重な資料を提供する場合もあることが予想されるからです．したがって，数多くのスポーツパフォーマンス論文の集積は，将来的に人間生活の質の向上に資することが出来ると考えられます．さらに，従来の研究手法との有機的連携は，これまでにない新しいスポーツ科学を生み出すものと思われます．

[福永　哲夫]

[文　献]

1) 福永哲夫，山田理恵，西薗英嗣編：体育・スポーツ科学概論．大修館書店，2011．
2) Borg, G.: Perceived exertion as an indicator of somatic stress. Scand. J. Rehab. Med., 2: 92-98, 1970.
3) 小野寺孝一，宮下充正：身持久性運動における主観的強度と客観的強度の対応性―Rating of perceived exertionの観点から．体育学研究．21: 191-203, 1976.

I部 体育・スポーツの分野における実践研究の必要性とあり方

2. 体育・スポーツの実践研究はどうあるべきか

1. はじめに：実践研究は価値が低いのか？

体育・スポーツの実践研究といっても，扱うテーマは多岐にわたります．そこで本稿では，私が取り組んできたスポーツ選手のトレーニング研究を題材として，従来型の科学研究と，実践研究とを比較しながら考えていきます．ただしここに述べることは，他のテーマにも適用できる考え方だと思っています．

あるトレーニングが有効かどうかを検証するために，たくさんの被検者を集め，対照群も作って，運動条件を厳密にコントロールして行うのが従来型の科学研究だと考えてください．これに対して実践研究とは，実際のトレーニング現場で，少数の選手を対象として得たデータから，自他にとって有益な知見を導き出そうとするものとイメージして下さい．

両者を見比べると，前者の方法論は長い伝統の上に立って確立しているのに対し，後者ではそれが不十分で基盤が脆弱という印象があります．その重要性は多くの人が認めているのに，いざその研究をしたり論文を書こうとすると，うまくいかないことが多くあります．実践研究の価値は低いという先入観を持っている人もいます．それらの結果として，現状では研究自体も不活発です．

図I-2-1は，全国の大学や高専で体育を教えている668名の教員を対象にアンケート調査を行い，実践研究を行う上での問題点を書いてもらった結果です[1,2]．回答者の94％は実践研究に興味が「ある」と答えているのですが，一方では多くの問題に悩まされていることがわかります．実践研究の大切さはわかっていても，研究が進まず，論文もあまり世に出てこない現状が想像できます．

私はこれまで30年以上，体育大学で教育や研

■学問領域としての未整備…「研究上の理論や方法論が曖昧」「他領域のような学問的形態をなしていない」「科学と認められない雰囲気」「非科学的である」

■研究の難しさ…「研究方法が難しい」「科学的（論理的）に説明することが難しい」「数値化を求められる現実」「現場の実態に研究は追いつけない」

■普遍性…「普遍性に欠ける」「結果が一般化できない」「再現性がない」「信頼性や妥当性がない」「条件が複雑・曖昧で統制できない」「信憑性がない」「主観的すぎる」「自己満足的な研究に陥りやすい」

■研究の価値…「研究の価値が低いという雰囲気」「業績として一段低く見られる」「労力は要する割に原著論文になりにくい」「原著にして一般性を求めれば，現場には戻せなくなる」「学位が認められない可能性がある」

■論文の査読…「査読者が自然科学論文と同じ基準で評価する」「査読を意識して偏った方法論をとらざるをえない」「査読者が専門外の場合に新規性や独創性が理解されにくい」「査読が厳しく投稿意欲が低下する」「査読することが難しい」

■指導体制…「研究指導ができる教員がいない」「研究者としてのトレーニングを受けていない人が多すぎる」

図I-2-1 実践研究を行う上での問題点（山本，2015，2017）

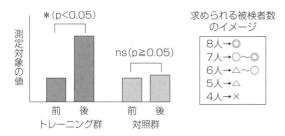

図I-2-2 従来型の科学雑誌にトレーニングの研究が認められるための研究デザイン（山本，2015）

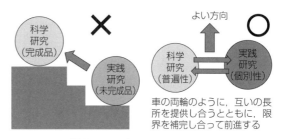

図I-2-3 従来型の科学研究と実践研究とのあるべき関係（山本，2017）

究をしてきたので，図I-2-1のような問題についても長年考えてきました．そして最近になって，このように考えればその問題の多くを解決できるのではないか，という結論を持つに至りました．本章ではそれを，1）実践研究のあり方（定義），2）具体的な研究例，3）実践研究論文のあり方，という3点に分けて述べていきます．

2. 科学研究と実践研究の価値は対等

　まず，トレーニングの分野で従来型の科学研究を行う際の「作法」を考えてみます．あるトレーニングに効果があることを他者に説得するためには，図I-2-2に示すように，それぞれ7～8人程度の被検者を集めてトレーニング群と対照群とを作ります．そして，前者では能力が改善したが，後者では改善しなかったことを示します．能力が伸びたか否かは，統計処理をして5％水準の危険率で判定します．

　しかし，一流選手を対象にこのような実験設定をすることは不可能です．また競技レベルの高低によらず，少数あるいは1人の選手に着目した研究も成り立ちません．だからといってそのような研究は価値が低い，と決めつけるのは暴論です．

　トレーニングの原則の一つに「個別性の原則」があります．人間は皆，生物としての普遍性を持つと同時に，個別性という要素も持ち合わせています．どちらの研究に偏っても健全な発展が望めないことは明らかです．

　科学研究では普遍性のある真理を求めるために，95％以上の確からしさを要求します．つまり，ほぼ全ての人にあてはまることを見いだしていくのが，従来型の科学研究の目的です．

　一方で実践研究とは，実際の現場において，選手の個性の違いに応じて，一人ひとりに対してどれだけ役に立つのかが重要です．したがって95％以上の確からしさを求めることはそもそも無理な注文です．それをあえて求めてしまえば，その研究の最も大切な部分が失われてしまうでしょう．

　図I-2-3は，このことを概念図で示したものです．従来型の科学研究とは普遍性を追求するもの，実践研究とはそれだけでは解明できない個別性の問題を追求するものと考え，棲み分けを図るべきです．両者は対等の関係にあり，車の両輪のようにお互いの足りない部分を補完し合って前進すべきものです．本稿では以下，これを具体的にどう実行すればよいのかを説明していきます．

3. 95％以上の確からしさを求めることで失われるもの

　図I-2-4は，トレーニング科学概論という，体育学部の2年生を対象とした私の授業の中で，300名以上の学生に「あなたは，成功する確率が何％のトレーニングならば採用しますか？」というアンケートをした結果です．1％の可能性があればやると答えた人から，100％でなければやらないという人まで様々でしたが，50％以上になる

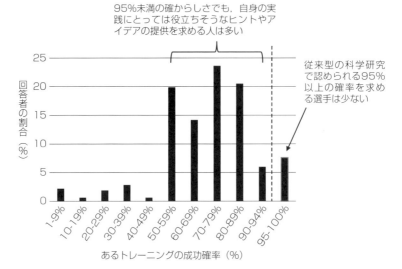

図 I-2-4　成功確率が何%のトレーニングならば採用するか？（山本, 2017を改変）
90〜100%の部分は5%刻み（他は10%刻み）で示している.

と採用するという回答がはっきりと増えます．一番多いのは70％台のところです．

科学論文には危険率5％という言葉がよく出てきます．簡単にいうと，その仮説が95％以上の確からしさで検証されなければ採用しない，という意味です．

しかしこの図を見ると，95％以上の成功確率を求める学生は1割もいません．科学研究の要件となっている95％の確からしさと，スポーツ選手がトレーニングという行動を起こす際に求める確からしさとの間には，大きなずれがあるのです．

従来型の科学研究の作法にもとづけば，95％以上の確からしさで結果が出なければ，仮説が外れたと考えて論文を書かないでしょう．また，たとえ書いたとしても査読で却下されてしまうでしょう．したがって50〜90％くらいの確からしさを持ったトレーニング研究の成果というのは表に出てこないわけです．

しかし，その中にも大事なことがたくさん埋もれているのではないでしょうか．実践研究の使命とは，このあたりに埋もれている価値のある現象を見いだして，トレーニングやコーチングに寄与する知見を示すことだと思います．

4．為末選手の言葉

オリンピック選手の為末大選手が以前，「科学的な確証が出るまで待っているうちに，世界のレベルは先に進んでしまう．私が科学に対して望むこととは，ヒントでよいから役に立つ知見を提供してくれることです」と話したことが印象に残っています．

多くの被検者に協力してもらい，対照群も設けて，95％以上の確からしさを持つ知見を世に出すまでには，大きな労力と長い時間がかかります．現場の選手としてはそれまで待っていられない，と彼はいっているのです．

また，科学研究に不可欠な方法論である対照実験とは，平均値での議論です．普遍性を追求するために個別性が排除される．したがって大事なことの一部しかわからないことになります．

誰にでも当てはまる真理を見いだすことはもちろん重要です．しかし，一流選手が求めているものは，他の選手に対してごくわずかの差をどうやってつけるのか，という個別性の高い問題です．為末選手が望んでいるのは95％ではなく，もっ

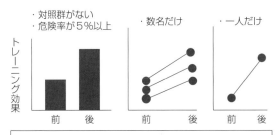

図I-2-5 実践研究において積極的に認めていくべき研究デザイン（山本, 2015）

と低い確からしさでも，自分のヒントになるものならば欲しいということでしょう．そしてここに，実践研究という方法論の価値が生まれてきます．

図I-2-5に示したように，対照群は設けていないが，あるトレーニングをしたら能力が顕著に向上したとか，危険率は5％未満ではないが，現場の感覚としては意味がありそうだとか，とにかく実践者の立場から見てヒントになるものならば，立派な実践研究だというのが私の考えです．現場の人ならば，このようなデータが示され，その説明がきちんとなされていたら，そこにどの程度の価値があるかは判断できるでしょう．

対照群がないとか，危険率が5％未満ではないとか，対象者が少数あるいは一人といった場合でも，そこに積極的に意味を見い出そうとする研究態度は，従来型の研究作法からはそもそも逸脱しています．そのような研究結果に対して，従来型の研究の評価尺度を当てはめようとすれば，受け入れられないのは当然のことです．

実践研究を行う人は，実践研究者という共同体にとって独自の評価尺度を構築し，それに基づいて評価していかないと，いつまでたっても実践研究の市民権は得られないし，地位の向上もないでしょう．言いかえると「従来型の科学研究とは別の作法（パラダイム）を構築しなければならない」ということです．

人数をたくさん集め，対照群も作らなければならないという足かせがあるから，現場の人にとってはそこで研究が挫折してしまう．そうではなく，図I-2-5のように従来型の科学研究の作法は満たしていなくても，実践研究の作法に則したものであれば価値が認められる，といった独自のパラダイムを構築できれば，現場のコーチや選手でも身近な材料からどんどん研究を世に出していけるでしょう．

5. 実践研究に独自のパラダイムとは？

実践研究は，従来型の科学研究とは別のパラダイムを持ち，両者の価値に上下はないと述べました．このような考え方をうまく説明する概念がないかと探してみたところ『「超常現象」を本気で科学する』という本[3]に出合いました．

著者の石川幹人さんは明治大学で科学リテラシーを教えている方です．この本の序章に「幽霊はいるかいないかではなく，役に立つか否かで考えるとよい」という趣旨が書かれています．これだけでは意味不明ですが，トレーニングやコーチングの研究を想定して読み進めていくと，優れた考え方であることがわかってきます．

たとえば，自分が選手あるいはコーチとして現場にいる時，これは重要な意味があるのではないか，と思える現象にぶつかったとします．それはその場限りの現象で普遍性はないかもしれない．単なる思い込みかもしれない．まさに幽霊のような現象というわけですが，自分としては大きな意味がある，と直観したとします．

それを周りの仲間に話した時に「そんなことはありえない」というように，あるかないか（二者択一）の観点で議論をしてしまうと，水掛け論になるだけで価値は生まれません．しかしその現象を「他の人にとってはどの程度の意味があるのか，どの程度まで役立つのか」という観点（意味基準）で議論すれば，周りの人にも役立つ可能性が出て

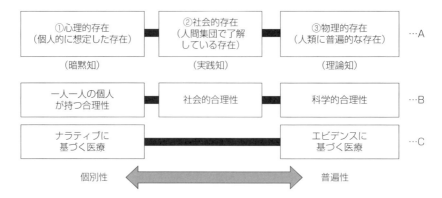

図I-2-6 人間が持つ価値観や合理性の様相
Aは石川（2014），Bは科学技術社会論，Cは医療における考え方．いずれも右側に行くほど普遍性が高く，左側に行くほど個別性が高い．体育・スポーツにおける実践研究とは，両者の中間部に成立する行為と考える．

くると，石川さんはいうのです．

たとえば，その人のいうことを聞いた別の選手やコーチが「自分ではそのような経験をしたことはないが，君の説明を聞くと，非常に重要なことかもしれない．自分もこれからはその点に注意して実践をしてみよう」いう会話が成り立った場合には，その現象が他の人にとって価値を持つことになります．

石川さんはある現象を，①心理的存在，②社会的存在，③物理的存在の3つに分類しています（図I-2-6-A）．①は個人的な体験のレベルにとどまっていて，他の人には共有されていないので，この段階では普遍性がない，いわば幽霊のレベルです．③はその対極に位置し，科学的な方法論により95％の確からしさで証明され，誰もがその普遍性を認めた段階です．

両者の中間に位置する②というのは，科学の立場からは十分に証明されているとはいえず，万人がそれを認めているわけでもないが，ある一定の人たちが「意味があるかもしれない」「役に立つかもしれない」「ヒントになる」と考えている段階です．

実践研究とは②のところに立脚するもの，というのが私の考えです．そして，従来型の科学研究とは③のところに立脚するものです．このように，両者の棲み分けをはっきりさせることによって，実践研究として独自の足場を固めることができます．そして科学者からも，その立場を認められるものになるでしょう．

なお，心理的・社会的・物理的存在という用語法は，まだ広く普及しているわけではありません．そこで本稿では以後，体育・スポーツ界では比較的よく使われている「暗黙知」「実践知」「理論知」という用語に置き換えて話を進めることにします．

6. 科学技術社会論の考え方：科学者の合理性と社会の合理性とは一致しない

科学はいつでも正しい答えを与えてくれるもの，と私たちは考えがちです．しかし現実はそれほど単純ではありません．科学の知見だけでは現場の問題を解決できないという例を，体育・スポーツ以外の分野から3つ紹介します．

第1に紹介するのは，科学技術社会論という考え方です[4,5]．科学の進歩により技術も発展し，私たちの生活は改善されました．しかし一方では，環境汚染，遺伝子組み換え食品，原発，地球温暖化など，安全や安心を脅かす様々な問題が出てきました．

水俣病という痛ましい事件があります．工場排

水が熊本県の水俣湾に流れ込み，1950年代から海岸付近の住民が水俣病にかかるようになりました．しかし工場側は「工場排水が水俣病の直接の原因である，という因果関係が科学的に証明されない限り，受け入れられない」と反論しました．そして科学者による証明が難航したため，行政も有効な手を打てず，その間に被害が拡大してしまいました．

現代では，地球温暖化問題がその典型例でしょう．人間が排出する二酸化炭素が，温暖化の原因として疑われていますが，因果関係が証明されているわけではない．かといって，それが科学的に証明されるまでは二酸化炭素は好きなだけ排出してもよい，と考えては手遅れになる可能性があります．

このように，現時点では科学的に十分証明されてはいないが，社会のためには今すぐにでも解決しなければならない諸問題にどう対処すればよいか，を考えるために科学技術社会論という学問が生まれました．そこでは，科学者が持つ合理性（科学的合理性）と，社会で暮らす人々が持つ合理性（社会的合理性）とは食い違うもの，という前提に立って両者の調和を図ろうとします（図I-2-6-B）．

両者の合理性がせめぎ合う典型例として，基準値作りの問題があげられます．私たちの安全や安心を確保するために，様々な安全基準の数値が決められていますが，線引きのための具体的な数値をいくつにするのかという問題です．『基準値のからくり』という本[6]を読むと，基準値がいかに人間的に決まっているのかがよくわかります．

7. 医療の考え方：エビデンスとナラティブの調和を目指す

第2に，医療における最近の考え方を紹介します．ここでも似た問題があります．

近年，エビデンス（根拠）に基づく医療という言葉が盛んに使われています．しかしこの意味を，科学研究に導かれたデータ（たとえばガイドライン）を厳守して患者を治療すること，と硬直的に解釈したとすれば，患者の個別性（身体的な個性や精神的な価値観）を無視することになってしまいます．

そこで近年では，ナラティブ（物語）に基づく医療という概念も提唱されるようになりました[7]．これは患者の主張にも配慮した医療という意味です．科学的な合理性は踏まえつつも，患者の側のいい分も尊重しながら，両者がなるべく調和する方向での治療を考える，という態度です（図I-2-6-C）．

前節で紹介した科学技術社会論とは，社会を構成する多数の人たちの価値観を尊重するという話でした．そして本節でいうナラティブに基づく医療とは，医療を受ける一人ひとりの価値観を尊重するという話です．いずれも科学研究により導かれた示唆を，社会あるいは個人としてどの程度まで受け入れるのかという問題ですが，その際，両者の価値観はそもそも異なるという前提で考えるのです．

スポーツ選手のトレーニングの問題についても同じ事がいえます．現時点の科学の知見だけでは，絶対的な正答を示すことはできません．現場の選手やコーチが持つ経験や勘といった価値観と，現時点までにわかっている科学の知見とを，いずれも生かす方向で考えることが重要なのです．

8. 工学の考え方：科学と技術は別物

第3に紹介するのは工学の考え方です．「科学と技術とは別物である」という考え方[8,9,10]があることをご存じでしょうか．これは，西洋では古くから認識されてきたが，日本では歴史的な事情から十分に理解されていない概念です．

西洋で発祥した科学（ここでは自然科学を指します）とは，人間の身体のことも含め，自然界の仕組みを探求するのが目的です．もっといえば科学とは，神（キリスト）が創造したこの世界の仕組みを読み解いて，神の素晴らしさを讃えるために生まれてきたもので，根源的には人間の役に立

つかどうかは問わない行為なのです[8]．

たとえばアインシュタインは「わたしが知りたいのは，神がどうやってこの世界を創造したかということです．…わたしが知りたいのは神の思考であって，その他のことは，些末なことなのです」と述べています．

一方，技術というのは人間にとって役に立つことを目的とします．科学者は自然に対して観察者（傍観者）であるのに対して，技術者は自然に人為的な手を加えて人間に役立つものに変える介入者（行為者）である，という根本的な違いがあります．

西洋ではギリシア時代から，この両者ははっきりと区別されてきました．一方，日本では明治維新の際に，科学も技術も富国強兵に役立つ有用なものという認識で輸入され，現代でもその考え方が残っているのです．

西洋では「科学と技術」というように両者を区別して表現します．しかし日本では「科学技術」と，両者をつなげた言葉がよく使われます．つまり，どちらも人間にとって役立つ似たようなもの，という意識なのです．

ここでの話に当てはめると，トレーニングとは人間に役立てるための行為ですから，科学ではなく技術に相当し，この意味において科学とトレーニングとは別物です．体育・スポーツにおいて，従来型の科学研究と実践研究との棲み分けを図るためには，まず両者の区別をしっかりつけて考えることが必要です．

日本では「トレーニング科学」という用語が気軽に使われています．しかし私には「科学技術」という用語法と同様，科学とトレーニングとを混同する要因となっているように思えます．スポーツ現場に対して科学的なサポートをする際に起こりがちな齟齬も，この混同が最大の要因であると考えています．

9．科学の理念と技術の理念

科学と技術の違いを，理学部と工学部の理念の

「工学部魂」

① 東大工学部の伝統を踏まえてか，永井教授は工学部と理学部の違いを示すことで工学部魂の理念を説かれた．「斯く斯くの理由により出来ないという解答は理学部では評価される真理へのアプローチであっても，工学部では許されない結論．工学部出身者には"かくすれば出来る"と言う解答が常に求められる」．実務担当のエンジニヤとして肝に銘じた．

（中略）

② 何事も達成の第一歩はデータ化と図面化．気宇壮大な構想も天才的閃きもデータと図面無しでは一場の夢に過ぎない．調査・実験・考察により，未知の世界を探索し，その結果をデータ化，数式化・図面化して初めて具体的な行動が開始できる．

図I-2-7 理学部（科学）と工学部（技術）の価値の置き所の違い（吉岡隆：赤門学友会報，12：9, 2008．）

違いから説明してみます．理学部では科学を追究します．物理学，化学，生物学のように，自然界の仕組み（真理）を解き明かすことを目的とします．一方，工学部とは自然に手を加えて，人間にとって役立つものを生み出す，つまり技術を追求する学部です．

図I-2-7は，両者の違いを明確に表明した文章[11]です．理学部の人（科学者）ならば，この部分はまだ解明されていないのでわからない，したがってできないといえばよい．またそういわなければならない義務がある．しかし工学部の人（技術者）は，科学で解明されていようがいまいが，とにかく目の前にある課題を解決することが求められる，という趣旨です（①）．

科学の本質，意義，そして限界をユーモラスに解説した『99.9％は仮説』という本[12]があります．著者の竹内薫さんは，本の序文で「飛行機が飛ぶ仕組みは，厳密にいうとわかっていない．しかし飛行機はちゃんと飛んでいる」と書いています．これは科学と技術とが独立して成立することを意味します．たとえば子どもは流体力学を知りませんが，紙飛行機を作って上手に飛ばすことができます．

スポーツについていえば，スポーツ科学という概念がなかった古い時代でも，高いレベルで競技が行われていました．現代では科学の成果も利用するようになりましたが，科学で解明されていな

図I-2-8 科学が真理を求める際に辿る4つの段階 (Christensen, L. B.: Experimental Methodology (7th Ed.). Allyn Bacon, Boston, pp. 26-29, 1997より作成)

い部分はいくらでもあります．選手やコーチは，現時点でわかっている所までは参考にするが，あとは自身の経験，勘，創造力などを駆使してトレーニングやコーチングをしているわけです．

そのような現場の人たちに対して，科学者が「そのトレーニング方法の有効性は，科学の作法（危険率5％未満）では証明されていない．よって私は，そのトレーニング方法の有効性を認めない」といったとすれば，現場の人からは相手にされなくなるでしょう．

科学者は，95％以上の確からしさでものをいう，という作法に縛られています．そしてそうである限り，現場に対して提言できることはかなり限られます（図I-2-4）．この点は，科学者も，現場の選手やコーチも，もっと認識すべきです．

昔から，現場と科学者との間にはギャップがあるといわれてきました．現在でも，現場に対して科学的なサポートを行う場面ではしばしば不協和音が聞かれます．これは上記のことが正しく認識されておらず，科学者は科学でいえる範囲を超えたことをいおうとし，現場も科学者に過剰な期待をしてしまうからです．

ただし図I-2-7の文章の後段には，もう1つの大事なことが書かれています．データをもとに考えることの重要性です（②）．スポーツの現場でも同じです．選手やコーチは理屈がどうあれ，目的を達成しなければならない．ただしその過程で，科学「的」な手法は非常に強力なツールになるということです．このようなあり方を，私は「体育・スポーツ学部魂」と表現したいと思います．

10. 従来型の研究は科学を，実践研究は科学「的」を目指す

科学「的」ということについて，もう少し考えてみます．体育大学の学生に，科学的なトレーニングとは何だと思いますか？と尋ねると，多くは「科学的に根拠が証明された方法で行うこと」と答えます．しかし，95％の確からしさで証明された研究だけでは，現場の需要のわずかな部分しかカバーできません（図I-2-4）．そこで私は，次のような広義の捉え方をすべきだと考えています．

図I-2-8は，科学が自然界の仕組み（真理）を理解しようとする時に辿る，4つの段階[13]を示したものです．第1段階ではその現象を記述します．第2段階ではその現象の説明をする．第3段階ではその説明をもとに次の段階を予測する．第4段階では対象に働きかけをして，その予測が正しいかを確認する．

図の右側は，この4ステップを筋力トレーニングの研究に当てはめたものです．まずは筋の形や力を測り，画像や数値で表します（記述）．そのデータを検討していくうちに，筋力は筋の太さに比例

する性質があることがわかってくる（説明）．

そして，筋力が筋の太さに比例する性質があるのなら，筋を太くすれば筋力は増大し，パフォーマンスも向上するのではないか，という予想ができます（予測）．そこで実際に筋を太くするようなトレーニングをやってみたところ筋力が向上し，さらにはパフォーマンスにもプラスの影響があることがわかる（操作）．

科学者の場合にはこの各段階で，図I-2-2のような形でたくさんの被検者を集め，対照群も作り，95％以上の確からしさでその結果を証明し，理論知を構築していきます．一方で実践研究者の場合は，為末選手がいうように現場への示唆に時間がかかっては手遅れになるので，図I-2-5のように，取り急ぎ，少数例あるいは1人でもよいから，この4段階を踏んで試してみる．

つまり実践研究者の場合には，技術者の態度（仕組みの解明は後回しにしても，目的の達成を最優先する）で研究を進め，理論知よりもヒントを得ることの方を優先する．科学者を納得させようと努力するのではなく，同業者が納得できる知見を提示する努力をするもの，と考えるのです．

95％以上の確からしさを担保して行う科学者的な研究（科学研究）と，ここに述べたような技術者的な研究（実践研究）の両者をあわせて，科学「的」な研究と考えるべきだと思います．後者に関する具体的な研究例は，あとで紹介します．

11. 科学的なトレーニングとは

ところで図I-2-8のプロセスは，私たちが行っているトレーニングやコーチングのプロセスそのもの，といってよいほど似ています．選手やコーチは自分たちの現状について，少なくとも頭の中では把握しています．つまり頭の中で現状を「記述」しているのです．そして，その状況を色々な角度から考え（説明），最良と思われる方策を選び（予測），それが正しいかを実際のトレーニングによって確認します（操作）．

図I-2-9はこれを概念図で表したものです．左

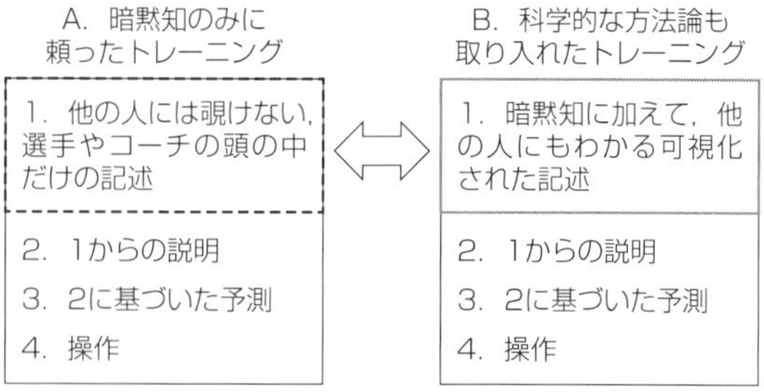

A. 暗黙知のみに頼ったトレーニング	B. 科学的な方法論も取り入れたトレーニング
1. 他の人には覗けない，選手やコーチの頭の中だけの記述	1. 暗黙知に加えて，他の人にもわかる可視化された記述
2. 1からの説明	2. 1からの説明
3. 2に基づいた予測	3. 2に基づいた予測
4. 操作	4. 操作

図I-2-9　ただのトレーニングと，科学的なトレーニングの相違点
1～4のステップは，どんな選手やコーチでも無意識のうちに行っている．1の「記述」で，第三者の目にも見えるようなデータを示しているか否かが，科学的なトレーニングと，ただのトレーニングとの最大の違いといえる

側は，選手やコーチがこの過程を，暗黙知のみに頼って実行している姿です．これに対して右側は，現状を何らかの方法で他者にも見えるようなデータで示し，それも参考にしながら実行している状態です．

可視化されたデータがなければ，当事者が持っている暗黙知は他者には伝わりようがありません．しかし，データがあれば他者の参考にもなりますし，他者からの意見を当事者が参考にできるようにもなります．その結果，共同体の中でその知が共有されるとともに発展し，実践知の形成にも役立ちます．

要するに，通常の現場では暗黙知のみに頼って行っていることを，第三者にも見える可視化されたデータでも示す努力をすることが，科学的なトレーニングなのです．そして，それを行うことがそのまま，実践研究にもなるのです．

スポーツ現場に対して科学的なトレーニングサポートを行う際に，現場と科学者との間で起こりがちな離齟も，次のように考えることで解消できます．科学者が現場に対して，記述・説明・予測・操作の全段階で正しい答えを示せると考えることは幻想であり，最も貢献すべきなのは第一段階の記述であると認識するのです．

本章の後段（p28）で述べますが，記述された事実は1つでも，それに対する説明・予測・操作には多くの選択肢が出てきます．さらには当事者

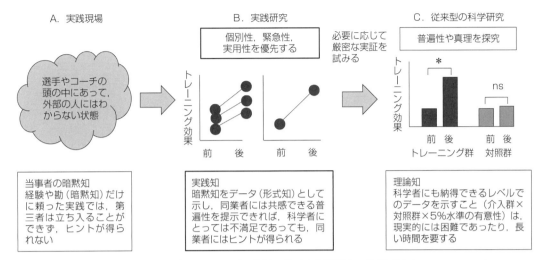

図I-2-10　トレーニングやコーチングの領域における実践研究の位置づけ（山本，2015, 2017）

の個性も反映します．つまり科学者にとっては扱いにくい問題となります．

そこで科学者は，選手の現状をできるだけ正確に記述することを主目標とする．この時，記述したデータについて，科学者の立場で考えた説明をすることは必要ですし，それに基づく予測を述べることもよいでしょう．しかし，最終的にどの説明・予測・操作を選ぶかには口をはさまず，現場の判断に任せるのです．

「人間というものは，あるがままの姿を見せられたときに，初めて向上する」とは，19世紀末のロシアの作家チェーホフが残した言葉です．実際に優れた文学作品は，ある人（たち）の生き方をあるがままに描くだけで，作者がそれに説明や予測を加えることはありません．それでいて，読む人に感動や示唆を与えてくれます．

これと同じことが，科学者とスポーツ現場との関係にも当てはまると思います．科学者はできるだけ正確な現状の記述に徹する．しかし，本当によい記述ができたとすれば，それだけでも現場に十分貢献することができるでしょう．

12．実践研究の定義

図I-2-10は，ここまでに述べたことをまとめ，実践研究のあり方を示したものです．

Aは，ある選手やコーチの頭の中にあって，外部の人には覗き込めない暗黙知（経験や勘）による実践の形です．その選手やコーチにとってはそれで十分であっても，周りの人に役立つヒントを与えることはできません．

Bは，この人たちが持っている暗黙知を，少なくとも同業者にはわかるようなデータとして可視化し（このことを，暗黙知を形式知にすると表現します），そこから実践知を導き出して，周りの人にもヒントが得られるようにしながら実践する形です．科学者には認めてもらえなくても，一定範囲の同業者の間で理解ができるものであれば，その共同体の内部では高い価値が出てくる．これが典型的な実践研究の姿だと私は考えています．

トレーニングやコーチングの分野における実践研究の定義とは「現場での暗黙知を，他者にも見えるような可視化されたデータ（形式知）で表し，それに考察を加えて磨き，同業者にとって役立つ知見（実践知）にすること」であると私は考えます．なお，実践研究でいうデータの意味ですが，科学研究で用いられている数値だけではなく，言語，記号，映像，画像なども含まれると考えます（後述）．

このような実践知を科学者が見て，興味を抱い

たとします．そこに人間の身体の仕組みに関する真理が隠されていると感じたとすれば，Cのように科学者自身が時間をかけて厳密な実験研究を行って証明し，理論知として確かにこういう現象が存在しましたといえばいいのです．

ただし現場では，その間にさらに先に進んでしまうので，現場としては理論知に先だって実践知の発見を優先しなければならない，という事情があります．そう考えれば，お互いの棲み分けもできることになります．

13. 実践研究の具体例

ここまでは実践研究の定義に関する話でしたが，次に研究の具体例を紹介します．

図I-2-7で工学部魂という話をしました．これを「体育・スポーツ学部魂」と読み替えて，実践研究のあるべき姿を表現すると，「メカニズムは十分にわからなくても，スポーツ現場にとって役立つヒントを示すことができれば，その研究には価値がある．また，自他がその研究成果を活用して，現場で役立つような結果が出たとすれば，より高い価値がある」となります．

私たちやほかの人が行った研究で，この条件に当てはまるものをあげてみます．ここでは簡単な紹介しかできないので，元の論文も見て頂ければと思います．従来型の科学研究からみれば注文のつけ所の多い研究結果を，著者らがどのように説明しているのか，苦心した点を想像しながら読むと面白いでしょう．

(1) 科学研究の視点から実践研究の視点へ（カヌー）

私の研究テーマの1つが低酸素トレーニングなので，その中からいくつか紹介します．まず，従来型の科学論文という意味ではきれいに完結しているが，今の私の考えからすると反省点があるという研究を紹介します．

カナディアンカヌー選手を対象に，低酸素室内でエルゴメーターを漕いでトレーニングする群

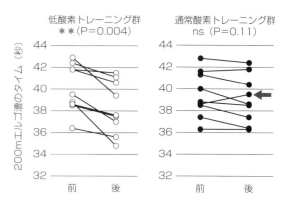

図I-2-11 カヌー選手を対象とした低酸素および通常酸素環境下でのエルゴ漕トレーニングの効果（平山祐, 山本正嘉：トレーニング科学, 23：63-75, 2011の資料から作成）

と，通常環境で同様のトレーニングをする群とを9人ずつ集め，効果を比べました．つまり，従来型の科学研究の作法に則して対照実験を行ったのです．

図I-2-11は，このトレーニング前後での200mエルゴ漕の成績を比べたものです．低酸素群では危険率5％水準で有意な改善が起こりましたが，通常酸素群では有意ではありませんでした．そこで，このトレーニングは通常環境では効果をもたらさないが，低酸素環境では効果をもたらす，と書いて掲載が許可されたのです．

しかし個人の値に着目すると，通常酸素群でもタイムが改善した選手が少なからずいます．その危険率（P値）は11％ですから，従来型の科学論文の作法としては改善したとは認められないでしょう．しかし，このトレーニングでも90％程度の確からしさで成功する可能性はある，と考えてみればどうでしょう．図I-2-4に示した実践現場での需要の様相を見れば，やってみようと考える人も多いことでしょう．

通常酸素群の個人値に着目すると，トレーニング後にタイムが1秒も悪くなった選手が一人います（矢印）．これは，このトレーニングが逆効果だったというよりは，測定時に何らかの理由で，十分な力を発揮できなかった可能性もあるように思えます．

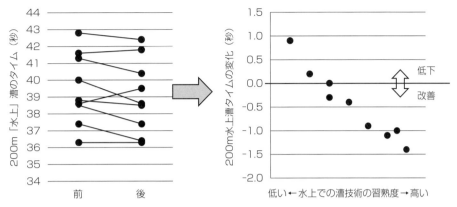

図I-2-12 科学研究の視点で表したデータを実践研究の視点へ転換するための考え方

そこで仮にですが，この選手のタイムの低下が1秒ではなく0.5秒であったとしてみます．するとこの図は，5％水準で有意なタイムの改善があった，という結果に変わってしまうのです．あるいは，被検者をあと数人増やせば，おそらく5％水準で有意となるでしょう．そうすれば論文の結論は大きく変わってきます．

このように考えてみると，従来型の科学研究で常用されてきた5％という危険率の適用のあり方は，スポーツ選手のトレーニングを実践研究の視点で考える場合には再考すべき，というのが私の意見です．現状では5％水準か否かということが，あたかも全か無かの判定基準のように用いられていますが，このような呪縛からはもっと自由になる必要があります．

5％水準という区切りは，推計学の創始者とされるイギリスのフィッシャーが使い始めました．彼が携わっていた農事試験場でのデータ分析の際に，5％の危険率を用いると諸事に使い勝手がよい，ということが根拠となったそうです[14]．

しかし私たちの常識的な感覚でいうと，たとえば原発の安全性が5％水準の危険率ではとうてい受け入れられないし，スポーツ選手のトレーニングであれば，50％の危険率でも受け入れる人はたくさんいます（図I-2-4）．危険率とは，その仮説が間違っていた場合に受ける損失の程度を勘案して，受け入れられる水準を社会や個人が人為的に決めるものなのです．対象とする問題が異なれば，その水準は大幅に変化するのです．

(2) 危険率が5％以上の結果をどう扱うか（カヌー：続き）

トレーニング研究の場合，危険率が5％を上回る水準でも，一人ひとりの値の変化を示した上でP値を示し，論文化することには意義があると私は考えています．ただしそこで論文を締めくくってしまうのではなく，もう一歩踏み込んで，次のような書き方をするべきだと思います．

図I-2-11の結果でいうと，低酸素群と通常酸素群とを分けて，別々に論文を書くのです．そして，それぞれの環境で能力が改善した人，変化しなかった人，能力が低下した人について，なぜそうなったのかを考察します．そうすれば，その研究に参加した選手全員に示唆を与えうる，価値の高い実践研究となります．その際，図I-2-11の右側のような5％水準で有意ではない結果は，どう再検討すればよいでしょうか．

ここから先は架空の話として読んでください．図I-2-11ではエルゴ漕のトレーニングを行って，それがエルゴ漕の成績にどう影響するのかという話でしたが，以下はエルゴ漕のトレーニングを行って，それが「水上漕」の成績にどう影響するかの話だということにして話を進めます．

図I-2-12の左側の図を見てください．図I-2-

11の右側の図と同様，5%水準で有意な変化ではありません．そこで，このトレーニングで成績が伸びた人と伸びなかった人の特性を様々な角度から再検討して，右側のような図ができたとします．これは，水上での漕技術の高い人ではエルゴ漕のトレーニング後に水上漕の成績が伸び，漕技術の低い者では伸びないか，低下してしまったことを意味します．

このような図ができれば，水上での漕技術がしっかり身についている者では陸上でのエルゴ漕をすると効果的であることや，そうでない者では水上漕を中心に行って漕技術を高めることを優先すべきだという予測ができます．つまり，選手一人ひとりの個別性を考慮した上でのアドバイスが可能となります．

このように，同じ研究成果を扱う場合でも，それを科学者の目線で見るか実践研究者の目線で見るかで，論文の書き方は全く違ってきます．どちらの価値が高いか低いかではなく，科学研究の場合にはそのトレーニングがどれだけ普遍性を持った真理なのか，また実践研究の場合にはそれが個々の選手に対してどれだけ役立つのか，という尺度で結果を見るので，違った表現になるのは当然なのです．

（3）対照群がない場合にどう説明するか（長距離走）

図I-2-13は，中学生の長距離走選手を対象とした低酸素トレーニングの研究結果です．全員を強くすることが目標なので，対照群は作れませんでした．彼らは通常練習と並行して，週に1回の低酸素トレーニングを1カ月（計4回）行いました．その結果，1,000m走のタイムが平均で6秒短縮しました．ベスト記録も3名が出しました．

これを従来型の科学雑誌に投稿したとすると「低酸素トレーニング以外にも様々なトレーニングをしているのだから，対照群がない限り低酸素トレーニングの効果という結論づけはできないでしょう」といわれます．私たちはこの研究を，実践研究を掲載するために創刊された『スポーツパ

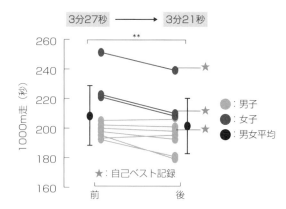

図I-2-13 中学生の長距離走選手に対する低酸素トレーニングの効果（森寿仁，宮崎喜美乃，米徳直人，山本正嘉：スポーツパフォーマンス研究，5：41-54, 2013より）

フォーマンス研究』に投稿したのですが，それでもこの部分をどう説明するのか悩みました．

結局，最も説得力のあった説明とは，現場の指導者の共通認識として，中学生期に1カ月間で，チームの平均タイムが6秒も伸びることは珍しい，という表現でした．そのような趣旨を書いて，「低酸素トレーニング以外の効果もあるかもしれないが，少なくとも低酸素トレーニングが効果を及ぼしている可能性は高い」と考察したところ，査読者は掲載を許可してくれました（図I-2-12の右側のように，一人ひとりに対する示唆ができていれば，さらによかったと今では思っていますが）．

一方，こういう結果に対して，対照群がないからだめだといって機械的に却下してしまうと，大事なヒントが失われてしまいます．この研究のヒント（実践知）とは，「低酸素トレーニングは，通常練習と上手に組み合わせて行えば，週に1回という低頻度でも効果をもたらすかもしれない」という点です．

この実践知は，同種目の選手だけでなく他種目の選手にも適用できる可能性があるので，理論知ではなくても，実践知として認めておく方が有益だと思います．実際にその後，さまざまな種目の選手が，このような形の低酸素トレーニングを行って成功しています．

	1回目	2回目	3回目	4回目	5回目	6回目	7回目	8回目	9回目
★M.S	2000	2500	2500	2500	3000	3000	3000	3000	2500
★S.A	2000	2500	2500	2500	2500	3000	3000	3000	2500
M.A	2000	2000	2000	2000	2000	2500	2500		2000
M.M	2000	2000		2000	2000	2000	2500	2500	2000
H.A	2000	2000		2000	2500	2000		2500	2000

★は低酸素トレーニングの経験者，他は未経験者を表す

図I-2-14　低酸素環境に対する各選手の適応状況を考慮して設定したトレーニング高度（清水都貴，安藤隼人，黒川剛，山本正嘉：スポーツパフォーマンス研究，2：259-270, 2010より）

（4）1名の事例から普遍性のある仮説を提案する（自転車競技）

これは1名の選手を対象に始まった研究ですが，そこで得られた仮説を他の選手にも適用したところ，全員が成功しました．つまり，1名の事例から普遍性のあるトレーニング方法の提案ができた例です．

この選手（MS）は，大学1年次から3年次まで低酸素トレーニングを行いましたが，年々その効果が小さくなるという経験をしました．そこで4年次には，トレーニング中に起こる低酸素環境への適応の程度に合わせて高度を変えるべきではないかと考え，そのための指針を作ったのです．その指針を用いて，彼と彼の後輩の計5人がトレーニングをしたところ，全員がレースでよい結果を出すことができました．

図I-2-14は，各選手が毎回のトレーニングで設定した高度です．これを従来型の科学雑誌に投稿したとすれば，トレーニング高度がばらばらで，人によっては行っていない日もあり，実験デザインが支離滅裂だといわれて却下されてしまうでしょう．

ところが，このトレーニング方法の最大の意義はこの点にあるのです．この研究成果は，「ある選手がある日のトレーニングを行う際，最適な負荷をかけるためには，過負荷と個別性の原則に立ち帰って，各人で異なる高度を設定する必要がある」という実践知を提起しているのです．

一方，このトレーニングを従来型の雑誌に発表するための科学研究として行った場合を想像してみます．高度は全員同じでなければならない，高度を変化させるにしても，全員同じように変えなければならない，といった制約を受けるでしょう．

その結果，効果が出る人と出ない人とが生じ，5％水準での有意な改善は起こらなかったでしょう．そして実験は失敗と見なされ，論文にはならなかったと思います．協力してくれた選手たちとしても，一部の選手を除き，チーム全体の競技力向上という意味では不満足な結果に終わったことでしょう．

（5）戦術を可視化する（ウィンドサーフィン）

ここからはテーマを変えて，選手やコーチの経験や勘，すなわち暗黙知を可視化してトレーニングに役立てる，というタイプの実践研究を紹介します．

まずウィンドサーフィン選手の例です．彼らは海上を広範囲に帆走して順位を競います．遠くで他の選手がどんなことをしているのかわかりにくい．そこで全艇にGPSを搭載し，練習や試合が終わった後に各艇の航跡を動画で表示し，それをもとに自分の戦術の振り返りを行う，という机上での戦術トレーニングを行いました．

図I-2-15はその一例です．図の左側に示したように，自他の航跡（戦術）を鳥瞰的なデータで表すことで，自分の動きについて主観と客観とのずれを確認できます．成績のよかった人の動き方と比較することもできます．それをもとに，次回はこうしたらいいのではないか，という自分なりの予測ができる．

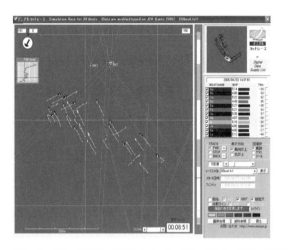 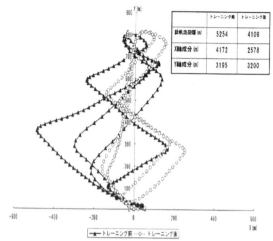

図I-2-15　GPSを活用したウインドサーフィン選手の戦術トレーニングとその効果（藤原昌，千足耕一，山本正嘉：トレーニング科学，21：57-64，2009より）

　このような机上トレーニングの結果，3週間で全員のパフォーマンスが向上しました．図I-2-15の右側は，そのうちの1人の選手の航跡の改善を示したものですが，横方向への無駄な移動が少なくなっていることがわかります．

　このトレーニングをすることで，選手自身の頭と身体の中では毎日，記述されたデータに基づいて，→説明→予測→操作という流れ作業が行われています．図I-2-8に示した科学の4段階に則してトレーニングが行われ，競技力が効率よく向上したといえます．この意味で，科学「的」なトレーニングが功を奏したといえるのです．

　この研究が提示する実践知とは，「そのままではとらえどころのない事象を可視化（記述）して選手に示し，あとの説明，予測，操作は選手の判断に委ねるだけでも，効率のよいパフォーマンスの向上が可能」ということです．

（6）選手の主観を可視化する（長距離走）

　前節では機器（GPS）が捉えた客観的なデータを活用した研究を紹介しましたが，次に選手の主観をデータ化して活用した研究を紹介します．鹿屋体育大学で長距離走を指導している松村勲さんが行った研究です．この論文は私に，様々な意味で実践研究の大きな可能性を教えてくれました．

　図I-2-16に示すように，1名の長距離走選手を対象として，本人の体調をvisual analog scale（VAS）という手法で数値化してコーチングに役立てたものです．身体的および精神的な疲労感，膝および腰の痛みの程度という4つの指標を設定し，選手は毎日，それぞれの程度を10cmの線分の中に長さとして記録します．

　VASとは，1回つけただけではあまり意味を持ちません．しかしデータを蓄積し，それを折れ線グラフで表してみると，ある傾向が見えてきます．それは選手の体調の上下を意味します．そこでコーチは，その状況に対応した練習メニューを処方し，最終的にはベストタイムを出せたという内容です．

　科学の4段階の話（図I-2-8）に当てはめると，図I-2-16で選手がつけたVASのグラフが記述に相当します．そして上側に書いてあるコーチの対応が，説明・予測・操作に相当します．科学の4段階の手順を踏んでトレーニングが行われているので，私の考えからすると，これは立派な科学「的」トレーニングです．

　体重を記録するだけのダイエット法というのがあります．毎日体重を測って折れ線グラフにし，

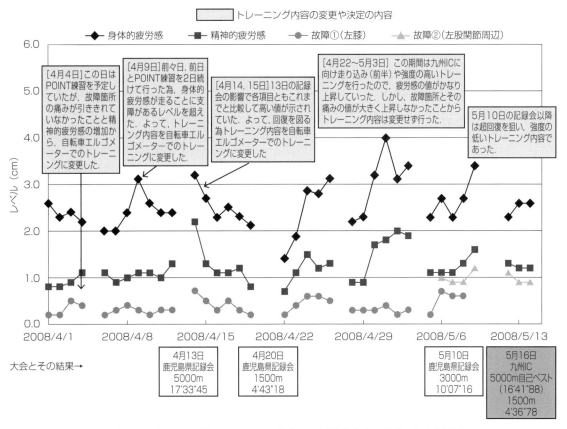

図I-2-16 女子長距離走選手の日々の体調をVASで可視化して競技力向上に役立てた事例研究（松村勲：スポーツパフォーマンス研究，1：110-124, 2009より）

その増減に関する自分の考察を記入する．それを続けるうちに，自分の身体の法則性がわかり，やがては自分自身で体重をコントロールできるようになるというものです．簡単な方法ですが成功率は高いとされています．

図I-2-16の手法もこれと似ています．違う点は，前者は体重計に表示された客観的な数値を用いるのに対して，後者は主観を数値化して用いるところです．しかし，考え方としては同じであることがわかるでしょう．

VASの値は選手の主観です．科学者からその妥当性や信頼性はどうなのかと問われた場合，彼らを納得させるように答えることは難しいでしょう．しかし現場のコーチや選手の立場から見れば，効果的なトレーニングをする上で強力な手法になる，と考える人は多いでしょう．

少なくとも，このような手法を用いずにトレーニングを行うよりは，用いた方が効果は高いだろう，ある程度の曖昧さは甘受しても，それを上回るような効果がありそうだ，と感じさせるものがあります．

つまりこの研究結果は，科学者から見ると理論知としては認められにくいが，現場のコーチや選手からは実践知として認められる価値を持っています．その意味で，典型的な実践研究の姿だと思います．

この研究が提示する実践知とは，「曖昧に見える選手の主観でも，VASという手法で可視化することを続けると，選手の体調の変化傾向を把握でき，それを元によりよい方向性を見つけやすくなる，つまり未来予想をしやすくなる」ということです．

この研究はまた, 実践研究は紙一枚あればできる, ということも教えてくれます. 機器を使って何かを測らなければ科学的な研究ではないと考えがちです. しかし図I-2-16のような研究手法も, 私の考えでは科学「的」なあり方です. そしてこのような実践や研究ならば, 選手やコーチが今すぐにでも取り組めることもわかるでしょう.

(7) 指導者の主観を可視化する（バレーボール）

選手やコーチの「経験や勘」という能力は,「科学」という用語としばしば対置されて, 非科学的なものの典型のようにいわれることがあります. しかしそれをVASを用いて可視化・数値化することで, 科学そのものではないにしても科学「的」に扱える可能性が出てきます.

研究というと, 客観的な数値を用いなければならない, あるいは主観は排除しなければならないと考えがちです. しかし体育・スポーツの現場では, 日常的にはもっぱら主観を使ってよりよい方向を目指しています. 今後はむしろ, 積極的に主観を可視化していく必要があると考えています.

図I-2-17は, バレーボール部の学生が卒業研究で, VASを使ってコーチの主観を数値化したものです. スパイクジャンプの動作に求められる要素を6つに分割して, 2名のコーチに評価してもらったのです.

コーチはお互いに相談することなく, 選手がジャンプする動画を別の場所で見て評価しました. それにもかかわらず, よく似た評価を下しています. このB選手の場合,「最後の一歩の力強さ」と「身体の沈み込み」について, 2人のコーチが共通して低い点をつけています. つまりこの2点がB選手の弱点といえます.

B選手がこの結果を受けて, 練習の際にこの2つのポイントを意識してジャンプの改善に取り組み, ジャンプ能力の向上に成功したとすれば, この研究は実践研究として現場に役立ったことになります. 実際に, このような取り組みにより, ジャンプ高が短期間で10cm以上改善した選手もいました.

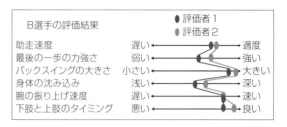

図I-2-17 バレーボール選手のスパイクジャンプ能力をVASを用いて要素別に評価する（礒野ら, 2016 未発表資料より）

このような手法は, バレーボール以外の種目でも, 動作改善のための有効な方法論として活用できそうに思えます. 動作改善のための研究といえば, 通常はバイオメカニクスの手法が用いられますが, 一般のスポーツ現場では利用が困難です. 一方で図I-2-17の手法は, 現場でも直ちに実行できる簡便性を持っています.

この研究が提示している実践知とは,「複雑な動作をいくつかの要素に分解し, 各々の要素に対する指導者の主観的な評価をVASを用いて定量化することで, 弱点を見いだすことができ, 効率のよいトレーニングができる可能もある」ということです.

(8) 武道における「気剣体」を可視化する（なぎなた）

同じ発想で, なぎなたを専門としている学生は, 打突時の「気剣体」のよしあしを8つの要素に分けて, VASによる可視化を試みました. 気剣体とは, 武道競技者にとって極めて重要な概念ですが, そのよしあしは審判の主観で評価されます. 他のスポーツで用いられるタイムや得点といった客観的な数値による評価はできません.

(6) の長距離走選手であれば生理生化学的な手法, (7) のバレーボール選手であればバイオメカニクス的な手法で, 選手の状況を評価したり, 改善の示唆ができる可能性もあります. しかし, 気剣体のよしあしを検討するためには, 審判の主観そのものに切り込んで, その感覚を可視化しなければならないのです.

図I-2-18 なぎなた競技において審判が有効／無効打突と評価する時の様相（千布彩加，森寿仁，山本正嘉：スポーツパフォーマンス研究，9：1-14, 2017より．このほかに，田中彩子，吉本隆哉，山本正嘉：スポーツパフォーマンス研究，4：105-116, 2012，森寿仁，千布彩加，山本正嘉：スポーツトレーニング科学，17：13-19, 2016も参照）

　図I-2-18は，なぎなた選手に踏み込み面を行わせ，3名の審判による合議で，有効／無効と判定された場合の評価の様相を，VASの値で表したものです．有効／無効の違いは，「打突部位の正確性」と「打突の重さ」とで，特に差別化されていました．

　別の研究（田中ら，2012）では，審判が有効／無効打突と判定する場合と，選手自身がそれを判断する場合とで，どのような食い違いが起こるのかを検討しました．その結果，審判は「打突の正確性」を，選手は「打突のスピード」をより重視する傾向にあり，それが両者の判定に食い違いをもたらしている，という示唆を得ました．

　VASによる評価の信頼性も検証してみました（森ら，2016）．すると，同じ人が同じ打突の映像を違う日に評価した場合には，絶対的な一致度が高いことがわかりました．また異なる人が同じ打突映像を評価した場合には，絶対的な一致度は低下するが，相対的な一致度は高いという結果でした（図I-2-17の例でいうと，折れ線の位置はずれるが，形は似たものとなる）．気剣体という主観的な感覚でも，その競技で一定の経験を積んだ人が評価すれば，ある程度の一致が見られることがわかったのです．

　このようなデータをもとに，自分が劣っている能力を重点的に強化したり，審判が重視するポイントに重点を置いた練習をして，それをしない場合よりもよい改善が起こったとすれば，主観をVASにより記述することから始まって，→説明→予測→操作という科学的な手順を踏んで，この研究が現場に対して貢献したことになります．

(9) 客観データと主観データとを関連づけて考えることの重要性

　(6)〜(8)の例に見るように，VASという手法は，つかみどころがないと思われてきた主観をある程度までは可視化でき，実践研究を行う際に威力を発揮する可能性を持っています．しかし無造作に使うだけではだめだということも付記しておきます．

　まず，その研究でVASにより可視化しようとする事象とはどのようなものかについて，同業者の間では納得ができるように定義する必要があります．次に，VASでの評価にある程度の信頼性があることを示す努力をする．そして，それでもなお限界もあることをわきまえて使用することが

必要です.

一方,このような点に配慮して活用すれば,新たな示唆が得られます.これまで科学的なトレーニングといえば,機器で計測できるような客観的なデータのみが参考とされてきました.しかし現場では日常的に,主観に基づいたトレーニングを行っています.それを考えると,現場での主観を可視化した上で,客観的なデータとも関連づけて考えることには,主観と客観とをつなぐ新たな視点を手に入れるという意義があります.

私たちは最近,剣道,バスケットボール,ウィンドサーフィン,体操などを対象として,競技現場で指導者や選手が持つ主観を可視化し,これを体力測定などの客観データと関連づけ,役立つ情報を引き出そうと試みていますが,現場からは肯定的な評価を得ています.III部6.（p144〜145）には剣道選手についての研究例が紹介されています.

14. 実践研究論文のあり方

最後に,実践研究の論文を書くことについて考えてみます.

図I-2-19は,ここまでの内容に基づいて,実践研究論文のあり方を示したものです.まずはスポーツ現場で起こる様々な興味深い事象,しかしそのままでは当人だけの暗黙知でしかないことがらを,他の人にも見えるようなデータ（形式知）として記述します.

データといえば,科学研究では数値を使うのが普通です.しかし実践研究では,言語や記号,映像や画像,またVASのように主観を数値化したものでもよいと考えます.そして,それらを実践研究におけるエビデンス（根拠）と位置づけます.

このエビデンスに著者独自の考察を加えて磨き,他者にも有益な実践知（ヒント）を導き出しているものが「事例研究」や「実証研究」です.

事例研究とは,1例あるいは少数例を対象として,そのトレーニング経過を記述・説明し,そこから実践知を導いているものとイメージします.

図I-2-19　実践研究論文のあり方とカテゴリー（山本,2015, 2017を改変）
様々なカテゴリーがあるが,これらを総称して実践研究と考える.事例研究と実証研究の区別は,厳密にはつけられない場合もある.

本稿で紹介した研究でいえば図I-2-16が典型例です.

実証研究とは,事例研究で提示された実践知を改めて検証したり,同業者の間で共有されてきた現場での経験知を検証したり,暗黙知そのものを検証するものなどが該当します.本稿では図I-2-13,図I-2-15,図I-2-18などが相当します.

大まかには,事例研究とは実践知を提示するもの,実証研究は実践知を検証するものといってもよいでしょう.ただし両者は厳密に区別できない場合もあります.図I-2-14,図I-2-17などは両方の要素を持っています.

「アイデア」とは,その考えを裏付ける十分なデータはないが,周りの人が興味深いと思えるレベルにまで言語化されたものと考えます.トレーニングでいえば,他者が試してみたくなるような発想を打ち出しているものです.

「資料」とは,たくさんのデータを集めて標準値を示したものや,一流選手のように稀少性のあるデータなど,他者がそれを二次的に活用できるもののことです.

15. 事例研究の重要性と難しさ

　実践研究を推進する上で，事例研究と実証研究とはどちらも重要です．両者が相互に補完しあうことで，知見がより高まっていきます．しかし現実には，前者の研究があまり出てこないという問題があります．これについて考えてみます．

　実証研究の方は，ある1つの仮説を検証すればよいので，従来型の科学研究に似ています．目的，方法，結果，考察という流れで論文が完結します．これをPDCA（plan, do, check, act）サイクルという行為になぞらえれば，1回のサイクルで完結するものが実証研究といえます．

　事例研究はもっと複雑です．図I-2-16の例で考えてみると，日々何らかの意図を持って実行し，その結果を吟味して，次の日のプランを立てることの繰り返しです．つまり，PDCAサイクルを何度も繰り返します．この過程を論文化しようとすれば，記述もより複雑となります．またこのような複雑さが反映して，論文の形式にも実証研究の場合に使われているような，はっきりした定型はありません．

　ただし，社会科学や人文科学の分野では，このような研究のあり方の方がむしろ普通です．経済学における事例研究の意義と心構えについて述べた林周二さんの本[15]から，その要旨を抜粋します．

　「観察や実験を繰り返すことが本質的にできないこの領域では，研究しようとする問題について何か適切な典型例を見つけ，それについて事例研究的に考察や分析を行うことで，事物の本質に迫ろうとする考え方が古くからある」

　「事例研究が成功するためには，研究対象として取り上げた個別の現象の中に，個別を超えた一般的なものがあって，それを研究者が読み取る能力が必須である」

　「社会科学の研究では，自然科学のような純粋に客観的な対象認識はそもそも不可能で，どうしても研究者本人の価値判断（主観的な選択）が入らざるをえない．…したがって研究者がその研究の結論を導くに際して，価値判断の排除にこだわるよりも，むしろ積極的に，彼が研究上のどの段階で価値判断を入れて，その結論を導いたのかを，はっきりと示しておくことの方が重要で意味がある」

　この考え方は，スポーツ選手を対象とした事例研究にも当てはまります．ある1つの例をただ詳しく記述すれば，事例研究になるわけではありません．1人の選手の事例を扱っていても，そこに著者の独創的な視点が入っていて，同業者に「なるほど」と思わせる普遍性を持っていることが必要です．それがないと，他の人にとっては価値のない，平凡な観察日記のようになってしまうでしょう．

　ここで，ついでに述べておきたいことがあります．トレーニングにおける科学といえば，暗黙のうちに自然科学を指します．しかし実践研究の場合，社会科学や人文科学の視点も含めて考えることが重要だということです．

　自然科学とはキリストによる創世の意図を探求するために発祥したもので（p13），真理は1つと考えます．一方，人間のことを考える社会科学や人文科学では，真理は1つに限らないと考えます[16]．人間が行うトレーニングを考える場合，後者の視点が欠けていれば人間不在の結論が出てしまうでしょう．

16. 論文の作法：事実と意見の峻別

　次に，論文の書き方について触れます．まずは一般的な話からします．論文書きの指南書の中でも特に有名な『理科系の作文技術』という本があります[17]．著者の木下是雄さん（物理学者）はその中で，「研究論文を書く際には，事実と意見とを峻別することが非常に大切だが，日本人はそれが苦手である」と述べています．

　木下さんは別の本[18]で，「学問の世界では，事実と意見とは黒と白ほどちがう」「事実とは証拠をあげて裏づけすることのできるものである．意

見というのは何事かについてある人が下す判断である．ほかの人はその判断に同意するかもしれないし，同意しないかもしれない」と書いています．

アメリカをはじめとする欧米では，初等教育から高等教育に至るまで，このような「言語技術教育」を徹底して行っていることに木下さんは驚いています．ひるがえって日本では，このような教育がなされていないことが研究論文の執筆能力にも現れているのではないか，と考察しています．

先に述べたように日本では，科学と技術という2つの概念が混用されています（p13～14）．加えて言語技術教育の不足により，事実と意見の混用も広く社会に流布しています．テレビ，新聞，雑誌といったマスメディアでも，それらを混用していることが少なくありません．したがって私たちは，小さい頃からそれに慣れてしまう．それを脱却することから始めなければなりません．

17．実践研究の解は1つではない

実践研究論文を書く際の事実と意見の書き分けについて，図I-2-16の事例研究を例に説明します．この図の下半分には，選手が記録したVASのデータが示されています．上半分には，この選手のコーチでもあり論文の著者でもある松村さんが，このデータ（記述）から選手の現状について解釈を試み（説明），こうすればよいだろうと予想し（予測），実行した経過（操作）が書かれています．

つまり，下半分が事実で，上半分が著者の意見です．下半分のデータは，主観的な感覚とはいえ選手がそう記録したのだから，他の人にとっては動かせない事実です．一方で，上半分の著者（コーチ）の意見に対しては，この論文を読む人は同意するかもしれないし，別の意見を持つかもしれない．

しかし，事実と意見とがはっきり峻別されている限り，それでも構わないのです．構わないというような消極的な表現では，実は不十分です．このような性質を積極的に認めなければ，実践研究の論文は世に出せなくなってしまうからです．

図I-2-16の研究でいうと，松村さんの判断は成功して選手はベスト記録を出すことができたので，よい結果が得られたといえます．しかし，他のコーチがこの選手のVASを見た場合，別の判断をし，違ったトレーニングメニューを与え，もっとよい記録を出せたかもしれない，という可能性もあります．

その場合，図I-2-16の下半分に描かれた期間初期のVASデータは同じでも，上半分の説明，記述，操作のところは変わってきます．そして練習メニューも違ってくるので，この選手の期間後半のVASの値は違ったものになるはずです．つまり，このようなタイプの研究では，何通りもの結論が導かれる可能性があるのです．

以上の認識を共有できれば，執筆者と査読者との間で起こりがちな乖離も少なくなるでしょう．執筆者は「事実はこうで，それについて自分はこう考える」と表現する．査読者は「事実はそうで，あなたはその事実をもとにこう考えたのですね．自分の考えは少し違うけれども，そういう論理の展開をすれば，その考え方も成り立つから認めましょう」とやればよいのです．

査読者の役割とは，記述された事実にもとづいて執筆者が展開した，説明，予測，操作という一連の記述の中に，思い込みや飛躍がないかをチェックすることです．その際，事実に対する執筆者の解釈が査読者のそれとは違っていても，許容する態度が必要です．査読者の価値観を押しつけるようなことがあっては，実践研究が持つ多様な可能性をつぶしてしまいます．

18．母国語で考え，書くことの重要性

従来型の科学論文の作法の1つとして，英語で書く方が価値が高いとよくいわれます．しかし私は，こと実践研究に関しては母国語で考え，書くことが重要だと考えています．日本人であれば，日本語で考え，日本語で書くということです．

従来型の科学研究が求めるのは100％に近い真

> - 従来型の科学研究と実践研究とでは，その価値を評価するための考え方（パラダイム）が異なる．両者のパラダイムに優劣はなく，対等の関係にある
> - 前者は真理と考えられるかどうか（95％以上の確からしさ），後者は95％以上の確からしさの有無にかかわらず，実践現場で役立つかどうかで評価される
> - 現時点では，実践研究のパラダイムが確立していないため，執筆がうまくいかなかったり，執筆者と査読者とで価値観の衝突が起こり，査読もうまくいかない場合が多い
> - 実践研究の定義とは，実践現場における暗黙知を，可視化したデータとして示し（エビデンス），それに考察を加えて実践知にすることである．ただし理論知までは要求されない
> - 実践知とは，一定範囲の同業者にとって役に立つ／もしくはその可能性がある，と感じられるヒントやアイデア，つまり「仮説」を与え得るもののことである
> - 実践研究も，科学が真理を求める際に用いる4つの段階（記述，説明，予測，操作）の手順を踏んで行われる．ただし95％以上の確からしさまでは要求されない
> - 上記のような，従来型の科学研究とは異なる独自のパラダイムを，共同体の構成員の間で合意し，共有することが，研究を発展させる上での必須条件となる

図Ⅰ-2-20　著者が考える実践研究のあり方（山本，2015，2017を改変）

理ですから，その内容は国籍が異なっても当てはまります．そのような真理をできるだけ多くの人に伝え，共有するためには，英語で書くことが重要でしょう．

英語は世界共通語に近い存在です．日本語に比べてより論理的だともいわれます．科学という営み，すなわち分析，抽象化，論理化，一般化，普遍化を行い，その知見（真理）を国境や時代を超えて，人類共通の財産として継承可能にする，という意味では有用性の高い言語だといえます．

一方で，英語で書くということは，日本語の非論理的とされる部分や，日本文化としての特異性を持つ部分を捨てることでもあります．「日本語ならでは」といった感覚は捨てざるを得ません．その中には，日本語でしか表現できないが，しかし重要な感覚というものもあるでしょう．

日本のスポーツ界や武道界で使われる，「腰を入れる」「技に冴えがある」などという感覚にいたっては，日本人であれば誰もが理解できるわけではなく，その種目に通暁した人にしかわからない，しかし極めて重要な感覚です．図Ⅰ-2-6でいうと，同業者の間だけで共通理解ができる，社会的存在としての感覚といえます．

このような考え方を拡大すると，身体運動の習得や指導の場面では，その国の言語や文化が大きな影響を与えている，といってよいでしょう．オリンピックをはじめとする国際競技会は，単純な身体能力の優劣だけではなく，各国の選手がそれぞれの母国の文化を通して培った能力の闘い，つまりその国の文化と文化の闘いでもあると位置づければ，さらに興味深い見方ができると私は考えています．

日本語でなければ表現できない概念を用いて，優れた選手をたくさん輩出できれば，外国人のコーチや選手が日本の文化を理解するために，日本語を学ぶようになる日も来るでしょう．比較社会学や比較文化学など，民族の多様性を比較することで，人間の本質に迫ろうとする学問分野があります．同様の発想で「比較トレーニング学」「比較コーチング学」といった研究分野も作れるかもしれません．

日本語で考え，書くことが重要だと考える理由がもう1つあります．従来型の科学研究の作法に従って，図Ⅰ-2-2のような図が描けたとすれば，その結果が何を意味するのかは，ほとんど言葉は要さず相手に伝わります．つまり従来型の科学論文は記号的に伝達できる部分が多く，英語を母国語としない人でも書くことが可能です．

一方で，図Ⅰ-2-5のような実践研究の結果について，それが意味のあるものだということを相手に説得するには，もっと複雑な説明が必要です．主観を扱うことも多いので，それを的確に説明するには，子供の頃から使ってきた母国語で考え，母国語で書かなければ十分に説明しきれないで

まとめ

図 I-2-20 は，本稿で述べてきたことのまとめです．このような考え方をすれば，冒頭の図 I-2-1 にあげたような，実践研究にまつわる諸問題の多くは，解決の方向に持って行けると私は考えています．

これまでは，実践研究を行う人も，その論文を読んだり評価したりする周りの人も，無意識のうちに図 I-2-3 の左側のような考え方をしていたことが，最大の問題だと思います．この意識から脱却して，図の右側のような認識を持つことが重要です．

本稿で述べたことの全てが正しいわけではなく，別の考え方もあるかもしれません．しかし，ここで述べたことを1つの手がかりとして，様々な議論が起こり，実践研究の確立に向けて前進するきっかけになればと願っています．

[山本　正嘉]

[参考文献]
1) 山本正嘉：体育・スポーツにおける実践的研究のあり方と方法論．高度大学体育スポーツ指導者養成共同学位プログラムシンポジウム，平成26年度報告書：14-32, 2015.
2) 山本正嘉：体育・スポーツの分野における実践研究のあり方と方法論．スポーツ選手を対象としたトレーニング研究を例に．スポーツパフォーマンス研究, Editorial：12-34, 2017.
3) 石川幹人：「超常現象」を本気で科学する．新潮社, pp. 9-51, 2014.
4) 藤垣裕子：専門知と公共性；科学技術社会論の構築へ向けて．東京大学出版会, pp. 101-120, 2003.
5) 藤垣裕子編：科学技術社会論の技法．東京大学出版会, pp. 3-20, 2005.
6) 村上道夫，永井孝志，小野恭子，岸本充生：基準値のからくり．講談社, pp. 16-22, 2014.
7) 斎藤清二：医療におけるナラティブとエビデンス；対立から調和へ．遠見書房, pp. 139-150, 2016.
8) 村上陽一郎：科学・技術の二〇〇年をたどりなおす．NTT出版, pp. 2-23, 2008.
9) 西堀榮三郎：西堀流新製品開発―忍術でもええで．日本規格協会, pp. 31-37, 1979.
10) 寺野寿郎監修：あいまい工学のすすめ；新しい発想からの工学．講談社, pp. 13-21, 1981.
11) 吉岡　隆：赤門学友会報, 12：9, 2008.
12) 竹内　薫：99.9％は仮説；思いこみで判断しないための考え方．光文社, pp. 13-36, 2006.
13) Christensen, L. B.: Experimental Methodology (7th Ed.). Allyn Bacon, Boston, pp. 26-29, 1997.
14) 増山元三郎：デタラメの世界．岩波書店, pp. 48-53, 1969.
15) 林　周二：研究者という職業．東京図書, pp. 81-91, 2004.
16) 石井洋二郎，藤垣裕子：大人になるためのリベラルアーツ．東京大学出版会, pp. 131-151, 2016.
17) 木下是雄：理科系の作文技術．中央公論社, pp. 2-12, 1981.
18) 木下是雄：日本語の思考法．中央公論社, pp. 11-41, 2009.

II 部　実践研究の考え方と研究の進め方—基礎編

1. データを活用した実践研究

1. これまで自身が行ってきた従来型の研究と実践研究への思い

　鹿屋体育大学に入学した1984年からこれまで，私が学んできたスポーツ科学の研究では，他の筆者が前述しているように，十分な被検者数を確保し，必ずコントロール群を作って実験していましたし，そのデータは決められた統計処理を行った上で，質の高い先行研究を引用しながら余計な考えを書きすぎないようにシンプルに考察をまとめていくものでした．学会も研究会も，今よりも団体が少なかったことから，目にする雑誌の種類も少なかったと思います．大学では先生方から，徹底的にこのスタイルを叩き込まれました．もちろんこのスタイルは，世界共通で認識された研究手法であり，今でもその重要性は感じています．
　しかしこのスタイルをスポーツ現場の実践的な研究にて完成させるのは，本当に大変ですので，研究を実行して論文が完成するまでに相当な時間とエネルギーが必要です．なにより被検者になってくださるアスリートにも多大なご負担をかけてしまいます．研究のために現場に迷惑はかけたくないなぁと思いながらも，長い時間をかけて選手達からの信頼と協力を得て，粘り強く行ってきました．
　研究者によっては，この一連の調整が不得意であったり，それらのエネルギーをかけることを避けるために，被検者がアスリートでなくてもいいような実験デザインに変更したり，動物を用いた基礎実験にシフトしていったという方もいるのではないでしょうか？もちろんそれを本望とする研究者は何ら問題ないのですが，私のように現場でのデータをもとに実践研究をしたいにも関わらずそれをあきらめているとしたら，それは実にもったいない話です．

2. 埋もれてしまった実践研究の思い出（野球監督の試合中の心拍数）

　私は大学院生時代に，自身が所属していた大学の硬式野球部に対して科学的なサポートをしていました．スポーツ科学の研究室は厳しかったですが，野球部の練習に参加してサポートを行うことは許されていました．覚えたてのハイスピードカメラを用いて，打撃動作を撮影し，その映像をVHSテープに録画して選手に渡したり，筋力や身体組成の測定などできることをやっては選手と共有したりしていました．そんな中，試合中の監督の心拍数の推移を取ったことがありました．どうしてそんなことになったのか経緯の詳細は覚えていないのですが，おそらく当時学生監督として頑張っていた後輩が大変そうで，それを見かねて，試合中孤独な野球監督の心拍数の推移を見てみようと思ったのだと思います．
　他の競技では考えられないことだと思いますが，野球の監督は1球1球サインを出して，監督の采配でゲームが進んでいきます．責任重大なわけです．こう考えると監督の精神的な安定もチームの重要なパフォーマンスになります．試合前に監督に電極を装着させていただき，私は監督の後

図II-1-1 野球の試合における監督の心拍数の推移（当時を振り返ったイメージ）

ろに位置して1分おきに監督の心拍数と試合展開を記録していきました．

当時対象となった監督は，試合中終始，立位姿勢で腕を組んで試合を見守っていました．その結果，特に何も展開がない場合は，だいたい心拍数80〜90拍/分ほどで安定していたのですが，攻撃中，自チームの選手がヒットを打つなどして，ノーアウト1塁や1アウト1塁などのチャンスになった場面では，急激に心拍数が上昇し，120〜130拍/分程度になりました．たしかにこの場面は，攻撃側の監督が何をしてくるのか，自チームだけでなく敵チームからも注目されるところです．

その後，この試合は接戦のゲームとなり，結果的に1-0で自チームが勝ったのですが，最終回に敵チームが粘りを見せて，1アウト満塁にまでなりました．1打逆転サヨナラゲームの場面です．監督は最後の投手をつぎ込んでおり見守るだけでしたが，結局，守り切って勝利しました．最後の緊迫した場面，監督の心拍数は158拍/分にまで上昇し，記録を取っていた私も驚きました．

この研究の結果は，図II-1-1（イメージ図）のように，1回表からイニングごと1分おきの心拍数の推移と，試合でその時何があったか簡潔にまとめて記載しました．監督の了解を得て，チーム全員にフィードバックすると，皆試合を振り返って，その時の試合中の自分たちのプレーについて熱心に議論を始めました．さらにその際に監督の心拍数がこんなになっているのだという情報は，なぜか選手の次へのモチベーションへつながり，チームは良い方向へ展開していきました．理解をくれた監督への感謝の気持ちとやってよかったという充実感が残りました．

このデータは，野球部以外にも当時の私の指導教員，研究室のメンバー，機器を快く貸してくださった運動生理学研究室の先生にも報告しました．皆さん「これは面白い」といって，評価してくれたのですが，これを行った80年代後半では，このデータを世に出すということには至りませんでした．指導教員もせっかくやったので，なんとか世に出してあげたいと考えてくださいましたが，「ん…n=1だしなぁ…．出すところがないね．残念．でもよくやった！」という感じでした．みんな喜んでくれたのにお蔵入りするのはもったいない．

残念ながら今，そのデータは残っていません．約30年前でデータを入力していたPCもたしかMS DOSの時代だったと思います．このころから，実践的研究の面白さ，1例のケーススタディの意味深さ，1例に対する議論の重要さなどを感じておりました．今ならできますね．実践的研究を投稿できる学術雑誌もあります．振り返ると，悔しいので，今のチームの監督を対象に今一度チャレンジしてみようかと思うようになりました．

3. 従来型の横断研究から実践研究への流れ

現在，私たちのスポーツバイオメカニクス研究室では，現役選手のパフォーマンスを向上させるための研究をいろいろなアプローチで行っています．パフォーマンスが向上することを明らかにするためには，横断的研究では完結せず，縦断的なアプローチが必要となります．しかし前述の通り，チームの現役選手を対象としトレーニング群とコントロール群を作って行うことは進めにくいものです．そこで最近の私たちの現場への介入は以下の2種類の方法で行っています．

1つはチームのパフォーマンステストを行い，その結果，高いパフォーマンスを発揮できる上位群を特定すること（横断的研究）．またなぜパフォーマンスが高いのか，動作を中心にその理由を十分に探った上で，そのポイントをとらえたトレーニングや動作のドリルを下位群に処方し，パフォーマンスの推移を観察する（縦断的研究：実践研究）パターンです．

もう1つは被検者全員にある動作を，何らかの意図を持った条件付き（例えば，新たに開発したステップで行う，新たな道具を使う，傾斜のある場所で行う等）で行ってもらい，どの条件がパフォーマンスに好影響があるかをまず探る（横断的研究）．その上でその条件でのパフォーマンスが低かった選手を対象にトレーニングまたは動作のドリルを縦断的に行って，その推移をみるというパターン（実践研究）です．

どちらも2段階になっており，前半は従来型の横断的研究，後半は，そのパフォーマンスに課題を持っているアスリートだけに焦点を当て，縦断的にパフォーマンスを向上させる実践研究であることを意味しています．

（1）チームのパフォーマンステストからその後の実践研究へ

個人競技だけでなくチーム競技でも，年間スケ

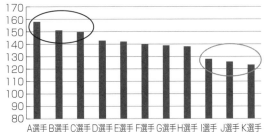

図II-1-2　某チーム内で行った打撃スイングパフォーマンステストの結果

ジュールの中に体力測定やその種目特有のパフォーマンステストを行いチーム内で評価することがあると思われます．例えば野球部で行っている打撃パフォーマンステストでは部員のスイング速度を測定することがあります．速度が高い順に並べると図II-1-2のように，上位から下位まで順位がつくことになります．

スイング速度が高いトップの数名は上位群となり，最下位からの数名は下位群と判定することができます．下位群に位置した選手は当然ながら改善の方法を探すことになりますが，そのトレーニングや練習を行う際は，上位群の打撃動作を学ぶことでそれに近づく努力をすることが得策でしょう．そのためには打撃パフォーマンステストの際に，せめてビデオ撮影を行っておき，上位群の動作を記録しておきたいところです．それをヒントに下位群のためのトレーニング方法を考案し実行します．

その後，下位群のトレーニングは，特に課題を抱えていて，パフォーマンス向上の意欲のある対象者（1名でもよい）に対して改善プログラムを縦断的に見守り，その効果を確認する，これなら立派な実践的研究としてまとめることができると思います．

このパターンでスポーツパフォーマンス研究に掲載された論文を紹介します．杉山ら[1]の「バスケットボールのミドルシュートにおける注視点がシュート成功率に及ぼす影響：シュート成功率の高い選手の特徴によるフィードバックの即時的効

果の検証」というタイトルの研究です．この研究は，大学男子バスケットボール選手でもチーム内でミドルシュートの成功率に大きな差があることから，これにはリングの見方がポイントではと考えた筆者が，シュートのパフォーマンステストを行う際にアイマークレコーダーを装着してシュート時の視覚探索パターンを記録したものです．

その結果，シュート成功率の上位群と下位群ではシュート時の視覚探索パターンが異なっていた（図II-1-3）ことから，上位群の視覚探索パターンの詳細（図II-1-4）を，当初図II-1-5のような視覚探索パターンであった下位群に教示し，シュートの際の目の付け所をフィードバックしたところ，それだけでシュートの成功率が有意に向上した（図II-1-6）というものです．下位群といっても，競技経験年数が長い大学男子バスケットボール選手が，注視点を変えただけでシュートパフォーマンスが向上するとは驚きの成果であるといえます．この研究は6名に介入していますが，後半の実践研究は1人の選手でもその効果を見ることで現場への大きなフィードバックになると考えます．

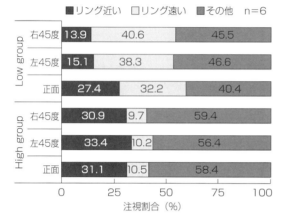

図II-1-3 シュート成功率上位群と下位群の注意割合の特徴．上位群の方がリングの近い部分に注視点があることがわかった

（杉山 敬，石川優希，亀田麻依，木葉一総，前田 明：スポーツパフォーマンス研究，6：263-275, 2014）

(2) 条件を与えた動作の比較とその後の実践研究へ

普段行っているスポーツの動作でも動きの方法を改善していくことで，新たな技術が生まれていくことがあります．例えばバレーボールや卓球の

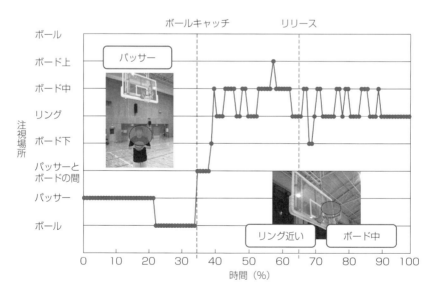

図II-1-4 シュート成功率が高い上位群の視覚探索パターンの詳細．上位群はリングの近い部分とボード中心あたりに注視点がある．

（杉山 敬，石川優希，亀田麻依，木葉一総，前田 明：スポーツパフォーマンス研究，6：263-275, 2014）

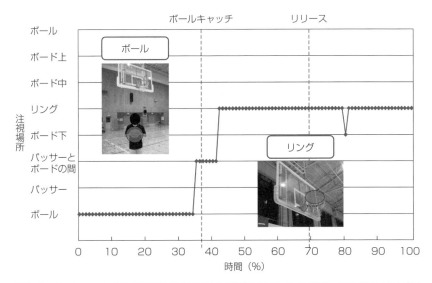

図Ⅱ-1-5 シュート成功率が低い下位群の視覚探索パターンの詳細．下位群はリングのやや奥のみに注視点がある傾向にあった．
（杉山 敬，石川優希，亀田麻依，木葉一総，前田 明：スポーツパフォーマンス研究，6：263-275，2014）

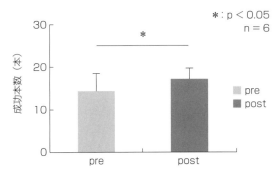

図Ⅱ-1-6 上位群の視覚探索パターンを教示した前後のシュート成功率の変化．視点を変えただけで下位群のシュート成功率が向上した．
（杉山 敬，石川優希，亀田麻依，木葉一総，前田 明：スポーツパフォーマンス研究，6：263-275，2014）

サーブやテニスのサービスなどもその種類は複数ありますが，それぞれの特徴とそれを極めるための動作についての横断的研究は，未だ完結しているとはいえないでしょう．それぞれの動作には得意不得意があると考えられ，パフォーマンスにはそれぞれの種類ごとに上位群と下位群が生まれることになります．その後は前述の通り，下位群は，上位群から学んだ動作改善ドリルを行うことが得策です．

このパターンのスポーツパフォーマンス研究を紹介します．鈴木ら[2]の「野球捕手におけるステップの違いが二塁送球に及ぼす影響」という研究です．この研究は，野球の捕手が盗塁を阻止するために行う二塁送球において，どのようなステップを踏むと二塁送球までのトータル時間が短くなるのかということに注目した実験です．

ステップの種類は以下の3種類とし，まず捕手19名を対象に横断的な研究として比較してみました．条件①Leadステップ（前方へステップして送球する），条件②Noステップ（ステップをしないで送球する），条件③Backステップ（後方へステップして送球する）です．その結果，図Ⅱ-1-7の通り，最も早く到達したのは，Backステップという結果となりました．

しかし，Backステップのデータをよくみると，このステップを得意としている上級者と不得意としている下級者が現れることがわかります（図Ⅱ-1-8）．

さらに図Ⅱ-1-8を詳しく見ると，下級者の特徴として，Backステップの最初の局面である，

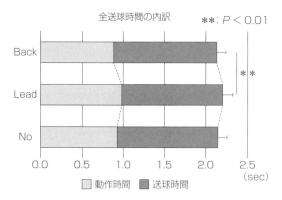

図Ⅱ-1-7 3種類のステップによる全送球時間の内訳
(鈴木智晴,藤井雅文,水谷未来,前田 明:第5回NSCA
国際カンファレンス抄録集,2017)

Catch→PFC（ボールをキャッチしてから軸足が着地するまでの時間）と次の局面であるPFC→SFC（軸足着地から踏み込み足が着地するまでの時間）の時間が長く，パフォーマンスの低下につながっていることがわかります．そこでこの時間を短くするための2つの動作改善ドリルを考えました（図Ⅱ-1-9）．

その結果，図Ⅱ-1-10のように，特にBackステップの最初の局面であるCatch→PFCは著しく短縮し，全送球時間の短縮につながりました．2番目の局面であるPFC→SFCの時間はあまり短縮が見られなかったことから，ここについてはドリルの改善が必要であることも新たにわかりました．

上記の研究は，下級者1名の動作改善を行った実践的研究の典型事例といえると思います．特に難しい分析を行ったわけではなく，二塁送球の動作をいくつかの局面に分けて，映像のコマ数から時間を算出しただけです．しかしこれは有益な情報となり，その後のドリルで素早い動きの獲得が可能となりました．

(3) 実践研究のアイディアから全国大会優勝につながった例

バレーボールのミドルブロッカーをしていた鹿屋体育大学の学生が，現在ミドルブロッカーの主流となっているリードブロックのパフォーマンスを向上させるために行った「セットアップの早回し映像を見るトレーニングがブロックパフォーマンスに及ぼす影響」という内容を紹介します．

リードブロックは，相手チームのセッターがどこにトスを上げるか判断してから移動を開始して行うブロックです．そのため，いかに相手チームのセッターの動きをいち早く判断し動作を開始するかが重要なポイントとなります．野球の先行研究に超速球を見るトレーニングが打撃パフォーマンスを向上させたという報告があったことから，相手セッターの判断にも早い動きを見ることでいい影響があるのではないかと考えました．そこで，

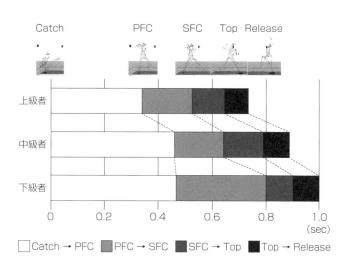

図Ⅱ-1-8 Backステップの上級者と下級者における局面ごとの時間の比較
(鈴木智晴,藤井雅文,水谷未来,前田 明:第5回NSCA国際カンファレンス抄録集,2017)

図Ⅱ-1-9　下級者のための改善ドリル　ドリル①は低い姿勢のままステップのみを意識したドリル，ドリル②は送球姿勢までを作るドリルを縦断的に実践
（鈴木智晴，藤井雅文，水谷未来，前田　明：第5回NSCA国際カンファレンス抄録集，2017.）

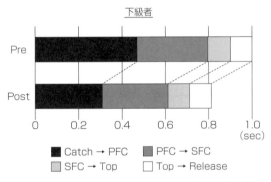

図Ⅱ-1-10　下級者1名に対してドリルを行った際の全送球時間の変化
（鈴木智晴，藤井雅文，水谷未来，前田　明：第5回NSCA国際カンファレンス抄録集，2017.）

セッターのセットアップ動作を撮影し，その映像を早回しして再生映像を見るトレーニングを行うことで，スタートを切るパフォーマンスが向上するのではないかと考えました．

被検者は，鹿屋体育大学女子バレーボール部のミドルブロッカー経験者6名で，トレーニングに用いた映像は，予備実験を重ねて再生スピードは2倍速とし，スマートフォンを用いて毎日4週間早回し映像を見るトレーニングを行いました（図Ⅱ-1-11，図Ⅱ-1-12）．トレーニングに用いた映像は，自チームのセッターの映像を用いました．

その結果，セッターの手からボールが離れてからミドルブロッカーがスタートするまでの時間である「ブロック反応時間」は，トレーニングを行った被検者全員が有意に短縮しました（図Ⅱ-1-13）．また被検者の内省報告においても，被検者全員がこのトレーニングは有効であると回答しました．

この研究は，ここまでの内容でも十分に現場にフィードバックできる実践研究でありますが，このあとさらなる挑戦を続けています．ライバルチームのセッターの映像があればその映像を拡大し2倍速で早回しすることで，試合の際にミドルブロッカーのブロックパフォーマンスに好影響を及ぼすのではと考えました．

そこで，このチームが最も重要な大会と位置付けている大会期間中に，既存していたライバルチームのセッターの映像を2倍速にし，試合前日に本研究と同様な方法でこのトレーニングを行いました．その評価として，試合中のブロックが自チームに＋になったか，－になったかで示す，ブロック効果率（一般的な目標値10％）を試合ごとに算出しました．

もともとパフォーマンスが高かったレギュラー選手のブロック効果率は，特にトレーニングを行っていないゲームにおいて27％であったのに対し，重要な試合とみられたゲーム前日に相手チームのセッターの早回し映像を見た場合の効果率は40％にまで向上し，選手自身もこのトレーニングが明らかに＋になったと答えました．この

図II-1-11　セットアップ動作の撮影風景

図II-1-12　スマートフォンを用いて早回し映像をみるトレーニングの様子

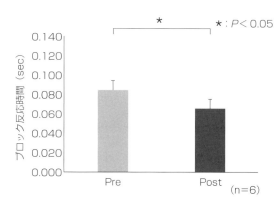

図II-1-13　早回し映像を見るトレーニングによるブロック反応時間の変化

チームはその後の試合でも勝ち，目標であった全国大会優勝にまで上り詰めました．

実践研究の手法が現場で活用され，選手のパフォーマンス向上を助けることは本当に素晴らしいことです．いつも成功するわけではないでしょうが，この研究のように現場の喜びにつながる実践研究を続けていきたいものです．

4. バイオメカニクス・運動生理学のデータを用いた実践研究

鹿屋体育大学にはスポーツパフォーマンス研究センターが完成しました．モーションキャプチャー，ハイスピードカメラ，フォースプレートなどしっかりとしたバイオメカニクス的なデータを取ることができる夢のような施設です（図II-1-14）．ここなら従来型の研究も実践研究も実行可能ですが，特に実践研究を行いやすい工夫がされています．オールジャパンで活用することをテーマの1つに挙げている本学のスポーツパフォーマンス研究センターは多くの皆さんに利用いただきたいと思っています．

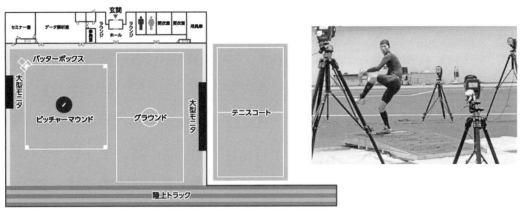

図II-1-14　鹿屋体育大学のスポーツパフォーマンス研究センター

　一方で，指導の現場では，もっと簡便な方法でデータを取ることはできます．上記の野球捕手の実践研究はビデオのコマ数を数えて動作時間の処理だけでまとめています．ビデオさえあればどこでもできます．一般的なデジタルビデオカメラなら撮影のサンプリング周波数が30f/sec（1秒間に30枚の静止画を動かしているという意味）ですので，1コマ送ると0.03秒動きます．スポーツ動作のなかには，この時間では大事な局面をとらえられないこともありますので，カメラにハイスピードのモードがあればそちらの方がよいと思いますが，0.03秒間隔でも概ねわかります．動作時間を調べることは，より速く動作を行うことがよいという状況では簡便で有益です．

　それ以上に動作の分析が必要であれば，映像を大学などに送って大学のマンパワーを使って画像分析後すぐ返信するシステムを作ってはどうかと考えます．現場のコーチやトレーナーは，ともかく多忙で時間がないので，そのあたりのシステム作りは今後必須となるでしょう．

　心拍数は選手が自身で脈を測ることでその変化を確かめることは可能ですし，第3者が手を当てて確認することも可能です．他の筆者が前述にてまとめているVASスケールや内省報告と合わせて，縦断的にデータを記録すれば，コンディションを把握できることになるでしょう．

まとめ

　最初に記載したように，筆者は学生のころから長く従来型の研究を行ってきましたので，その手法を否定するつもりは全くありません．そのおかげもあって，バイオメカニクス的なデータを出せる技術を得ることができました．今はそれに加えて，同等のレベルとして実践研究の重要性を感じております．

　私は，実践研究は，基本的には縦断的であるべ

きだと思います．現場のコーチが日々やっているように，その選手の課題を明らかにして，なんらかのアイディアをもってコーチングを行い，パフォーマンスを向上させること，それこそ次の世代に残したい技術，この技術を学術的にいえば，実践研究になるのだと思います．

　私たちは大学に所属する人間なので，国民に学術的な側面から説明する役割を果たさなければなりません．これはコツコツとやり続ける大変地味な作業の連続ですが，これからも私たち体育学部の人間が，体育学部魂を貫いて，実践研究がますます多く実行されるよう努力をして参りたいと思います．

[前田　明]

[参考文献]
1) 杉山　敬，石川優希，亀田麻依，木葉一総，前田　明：バスケットボールbutton バスケットボールのミドルシュートにおける注視点がシュート成功率に及ぼす影響：シュート成功率の高い選手の特徴によるフィードバックの即時的効果の検証．スポーツパフォーマンス研究, 6: 263-275, 2014.
2) 鈴木智晴，藤井雅文，水谷未来，前田　明：野球捕手におけるステップの違いが二塁送球に及ぼす影響．第5回NSCA国際カンファレンス抄録集，2017.

II部 実践研究の考え方と研究の進め方—基礎編

2. コツやカンを対象とした実践研究

体育・スポーツにおいて動きを指導する場面では,「どのような動きが合理的か」「どのような動き方が状況に適しているか」といった客観的な情報だけでなく,「どのような感じで動くとできるのか」「どのように状況を見て動き方を選んだらよいのか」といった主観的な情報,いわゆるコツやカンを生徒や選手に伝えることが効果的です.

コツとは自らの身体の動き方を保証する身体知,カンとは状況の意味を先読みして適切な動き方を実行に移せる身体知であり,これらは一人ひとりの運動感覚能力と密接に関連しています.そのため,コツやカンを対象とした実践研究では,通常の体育・スポーツ科学とは異なる心構えや手続きが採用されます.

本章では,まずコツやカンを対象とした実践研究に取り組む際の考え方について詳しく解説します.次にコツやカンを対象にした実践研究の進め方について,そこで生み出された知の事例と私が採用している方法とに分けて紹介します.

1. コツやカンを対象とした実践研究の考え方

ここでは,実践研究を「実践現場の貴重な情報をもとにした研究」や「実践に役立つ知を明らかにする研究」と広義にとらえるのではなく,狭義にコツやカンといった実践知を扱う研究,すなわち「実践現場の特徴が熟慮された行為とともにある知を明らかにする研究」ととらえ,そこで必要な考え方や心構えについて説明していきます.

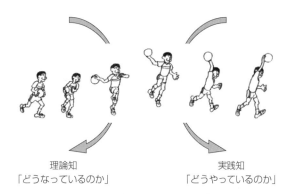

理論知「どうなっているのか」　　実践知「どうやっているのか」

図II-2-1　現象を見る2つのアプローチ

(1) 観察者の視点と行為者の視点

体育・スポーツにおいて合理的な指導を行うためには,実践の場で起こっている現象に科学的にアプローチする必要があります.アプローチの方法は2つあります.1つは観察者の視点を持ったアプローチ,もう1つは行為者の視点を持ったアプローチです(図II-2-1).

この2つのアプローチ方法の違いについては,NHKのインタビューに応じたイチローの発言が参考になります(「イチロー新記録を語る262安打・心の軌跡」2004年10月16日放送).メジャーリーグ最多安打記録を樹立した2004年,イチローのバッティングフォームはシーズン当初と終盤で大きく変わりました.4月はバットを立てて構えていたのに対して,9月はバットを寝かせていたのです.インタビュアーはこのフォームの違いについて尋ねます.するとイチローは「構えているときの足元のスタンスや脚の引き方が変わったことによって…,バットが寝たんです.寝かせたのではないんです」と答えます.また,インパクトの

瞬間については次のように語っています．「僕はわざとつまらせて（バットのスイートスポットよりグリップに近いところで打ち）ヒットにすることもあるんです．…理由づけできる，打つべくして打った必然のヒットです」．しかし，実況アナウンサーはこのようなヒットを「つまったけれども飛んだコースがよかった偶然のヒット」と解説することでしょう．

観察者（インタビュアーやアナウンサー）はバットが寝たこと，つまって打ったことは分かります．しかし，行為者（イチロー）がバットを寝かせたのか，結果として寝たのか，意図してつまらせたのか，打ち損じてつまってしまったのかは分かりません．

(2) 理論知と実践知

観察者の視点から見えてくる知と行為者の視点から見えてくる知を，ポラニー[28]は，「知的に知る」（wissen，英語のknow）と「実践的に知る」（können，英語のcan）に区別し，前者を「理論的な知識」，後者を「実践的な知識」と呼んでいます．また，ライル[29]は，「何であるかを知る」（knowing what）と「いかにするかを知る」（knowing how）に区別しています．さらに，中村[21]は，普遍性，論理性，客観性という3つの性質を持つ「科学の知」と固有世界，事物の多義性，身体をそなえた行為の3つの性質を持つ「臨床の知」に区別しています．

ポラニーの「理論的な知識」，ライルの「何であるかを知る」，中村の「科学の知」は，いずれも自然の因果的な関係の把握に基づく，客体として対象化された知を意味しています．また，「実践的な知識」「いかにするかを知る」「臨床の知」は，身体的訓練において初めて習得される行為の中に示される知的な働きとその能力[19]を意味しています．ポラニーの言葉を代表させれば，前者を理論知，後者を実践知と呼ぶことができます．本章で扱うコツとカンは，この実践知に含まれます．

(3) 理論知の偏重がもたらした実践現場と研究との乖離

体育・スポーツの実践現場で起こっている現象は，主に理論知として体系化されてきました．動作，身体機能，心理特性は，それぞれバイオメカニクス，生理学，心理学の方法によって，いずれも「どうなっているのか」が詳細に説明されてきました．このような理論知を導く研究のほとんどは，現象を数値に置き換えて表現する量的研究です．そこでは，多数の標本を収集して得たデータの共通項を事実として提示し，その事実が母集団に共有されるものであることを統計的に表現することで，一般性，普遍性を示します[16]．

しかし，複雑な相互関係が入り組む実践現場で起こっている現象について，条件を統制して実験的に調査したり，細分化して数量化したりすると，具体個別の持つ生き生きとした様相や豊かなアクチュアリティーは「厳密性」と引きかえに断片化されてしまいます[15]．また，共通項から遠いデータは「誤差」として切り捨てられてしまいます[16]．

理論知の偏重は結果として「コーチや指導者の学びとそこから生まれる実践知は，研究者が獲得する科学の知とはかなり異なる」[41]，「"科学的"研究によって得られた知見を実践に応用することの困難さから，基礎研究と実践現場の間に距離が生じてしまっている」[31]との指摘につながってしまうのです．

(4) 実践知を対象にする質的研究の台頭

実践知のような，量的な指標が存在しないものを対象とした研究に，質的研究があります．質的研究の目的は，「生きた人間がどのように身体を使い，ものを作り出し，また自らのそして他の人々の身体について考え，感じ，どのような人間関係を築いているかについて，明らかにすること」[22]です．その利点は，調査された人々の考えや体験，またその行動の背後にある論理を全体的に「理解」し，データに根ざしたかたちで新しい概念や理論を「発見」できるという点にあり，質的分析で生成された概念や理論は日常生活や現場などの「現

実に密着している」という特徴を持っています[27].

コーチングの実践現場においては，競技者の主観的経験は重要であり，それを研究すべきという指摘[5]，技術の改善には動きの感じと呼ばれているような専門家の直感的な知の内容と構造を明らかにする必要があるという指摘[9]に応えられる有効な研究方法として採用されるようになってきています．

(5) 個別事例から伝承できる知の創出へ

体育・スポーツにおける実践知は，デスクワークにおける実践知とは異なり，自らの身体を動かして工夫したり，身体的訓練において初めて習得される，行為とともにある知です．それは言葉のやり取りだけでは理解できません．「運動を行う」「それを内省する（振り返る）」「教訓を導く」「教訓を新しい状況に適用する」という実践と省察のサイクルを繰り返すことによって「私はこうすればできる」という確信を獲得し，それをコツやカンとして明確に言葉で表現できるようになります．

コツやカンは厳密にいうと本人にしか当てはまりません．しかし，事象が直接似ている度合いが高く，事象の構造が似ている場合，類推によって転用可能性が高くなります[30]．個別のコツやカンを「目の前の生徒や選手にも／私にも当てはまるかもしれない」と指導者／本人が類推できるように，行動そのものだけではなく文脈も含めて提示できれば，事例報告という論文になります．

またもう一歩考察を深めて，個別事例の具体的様相を行為者の視点から読み解き，複数の事例に共通の構図，他の現場にも通じる普遍の構図，現象の見え方が変わるような新たなモデルや解釈を明示できれば，事例研究になります．いずれも実践現場に有用な，次の世代に伝承できる知が創出されます．

2. コツやカンを対象とした実践研究で生み出された知の事例

ここでは，コツやカンを対象とした実践研究を2つ紹介します．いずれも卓越した選手を対象とした事例研究です．

(1) 卓越したハンドボール選手におけるシュートに関する実践知の獲得過程

国際レベルで活躍したハンドボール選手1名に，卓越したシュート力をどのように獲得していったのか，競技生活を振り返って語ってもらい，それを分析・解釈しました[3]．語り手（対象者）は，ハンドボール元日本代表の堀田敬章さんです．ポジションは右サイド，左利きの選手です．私が聞き手を務めました．

1）実践知の事例

①獲得したシュート動作：手首の変化でゴールキーパーの逆をつく

「ゴールキーパーの手や脚を見て，ボールを放す瞬間に手首をひねり，コースを撃ち分けるシュートです．このシュートでは，まず腕を上げて，肩より高い位置にボールを持っていって，キーパーの体を1回伸ばさせます．腰のあたりまで腕を下ろしてサイドハンドスローに持っていき，腕を遠まわしさせ，ゴールの中段をねらいながら，ボールを放す直前までキーパーを見ていて，腕のモーションに対して，キーパーが手を下げるのと脚を上げるのが遅い時（中段を止めに来るのが遅い時）には，中段を撃ち抜いてしまいます（図Ⅱ-2-2）．キーパーの手が下がるのが早ければ，そこから手首を上にひねって撃つ（しゃくる），脚が上がるのが早ければ，手首を下にひねって股下に撃ちます．それはキーパーの体勢を見て変えていて，それができた時はもう，ほとんど撃ったら入るような感じでした」．（「　」は語り手の発言，（　）は分析者の補足）

②熟達までの４つの段階

・コツやカンとの「出会い」：手首が返った段階

手首の変化を意識したきっかけは，高校１年の秋に「シュートでボールを放す時に手首を変化させなさい」と先生にアドバイスされたことでした．しかし，「口でいわれただけだったので，イメージも湧かず，練習しても何のきっかけもなかった」そうです．アドバイスから約半年後，手首の変化が初めてできます．「突然できたんです．数日前に（今までと逆のサイドに）ポジションが変わって，シュートの撃ち方も分からないし，空中でキーパーのどこに撃つか迷って，迷って，スイングするのではなく，ボールを置きにいくシュートになってしまったんです．シュートを置きにいく時にトンと着地して，その着地した瞬間になぜか手首が返っていたんです」．

慣れないポジションで，今まで経験したことがないようなシュート体勢の中で，偶然にその運動が姿を現してきました．分からなかった動き方が身体によって「あっ，そうか」と合点した瞬間，コツとの「出会い」の瞬間です．コツは，偶然に，突然に，一気に分かるもので，その部分部分が少しずつ分かってきて，運動ができ上がっていくのではないこと[10]が分かります．

・コツやカンの「理解」：手首が返せる段階

コツと出会った後については，「キーパーをしっかり見極めて，そのまま撃つ，しゃくる，下に落とすの撃ちわけができていました」「自然とサイドハンドでしゃくって撃っていました」と語っていました．

この語りから，シュートを成功させるためのカンとコツを堀田さんが身体で了解したこと，すなわち相手ゴールキーパーの運動経過の裏側にある戦術的意図を探り，相手に対して最も有効な動き方が実行に移せることと，合理的な動きができることの２つを意識することなく自然とできるようになったことが分かります．

・コツやカンの「消失」：手首を返す段階

しかし，コツやカンと出会ってから約半年後，それらはこつ然と姿を消してしまいます．その理

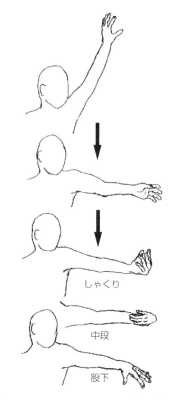

図II-2-2　リリースにおける手首の使い方

由として，堀田さんは，監督から禁止されていた「ループシュート（キーパーの頭の上にボールをふわりと浮かすシュート）」が解禁されたことを挙げています．「本当に撃てなくなったんです．キーパーの捕り方に関係なしに，ただ低めに突っ込んで入って，しゃくって撃つだけ」になり，「読まれたらキーパーが手を下げなくなって，ゴールしても，たまたま入っちゃったというような感じになった」と振り返っています．

習熟にともない運動は自動化していきます．個々の運動構成要素も運動行為全体も"ひとりでに"経過していき，選手は自らの運動以外に注意を向けられるようになります．しかし，堀田さんの場合は，自動化とは正反対に，可変性を備えないロボットのように動きが機械化[17]していきました．フォワードスイングからリリースまでがひとかたまりの運動になってしまい，相手ゴールキーパーに自らの動きの意図を早い時機に読みと

られるようになってしまいました.

・コツやカンの「獲得」：手首が返る段階

「キーパーを見る間（ま）がなくなってキーパーとの勝負ができなくなった」時期は，この後，実に7年間も続きます．選手生命の危機を感じた堀田さんは，コーチとのつきっきりの練習により，「これでシュートを決められる」という確信を獲得します．

「ディフェンスをかわしてジャンプしながら，肩の入った右肩にキーパーの位置を合わせさせるようにしました（図II-2-3）．そこからサイドハンドに持っていき，肩幅と腕の分，キーパーの位置をずらすために，腕を遠まわしさせて，サイドハンドスローで腕をいっぱいまで伸ばして撃っていました．しゃくる時には，その状態から手首でボールを真上にカツンと上げました」と具体的かつ明瞭な言葉でコツを表現しています．またカンについては，「ボールを放す最後の瞬間までキーパーを見て，撃つところを決めていない」「キーパーとのかけ引きの瞬間が見極められるかどうかができていれば，どんなキーパーでも決められる自信があった」と表現しています．

これらの語りは，堀田さんが，他者とのかかわりのなかで，自ら動くのに何らの心身の束縛も障害もなく，まったく思うままに動いてすべて理に適っているという，運動感覚身体の織りなすわざの最高の位相[11]に到達したことを示しています．

2) 事例の解釈

①コツとカンはコインの表裏のような関係にある

カンとコツの関係に着目してみましょう．意図的に「手首を返す」段階（習熟の第3段階）では，「キーパーの捕り方に関係なしに…しゃくって撃つだけ」という語りから，自分の動きに意識を向けてコツを前面で働かせた結果，カンが働かずに相手ゴールキーパーとうまく対応できなかったことが分かります．それに対して自由自在にシュートが撃てるようになった「手首が返る」段階（最終段階）では，相手の意図を探りにいっている時，すなわちカンが働いている（意識に顕在化している）時には，自然とコツは裏に居合わせて（働い

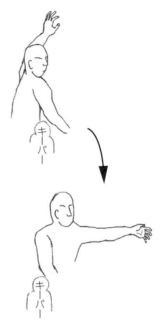

図II-2-3　スイングによってキーパーをずらす方法

て）います．このことは，「ボールを放す最後の瞬間までキーパーを見て，撃つところを決めていない」という語りから分かります．

自らの身体の動き方を保証するコツと，状況の意味を先読みして適切な動き方を実行に移せるカンの2つは，熟達した段階においては，単一の現実の両面であり[13,38]，同時に発生し同時に消えていく関係にあり，一方を志向すると他方が意識できない（隠れる）コインの表裏のような関係にあると解釈できます（図II-2-4）．

②実践と省察を繰り返して動作を自動化させていく

合理的な動作を習得するためには，意識性の原則にしたがって，動作の細部に（内に）意識を向けなければなりません．しかし，この研究から，そこに意識を向けると対峙する相手とうまく対応できなくなることが分かりました．また，熟達したレベルでは，意識を状況に（外に）向けながら，動作に関しては意識せずに行えること，すなわち動作の選択・実行が自動化されていることも分かりました．

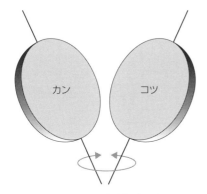

図II-2-4 コツとカンとの関係．コツとカンは，一方を志向すると他方が隠れるコインの表裏のような関係にある

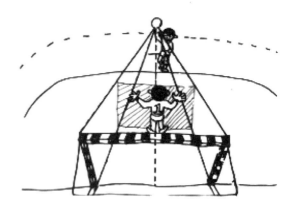

図II-2-5 ゴールキーパーの位置どり

動作と状況の両方に同時に意識を向けることはできないため，球技においてゲーム状況を解決できる動作を獲得するためには，意識して習得した動作をゲーム（相手と対峙の中）で意識せずに発揮し，それをプレーの後で省察し，練習で意識的に修正するといった思考サイクルを持っておくことが重要なのです．

(2) ハンドボールのシュート局面におけるゴールキーパーとシューターのかけ引き

国際レベルで活躍したゴールキーパー2名とシューター3名に，どのようにシュートを阻止しているのか／決めようとしているのかについて語ってもらい，それを分析・解釈しました[2]．聞き手はここでも私が務めました．

1) 実践知の事例
①ゴールキーパーの行為

シュートに対する準備局面において，ゴールキーパーは一般に，シューターがボールをリリースするポイントと左右のゴールポストとを結ぶ2本の直線で作られる角度の二等分線上で構えます（図II-2-5）．シュートがリリースされる瞬間に，この二等分線上に立てた場合，いずれのコースにシュートが放たれても，最も短い移動距離でボールへのミート動作を行うことができます．また，ミートの瞬間から時間的に逆算すると，ミート動作を開始する時機を最も遅らせること（シューターを長く見ること）ができます．ゴールキーパーは，ミート動作を開始する前には「ボールが動いている以上，自分が止まることは絶対にありません．常に正確な位置に立つために，数センチ，何ミリの差を意識して」位置を微調整していました．また，ミート動作に早く出られるように，「上半身がぶれない」「骨盤の位置を絶対に動かさない」「母指球に力を持ちながら」構えの姿勢を保持していました．

シュートに対する主要局面におけるミート動作を開始する時機については，「ボールが手から離れる瞬間までボールから目を離さない．…キーパーをだます仕草につられて動いてはだめ」「（動く方向の）逆に撃たれないで，しかも遅れないタイミングを見極める」と語っていました．また「ボールに向かっていく攻撃的なキーピング」「膝から下の筋肉で瞬間的にスピードを出し，沈み込まないでジャンプする動き」を使って，ミート動作にかかる時間を最も短くしていました．

②シューターの行為

シュートの準備局面における助走・踏み切り動作において，1名のシューターは「つま先を，味方のセンターや左45度に向けて踏み出し…キーパーに対して真横を向く感じのジャンプ」をしていました．これは，戦術的には，サイドライン方向に向かって大きくジャンプすることで，ボールのリリースポイントを移動させ，ゴールキーパー

図II-2-6　左右両方に撃てるシュートスイング動作

に位置を常に修正させ続けることを意味します．他のシューターは「右脚で左側に方向変換して，すぐに左脚でジャンプしてシュート」することで瞬間的にリリースポイントを変化させ，ゴールキーパーの位置どりを困難にさせていました．

また，シュートの主要局面におけるスイング動作については，「腕を振っているスイングの最中にキーパーを見て（どこに撃つか）決めます」「同じフォームから最後の手首だけを使い分けて，流し（利き手側のコース）も引っぱり（利き手と逆側のコース）も撃ち分けます．ギリギリまで判断を遅らせて，キーパーが先に流しのコースに動いているんだったら引っぱりに，キーパーが動いていなくてシュートスピードについてこられない時には流しに撃ちます」（図II-2-6），「シュートを撃つ時に肩が開けば（身体がゴールを向けば），コースが引っぱりだとキーパーが分かってしまいます．左肩の後ろに落とすというイメージで練習をしていたら，肩を全く開かない状態で引っぱりにも流しにも強いシュートが撃てるようになりました」と語っていました．いずれのシューターも，スイング動作の途中までは同じ動きを行い，そこからシュートコースを撃ち分けていました．

2）事例の解釈
①ゴールキーパーもシューターも「あと出しジャンケン」したい

シュートの最終局面，すなわちゴールキーパーのボールへのミート動作およびシューターのリリース動作に着目すると，ゴールキーパーは「ボールが手から離れる瞬間までボールから目を離さない」「逆に撃たれないで…遅れないタイミングを見極める」と語っていました．一方，シューターは撃つコースを「スイングの最中にキーパーを見て決めます」「キーパーが先に…動いているんだったら引っぱりに」と語っていました．

これらのことは，シュートの最終局面では，ゴールキーパーもシューターも，まるで「あと出しジャンケン」のように，相手の動きに対するリアクションの動きを志向していることを示しています．さらに，ゴールキーパーは爆発的なミート動作を使って自らの最終動作の開始時機を遅らせ，一方シューターは同じスイング動作からシュートコースを撃ち分ける動きを使って，ゴールキーパーにシュートコースを予測できないようにさせたり，シュートコースを早い時機に予測させてミート動作の決断を早めさせ，それぞれ「あと出しジャンケン」できる条件を整えていました．

②フェイントをするのではなくフェイントになる

球技で特徴的に表れるフェイントは，フェイク（相手をだます見せかけの動作）とそれに引き続く行動の統一した戦術行為ととらえられています[6]．そこでは，相手に自分の動きを予測させて，裏切ります．「キーパーが先に流しのコースに動いているんだったら引っぱりに…」という戦術的意図を持っていたシューターは，観察者の視点から見ると，本来のねらい（引っぱりに撃つ）をカモフラージュした動きを先に行っていると解釈することもできます．

しかし，フェイントに見えるこのシュートは，本人の語りを聞いてみると「相手をだまそう（予測させてそれを裏切ろう）」と意図した行為ではなく，単にゴールキーパーの動きに対応した行為だと分かりました．リリース動作に先立ち行われたスイング動作は，行為を振り返った時に，相手をだますフェイクと意味を後づけされたととらえなければならないのです．つまり，フェイントをしたのではなく，結果としてフェイントになったのです．卓越した選手がゲーム状況を有利にするために行っているさまざまな動きは，それ自体が固有の意味を持つのではなく，その動きの前に行った動き，あるいは引き続いて行った動きとの関連の中ではじめて意味を持つように構成される

と考えられます．フェイントをフェイクとそれに引き続く主動作が作り出す，まとまりのある行為ととらえてしまうと，相手に自らの動きの意図を早い時機に読みとられ，適切に対応される危険性が大きくなってしまいます．

③シュート局面はゴールキーパーとシューターの「対話」である

シュート場面では，シューターと同様にゴールキーパーも，シューターの動きを手がかりに戦術的思考力を働かせ，シュートを阻止しようとしています．シューターはゴールキーパーを見てプレーを実行する主体的・能動的な立場であると同時に，見られて対応される客体的・受動的な立場にもなります．

1つ目の研究で紹介した堀田氏のサイドシュート，すなわち「肩より高い位置にボールを持っていって…，腕を下ろしてサイドハンドスローに持っていき，腕を遠まわしさせ，ゴールの中段をねらいながら…手首を上にひねって撃つ（しゃくる）」というプレーは，ゴールキーパーとの関係の中でとらえ直すと，バックスイング動作がゴールキーパーに位置どりと構えの変化を迫り，それに対するゴールキーパーの対応が腕を遠まわしさせるスイング動作を導き，そのスイング動作がゴールキーパーにミート動作を迫り，そのミート動作に対して手首を上にひねり上げてリリースした行為ととらえられます．

シューターはひとりでプレーを完結できる立場にはなく，戦術的意図をゴールキーパーに先読みしてもらい，対応してもらって，はじめてプレーが成立します．「相手より先に動かないでシュートを捕る/決める」という個人戦術は，知覚・認知的な情報処理によって選択した動きを実行する行為[20]（図Ⅱ-2-7）ではなく，対峙する相手選手と相互主体的関係を結び，間主観的に[14]，相手と「対話」しながら，行為の中で知を働かせ，その行為自体を変化させていくことができる前意識的な営みであると理解できます．

④プレーの意味を体感させる練習が重要である

この研究から，卓越した選手たちはシュート場

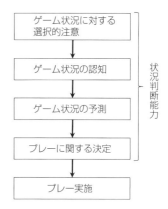

図Ⅱ-2-7　個人戦術力を理解する情報処理モデル．卓越した選手は，実際にはこのモデルにしたがってプレーしていないと考えられる

面において，それぞれ固有のコツやカンを持ちながらも，共通の志向を持っていたことが分かりました．このことは，彼らのコツやカンに通底する考え方，すなわち相手と「対話」しながら「あと出しジャンケン」することが，彼らと同じ身体的，体力的，技術的条件をもたない選手にとっても有用な知見になることを示しています．

体育・スポーツ指導においては，卓越した選手の動き方をなぞるように練習を積む/積ませるのではなく，それらに共通する原理を見つけ，それぞれの生徒や選手が持つ運動感覚能力に応じて体感させることが重要なのです．

3. コツやカンを対象とした実践研究の手続き

(1) 質的研究に対する批判

前項では，1名または数名のインタビューを分析した質的研究の成果を紹介しました．しかし，質的研究に対しては，さまざまな批判があります[34]．その多くは研究の手続きに関するものです．例えば「インタビューの語り手は母集団を代表しているのか」「インタビュー調査では『本当のこと』が語られているのか」「結論は恣意的な解釈ではないのか」などです．このような批判を受けないようにするには，どのように実践研究を進めてい

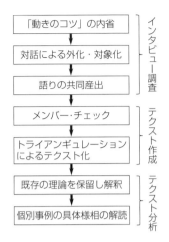

図II-2-8 実践知を研究する手続き．この手続きによって，研究の妥当性と信頼性を保証し，説明と解釈の精度を向上させる

けばよいのでしょうか．

(2) 科学性が保証され，行為者の視点を持った質的研究の手続き

手続きは，目的を達成するための手段ですので，設定された研究目的によって変わります．ここでは，熟達した選手の実践知を明らかにするために私が用いている質的研究の手続き[4]を紹介します（図II-2-8）．この手続きは，質的研究における科学性が保証されるように，行為者の視点を持つように考慮されています．

1) 対象者の選出

対象者には，さまざまなゲーム状況を克服し，個人戦術力を国際レベルにまで高めていった経験を持ち，行為の意味を語りによって提示できると専門家が判断した選手を選出します．いずれの対象者にも，研究の趣旨を事前に十分に説明し，調査への協力を依頼します．また，インタビュー調査に先立ち，いずれの質問に対しても回答を拒否できることを伝え，調査内容の音声および映像記録，研究成果の実名での公開に関して了解を得ます．

2) 実践知の手がかりとしてのコツとカン

選手が持っている主観的な情報は，コーチングの実践現場ではコツやカンと呼ばれ，「運動ができるようになる勘どころ」[1]，「運動感覚に支えられた身体の知恵」[12]です．調査においては，この意味のコツやカンという言葉を手がかりにして，実践知にアプローチします．

3) 語りによる内省の外化

行為の意味を把握するには，行為者の立場から世界を眺める必要があります[23]．したがって，実践知に関する研究では，実践者の内省を手がかりにするという研究方法が有効です．しかし，内省を手がかりにした研究では，分析の前段階の手続きとして，内省を語りによって外化する手続き，すなわち，対象者の思考を可視化でき，客観的に思考を見つめ直せるように文章や図表に表す手続きが重要です．

というのも，経験しているが，意識や自覚ができずにいる前意識的な層の営みは，語りを手がかりに分け入ることができる[24]からです．また，語ることによって，さまざまな出来事や経験や意味が整理され配列し直されて，ひとつのまとまりを持つようになる[26]からです．そこで私は，対象者のコツやカンに関する内省を，インタビューによって語りとして外化し，収集します．

4) 内省を活性化させる手段：事前アンケート調査

限られた時間内でコツやカンを聞き出すためには，インタビュー調査に先立ち，対象者の内省を活性化させておくことが重要です．私は，インタビュー調査の1—2週間前に，調査内容に対して自由記述形式で回答を求めるアンケート調査票を対象者に郵送し，現役時代を振りかえって記述して，返信してもらいます．インタビュー調査時には，それを補助資料として用います．

5) 対話による語りの共同産出

メルロ＝ポンティ[18]は，研究方法としての対話について，「私の言葉も相手の言葉も討議の状態によって引き出されるのであって，それらの言葉はわれわれのどちらかが創始者であるというわけでもない共同作業」と記しています．また，西村[24]は，対話では，持っているけれどもしまわれてい

るもの，知っているけれども言葉にできないもの，経験しているけれども自ら想起できないものを引き出すことが可能になると述べています．

そこで私は，インタビューの場において，語りを単に聞いてまとめるという受動的立場をとらずに，むしろ，対象者の持っているコツやカンをより具体的な言葉で表現できるように積極的に関わるという立場をとります．また，言葉で表現しにくい場合は，身体を使ってデモンストレーションしてもらいます．

6）聞き手の現場感覚および生成的視点

対象の詳しい記述が必要である質的研究のインタビューでは，聞き手が語り手と同様の経験をつんでいることが役立ちます[35]．聞き手は，ハンドボールを専門とし，選手および監督としての実績を持つ私自身が務めます．語り手と聞き手が対話的関係として，ともに物語の生成に関わる場合，語られる内容は聞き手の影響を受けます[40]．

聞き手が異なれば，また違った聞き方をすれば，語りには別の意味構造が生み出されます[32]．質的研究では，他の研究者がその調査研究を行ったとしても，同じような結果が得られるという意味での信頼性は問題にされません．むしろ，調査者の技法の違いを積極的に認めて，その違いや特質が明確な形で伝えられ理解されることが重要です[33]．そこで論文中には，調査者の特徴と調査過程を読者が了解できるように明示します．

7）インタビュー調査の内容と方法

インタビューの内容は，現役時代に得意であった技や動き，コツやカンを獲得するまでのプロセス，コツやカン獲得後の変化などとし，アンケート調査票で回答を求めた内容にしたがいます．インタビューの場では，調査者は，対象者の語りに敬意と好奇心を持って臨むこと，語りに対して先入観を持たずに共感する態度を持ち合わせることを心がけます[36]．すべての発言は音声レコーダを用いて録音し，デモンストレーションはビデオカメラを用いて撮影します．

8）語りの内容の作成

まず，対象者ごとに，すべての発言内容を逐語録として文章におこします．次に，語りの意味内容を全体として十分理解できるまで逐語録を熟読します．続いて，語りの意味内容をくずさないように，文脈を尊重しながら語りの内容としてまとめます．また，動きを伴うデモンストレーションに関してはイラストにします．

語りの内容の妥当性と信頼性を保証するためにメンバー・チェック[8]を行います．すなわち，調査内容のまとめとイラストを対象者に郵送し，それが発言の趣旨と異なっていないか，加筆および訂正箇所はないかを確認します．これらの作業を終えたものを語りの内容として示します．

9）テキストの作成

得られた語りの内容を精読し，シュートやかけ引きなど，論文のテーマに関する実践知が記述された部分を取り出し，対象者ごとに，テキストとして再構成します．語りの内容がテキストとして再構成された時に，意味内容が恣意的に変換されていないかどうかを確認するために，本研究に関わっていない研究者に協力を求め，トライアンギュレーションを行います．この手続きによってテキストの妥当性と信頼性を高めます．

10）テキストの分析

調査内容は対象者の過去の経験です．経験は，過去の「その時」に感じたこと，あるいは知覚したことと矛盾していたり，その時には全く気づかなかったこととして語られたりもします[25]．それは，私たちが「一瞬ごとに変化する日々の行動を構成し，秩序づけ，『経験』として組織化し，それを意味づけながら生きている」[39]からです．

本研究では，変わらずに存在する正確な思い出や事実に固執したり，記憶違いや忘却に苦心したりするのではなく[37]，対象者の語りは，さまざまなゲーム状況を克服し個人戦術力を国際レベルにまで高めていった過程の中で組織化された経験の語りであり，意味づけられた行為の語りであるととらえて分析を進めます．なお，分析にあたっては，個人戦術に関する既存の理論をできるだけ保留して臨みます．

11）新たな知見の提示

本稿で紹介した手続きは，一方向的な，直線的な過程ではありません．新たな知見が姿を現し，それが結論として提示されるまでに，ローデータである逐語録の熟読，加工データである語りの内容の作成，分析結果であるテクストの作成，テクストの考察から導かれる新たな知見（結論）の産出を繰り返し，循環して行い，これらの間に論理的な矛盾や飛躍が見られないように推敲します．

おわりに

一般に，実践知を獲得し，熟達者（エキスパート）になるまでには10年以上にわたる経験が必要であるといわれています[7]．コツやカンといった実践知も，長い競技経験の中で暗黙的に形成されます．しかし，他者が理解できるように明示されることはほとんどありません．

知は人にわかる形にすることで受け継がれます．コツやカンを暗黙知のレベルにとどまらせておくのではなく，次世代の指導者や選手が活用できるように記述し，それらに通底する原理を発見する取り組みが重要です．私自身は，理論知の詳細な提示によって運動がわかったような気にならないように，行為者の立場から現象を眺めることを常に自覚し続け，実践研究の推進に貢献していきたいと考えています．

[會田　宏]

[文献]

1) 阿江通良：動きのコツをさぐる．体育の科学，49：868-869, 1999.
2) 會田　宏：ハンドボールのシュート局面における個人戦術の実践知に関する質的研究：国際レベルで活躍したゴールキーパーとシューターの語りを手がかりに．体育学研究，53：61-74, 2008.
3) 會田　宏・坂井和明：国際レベルで活躍したハンドボール選手における実践知の獲得過程に関する事例研究．武庫川女子大学紀要　人文・社会科学編，56：69-76, 2009.
4) 會田　宏：トレーニング科学において事例を研究する手続き―球技における実践知を対象とした質的研究を手がかりに―．トレーニング科学，24（1）：3-9, 2012.
5) Dale, G.A.: Existential phenomenology: Emphasizing the experience of the athlete in sport psychology research. The Sport Psychologist, 10: 307-321, 1996.
6) Döbler, H.: Grungbegriffe der Sportspiele. Sportverlag, S.191, 1989.
7) Ericsson, K.A.: The road to excellence: the acquisition of expert performance in the arts and sciences, sports, and games. Lawrence Erlbaum Associates, 1996.
8) フリック：小田博志ほか訳：質的研究入門―〈人間の科学〉のための方法論．春秋社，p. 285, 2002.
9) ヘベル・リッペンス：朝岡正雄訳：専門家の知―その構造と改善について―．スポーツ運動学研究，14: 59-68, 2001.
10) 金子明友：わざの伝承．明和出版，p. 425, 2002.
11) 金子明友：前掲書，p. 428.
12) 金子明友：前掲書，pp. 262-263.
13) 木村　敏：あいだ．弘文堂，pp. 46-47, 1988.
14) 鯨岡　峻：関係発達論の構築．ミネルヴァ書房，pp. 128-129, 1999.
15) 鯨岡　峻：エピソード記述入門．東京大学出版会，p. 21, 2005.
16) 鯨岡　峻：前掲書，pp. 44-45.
17) マイネル：金子明友訳：マイネル・スポーツ運動学．第3版．大修館書店，pp. 406-409, 1983.
18) メルロ＝ポンティ：竹内芳郎ほか訳：知覚の現象学2. みすず書房，p. 219, 1974.
19) 村上陽一郎：知の革命史7　技術思想の変遷．朝倉書店，p. 15, 1981.
20) 中川　昭：ボールゲームにおける状況判断研究のための基本概念の検討．体育学研究，28: 287-297, 1984.
21) 中村雄二郎：臨床の知とは何か．岩波書店，pp. 6-7, 1992.
22) 波平恵美子，道信良子：質的研究Step by Step―すぐれた論文作成をめざして．医学書院，p. 1, 2005.
23) Nicholls, A. et al.: A phenomenological analysis of coping effectiveness in golf. The Sport Psy-

chologist, 19: 111-130, 2005.
24) 西村ユミ：語りかける身体—看護ケアの現象学. ゆみる出版, p. 209, 2001.
25) 西村ユミ：前掲書, p. 211.
26) 野口裕二：ナラティヴの臨床社会学. 勁草書房, pp. 21-22, 2005.
27) 小田博志：ドイツ語圏における質的健康研究の現状. 日本保健医療行動科学会年報, 14: 223-239, 1999.
28) ポラニー：佐藤敬三訳：暗黙知の次元. 紀伊國屋書店, 1980.
29) ライル：坂本百大ほか訳：心の概念. みすず書房, pp. 27-33, 1987.
30) 西條剛央：ライブ講義・質的研究とは何か. SCQRMアドバンス編, 新曜社, pp. 102-110, 2008.
31) 坂入洋右：コーチング学における新たな応用的研究の可能性—包括的媒介変数を活用した実践的研究法—. 体育方法専門分科会会報, 37: 169-173, 2011.
32) 桜井　厚：第1章ライフストーリー・インタビューをはじめる. 桜井　厚・小林多寿子編著：ライフストーリー・インタビュー, せりか書房, p. 38, 2005.
33) 桜井　厚：前掲書, pp. 48-50.
34) 高木廣文：質的研究を科学する. 医学書院, pp. 49-51, 2004.
35) 田中美恵子：地域に生きる精神障害・当事者のライフストーリーの聞き取りと作品化—倫理的な観点からの考察. 桜井　厚・小林多寿子編著：ライフストーリー・インタビュー, せりか書房, p. 264, 2005.
36) 徳田治子：ライフストーリー・インタビュー. 無藤　隆ほか編：質的心理学　創造的に活用するコツ, 新曜社, pp. 148-154, 2004.
37) 角田隆一：記憶と信頼性. 桜井　厚・小林多寿子編著：ライフストーリー・インタビュー, せりか書房, pp. 54-55, 2005.
38) ヴァイツゼッカー：木村　敏・浜中淑彦訳：ゲシュタルトクライス. みすず書房, 1975.
39) やまだようこ：人生を物語る. ミネルヴァ書房, p. 5, 2000.
40) やまだようこ：前掲書, p. 23.
41) 図子浩二：体育方法学研究およびコーチング学研究が目指す研究のすがた. 体育方法専門分科会会報, 38: 11-17, 2012.

II 部 実践研究の考え方と研究の進め方―基礎編

3. 現場でのコーチングやトレーニングを対象とした実践研究

　現場でのコーチングやトレーニングを対象として実践研究を進めるにあたっては，その特性を理解した上で，以下のことに特に注意して進める必要があります．

1. 実践研究を行うにあたって

　実践研究とは，スポーツの現場での暗黙知を実践知として導き出し，可視化するものです．スポーツの現場とは，目標達成に向けて様々な実験を試みる環境であるともいえ，実践者（選手）や指導者は，日常的に様々な実験（試し）を試み，技術の上達や競技力の向上を図っています．この日常の実験はある日突然行われ，試行錯誤が積み重なり，洗練されていくものです．この日常の営みをある時点で，ある期間について，ある視点の元に整理したものを実践研究ととらえます．

　現場での暗黙知とは，スポーツの現場で，実践者（選手）がその実践を通じて直感的に感じた（ひらめいた）ことや，指導者が実践者への指導を通じて直感的に感じた（ひらめいた）ことです．長年競技を行ってきた実践者や，経験豊富な指導者がその現場で直感的に感じた（ひらめいた）事柄は，その時点で有意義な事柄であることがほとんどです．そういった現場での暗黙知を可視化していくことが，実践研究の役割といえます．

　一方で，実践研究の作法として，ただ単にその直感（ひらめき）を記述することに留まらず，何らかのデータ，つまり根拠に基づき，その直感を論理的に解釈し，一定の結論を導き出すことが必要です．実践研究の際に，最も問題となるのがこのデータを収集することです．スポーツの現場は日常であるため，それが習慣化されていない限り，日常的にデータを収集しているわけではありません．しかし逆に考えると，スポーツの現場は実践者や指導者にとっては日常ですから，スポーツの現場で行われているすべての営みや記録がデータとなり得ます．

　試合場面で撮影した映像，トレーニング時にスマートフォンで撮影した映像や画像，練習日誌，実践者による自身の感覚に関する振り返りや指導者によるコーチングに関する振り返り等，すべての営みがデータとして活用できるということです．科学的作法に基づいて，実験的環境を整備し，条件を規定して行った実験により収集されたデータのみならず，日常的なトレーニングの記録やフィールドテストの記録など，実践の現場で記録したすべてのものがデータになります．

　日常的な実験（試み）を整理する（実践研究をまとめる）ことは，実践者にとっては今後の実践の方向性を確認するために，指導者にとっては今後の指導にあたっての指針を得るために，ともに重要なことです．本テキストを読んでいる学部生や大学院生にとって，卒業研究や修士論文を1つのきっかけとして，自身のこれまでの経験をアウトプットすることは，今後のスポーツ人生に向けて，また後輩たちにとってのかけがえのないレガシーとなるでしょう．

2. 実践研究の視点（オリジナリティ）

　研究の視点とは，実際に起こった出来事をど

ように解釈するか,ということです.前述の通り,コーチングやトレーニングの現場では,日常的に様々な取り組みが行われています.村木[12]は,スポーツのコーチングにおいて実際に直面する問題の多くは,極めて個別的で複合的な内容で再現性に乏しく,かつ原因と結果が1対1の対応関係を持つことはむしろ珍しく,1つの原因から相互に影響しあって,様々な結果が引き出されることが多い,と述べています.実践現場における様々な取り組みは,多角的な視点を持って進行しており,原因と結果に単純な因果関係を見出すことはなかなか難しいことです.

一方で,コーチングやトレーニングの現場では,起こった出来事を振り返ったときに,「このトレーニングが効果的だった」「あの時のコーチングが最後の場面で生きた」といった成功体験に関する印象や,「あのトレーニングによって調子を崩した」「あの時の取り組みは自分にとってマイナスだった」といった失敗体験に関する反省を持つことがしばしばあります.これらの感覚は実践者や指導者の主観に基づくものであり,かつ自身が行ってきた取り組みについての原因と結果の因果関係を提示しています.

これらの主観的な評価には,因果関係がないと果たしていい切れるでしょうか？実践者や指導者の経験や感覚に基づくこれらの主観的な評価こそが,コーチングやトレーニングに関する貴重な暗黙知です.この主観的な評価に基づく因果関係が同業者の中で共通に理解できる,同業者にとって役に立つものであれば,それが実践研究の視点となり,その研究のオリジナリティとなるのです.

スポーツのパフォーマンスを評価する際,指導者によってその評価が異なるということが起こります.これはゲーム中に発現する具体例をもとにパフォーマンスを評価する指導者の,主観性や恣意性を排除することができないことによります(大江ら[15]).これはどちらかの評価が正しく,どちらかが間違っているということではなく,出来事をどのように解釈するかという立場の違いによる,ということができます.実践の現場では,指導者はこの出来事の解釈に基づいて選手を評価し,次の計画が立てられることになります.もちろんこの解釈,つまり研究の視点は,独りよがりのものであってはなりません.スポーツ科学における一般的理論や対象とするスポーツ種目の指導書等で明示されている理論やセオリー,先行研究等で示されている知見(エビデンス)に基づいたものである必要があります.

勝田[7]は,ゲーム中発現されたプレーの要因などを情報として収集するための分析として「主観的分析」を挙げています.この主観的分析は,「球技系競技では重要な情報である」と位置付けていますが,同時に「観察者・分析者の力量が情報の質を決定する」とも述べています.指導者の解釈による評価の質を担保するには,その指導者がどれだけエビデンスを蓄えているか,に左右されるといい換えることもできるでしょう.

もちろん,ごく稀にですが,指導者の解釈にあたって,これまでのエビデンスとは異なる,独自の理論が開発されることもあり得ます.しかしながら,その独自の理論が開発されるためには,筆者がその理論に到達するまでに得てきた経験や,独自の理論に相反する立場の知見が必ずあるはずであり,全くのオリジナルに理論が開発されるということは,現代の高度化したスポーツ科学の立場からは考えにくいことです.研究の視点に対する理論的な背景は,データの解釈に大きく影響することから,筆者の立場を明確にするためにも,整理しておくことが必要です.この視点の整理が事例研究における「問題提起」につながります.これについてはIV部1.Bで後述します.

3.実践研究におけるデータ

前述のように実践研究におけるデータとは,科学的作法に基づいて収集された数値的情報だけでなく,実践者の動作の変化を記録した映像や,実践者や指導者による内省報告・日誌など主観的な記録物,第三者的立場の観察者による主観的分析など,多岐にわたります.

主観的情報	客観的情報
必ずしも数字では表せないが，極めて重要と思われる質的情報．たとえば「判断力がいい，後半に強い」といった情報など．自由にかつリアルタイムで収集することが可能．	数字で表せる情報．固定化された情報を正確に収集できる．たとえば「パス回数，タックル回数」といった情報で，特定の人間以外の収集も可能である．情報をフィードバックするときに，説得力が高い．
主観的分析	客観的分析
ゲーム中発現されたプレーの要因などを情報として収集するのに適しているため，球技系競技では重要な情報として位置づけられている．しかし，客観性がなく，必ずしも正確な情報とは限らない．観察者・分析者の力量が情報の質を決定する．	ゲーム中発現されたプレー（結果）をデータとして収集するのに適しているが，プレーが生まれた原因などの情報を得るには限界がある．

図II-3-1　主観的情報と客観的情報（勝田隆：知的コーチングのすすめ～頂点を目指す競技者育成の鍵．大修館書店，2002．より高橋作図）．
　実践研究においては，主観的情報を基にした主観的分析と，客観的情報を基にした客観的分析のすべてがデータとなる．

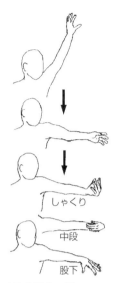

會田，2008による作図化の例
ハンドボールのシュート局面における「コツ」をインタビューから作図化した

　これらのデータの中でも，映像や内省報告などの主観的記録物，観察者による主観的分析などは，暗黙知にあたるものです．実践研究は，スポーツ現場の暗黙知を可視化することが目的ですから，これらの暗黙知，つまり勝田[7]の指摘する「主観的情報」，を積極的にデータとして取り扱うべきです（図II-3-1）．その主観的情報の正しさを証明するためには，「客観的情報」と合わせてデータを構成することが望まれます．客観的情報も，主観的情報をその背景に据えることでその要因や背景を説明することが可能になります．主観的情報と客観的情報は，お互いがお互いを補佐する役割を持っている，ということです．
　これらのデータは現場で収集するだけでなく，例えば指導者を対象に，目標とする大会に向けてのトレーニングやその間の試合経過などの客観的情報とともに，その時々に感じていたことやチーム構想，コーチングの内容などをテキスト化することや（會田と舟木[2]），競技者を対象にインタ

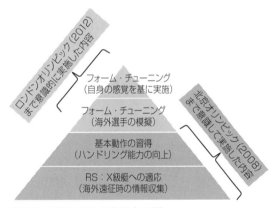

萩原ら，2013による作図化の例
オリンピックに向けたトレーニング戦略を作図化した例

図II-3-2　インタビューからの作図化の例
　（會田　宏：ハンドボールのシュート局面における個人戦術の実践知に関する質的研究．体育学研究，53: 61-74, 2008および萩原正大ほか：ロンドンオリンピックに出場したウィンドサーフィン競技選手のトレーニング戦略とその課題．スポーツパフォーマンス研究，5: 202-210, 2013）

ビューによって現役当時の感覚を振り返って語ってもらい，その感覚を作図化，テキスト化する（會田[1]，萩原ら[5]）など，過去に振り返って収集することもできます（図II-3-2）．研究のためにデータを揃えるのではなく，すでにあるデータを基に研究としてまとめる，過去に起こったことを振り

返ってデータ化したうえで研究としてまとめる，といった作業で実践研究を形作っていきます．

主観的情報を主観的分析に基づいて実践研究のデータとして利用する際には，他者の視点からデータの検証をすることが必要です．會田[1]は，競技者へのインタビューから作成したテクストの妥当性および信頼性を担保するために，メンバー・チェック（フリック[3]）を行っています．ここでは研究に関わっていない2名の研究者（球技の指導者とスポーツ心理学の研究者）が協力し，テクストの内容が，競技者による語りの意味内容から恣意的に変換されていないかを確認しています．

同じような手法は，下川ら[17]においても行われています．ここでは，剣道競技者による過去に習得した技の習得過程を思い返すために行ったインタビューについて，スポーツ運動学の研究者ならびに十分な剣道競技歴と指導歴を有している競技者の意見を交えることで，インタビューの内容の妥当性を担保しています．実践研究において主観的情報ならびに主観的分析の結果を主要なデータとして用いる際には，その価値を担保するために，メンバー・チェックの手続きを踏まえることが望ましいといえます．

4. 実践研究の枠組み：どんな観点でパフォーマンスを評価するか

実践研究の観点とはすなわち，実践者や指導者が自分たちの日常の取り組みをどのように評価するか（したか），ということです．

実践研究の枠組みは科学的研究の作法に基づき，縦断的観点と横断的観点の大きく2つに分けられます．縦断的観点では，選手やチームの一定期間における変化や，目標とする大会に向けての取り組みなどが研究の対象となります．藤本ら[4]の研究では，同一チームの16年にわたる客観的データを整理し，大学女子ハンドボールにおける攻撃力の定量的・客観的な評価基準を検討しています．長期間にわたるデータを整理することは，それだけで現場的価値の高い研究であるといえま

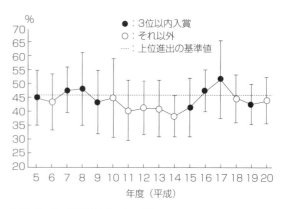

図II-3-3　縦断的データの例
同一チームの16年間にわたる攻撃成功率の変遷（藤本元，樫塚正一，田中将，會田宏：スポーツパフォーマンス研究，1：258-265，2009）．
シンプルなグラフだが，客観的情報を長年にわたって蓄積することにより，有意義なデータとなる．

す（図II-3-3）．横断的観点では，対象とするスポーツ種目の現状や対象とする集団の現状について幅広くデータを収集し，明らかにすることが求められます．小屋ら[9]は，様々な年代の男子エリートテニス選手の体力測定データをもとに，実験室で行うラボラトリーテストとコート上で行うフィールドテストとの関連や，テニスのパフォーマンスとの関連について検討し，テニスの競技力向上に寄与する知見を明らかにしています．

球技など相手（または相手チーム）と対峙するスポーツ種目は，相手を上回ることで勝利となることから，勝利することが「良いパフォーマンス」という評価が成り立ちます．そのため，これらの種目の実践研究をまとめる場合，同一の対象者（チーム）の勝った試合と負けた試合の比較や，1つの大会で上位の結果を残した選手（チーム）と下位の選手（チーム）の比較，ランキングの上位と下位の比較，などの比較の観点が考えられます．

甲斐ら[6]は，サッカーを対象に攻撃側の選手が相手のゴールを向いてボールを受けるプレーであるoriented control playに着目し，同一チームの選手を対象に，勝敗別のoriented control playの頻度などを分析しています．その結果，勝った試合ではoriented control playの回数が増えること

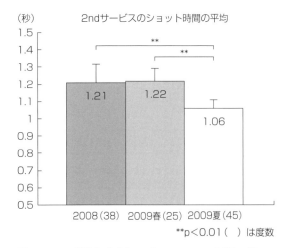

図II-3-4 勝敗によらないパフォーマンス評価の例.
サービスの変化を検討した項目の例（西中間恵，髙橋仁大，石原雅彦，森重貴裕，児玉光雄：スポーツパフォーマンス研究，2：55-72, 2010.）．
サービスが入った確率に変化はないが，ショット時間は短くなっていたという結果から，安定感を保ったままサービスの威力が向上したと考察している．ポイントの取得は考察の観点にはなっていない．

や，oriented control play と枠内シュート数とに関連があることを示しています．サッカーにおける勝敗が oriented control play という要素だけで説明できるわけではありませんが，この論文は，oriented control play に関する暗黙知を，枠内シュート数などの客観的情報と合わせて明らかにしようとした，意欲的な実践研究であるといえます．

コーチングの現場では「勝ったけど悪い試合」「負けたけど良い試合」といった具合に，勝敗とパフォーマンスの評価が異なるケースが存在します．この理由がどこにあるかというと，勝利とは対峙した相手を上回ることであるため，対峙した相手のレベルに応じて勝利に必要なパフォーマンスの質と量が異なってくることに由来します．そのため，パフォーマンスを評価する際には，どのようにパフォーマンスが変化したか，という視点からデータを整理していくことが必要です．

西中間ら[14]は，テニスにおけるサービス動作の改善により，ゲームのパフォーマンスがどのように変化したかをまとめています．対象とした選手はトレーニング前後の試合で勝ったり負けたりしており，勝敗という観点で著しく競技力の向上が見られたというわけではありません．この研究で評価の対象としているパフォーマンスの項目は，サービスの客観的情報に関連するものに限定しています．サービスのショット時間（サービスが打たれてから相手が打つまでの時間），サービスが入った確率，ポイントの最終ショットに用いられた技術の割合，1ポイントあたりのラリー回数など，試合の勝敗に直接関係のある項目ではありません（図II-3-4）．こういった観点からパフォーマンスの変化を明らかにし，主観的情報と合わせて考察することも，実践研究の1つの方法であるといえます．

5. 現場でのコーチングやトレーニングの実践研究を進める上での方法論と具体例

実践研究を取り扱う研究誌であるスポーツパフォーマンス研究の投稿規定では，実践事例における本文の構成について，以下のように設定しています．

スポーツ実践の場は，成功と失敗を繰り返し

ながら問題解決が遂行される場である．この領域で生まれる問題解決に関する実践知や身体知，アイデアを提示するためには，実践で発生している問題の提起，問題の実態把握，問題解決法の構想と設計，実践事例，実践後の評価を順次示す．

① 問題提起
　主題設定の理由とその実践的な意味を示す．
② 目的
　主題とする問題解決に際して，実施前の現状と目標を示すとともに，克服すべき課題などを提示する．
③ 基本構想と見通し
　課題解決法や手段などについて示し，その理論背景や根拠について説明する．
④ 実践計画
　課題解決法を実践の中にどのように取り入れたかについて，動画等を用いて説明する．
⑤ 実践記録および事例の提示
　実践計画のもとで行った実践活動の結果について，動画等を用いて示す．
⑥ 結果の考察および事例展開
　実践結果を考察し，この取り組みの評価および診断を行う．また，この取り組みと成果について考えられることを記述し，総合考察を行う．
⑦ まとめと今後の課題
　この取り組みに関する総括を行い，今後の課題と展望を提示する．
⑧ 文献
　引用した文献や先行研究に関する文献を提示する．

この投稿規定の通りに考えれば，問題の発現から問題解決のための実践を計画し，実践を行って記録，その結果の考察と今後の課題をまとめる，といった一方向の流れになります（図II-3-5）．しかし，現場でのコーチングやトレーニングにお

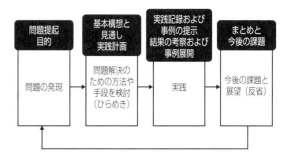

図II-3-5　スポーツパフォーマンス研究の投稿規定に基づく実践の流れ．矢印は時系列の流れでもある

いて，実践者のパフォーマンスを規定する要因は，広範囲に及びます．そのため，コーチングやトレーニングの現場では，問題の発現から実践を行うまでの流れは一方向ではなく他方向であったり，様々な問題が同時に発現したり，当初の計画通りに問題の解決が進まなかったりなど，まさに「複雑系」の様相を呈します．これは，前述した村木[12]の，スポーツのコーチングにおいて実際に直面する問題に関する指摘と重なります．

こういった特性を持つ現場でのコーチングやトレーニングの実践研究をまとめる際は，視点を定めて資料（データ）を整理し，研究として形作っていく必要があります．視点を定めるということは，パフォーマンスを規定する広範囲な要素から，研究としてまとめるための主たる要素・軸を明らかにするということです．この主たる要素は，実践場面で実践者（選手）や指導者が「ひらめいた」事柄であるともいえます．このひらめきは，実践者（選手）や指導者がこれまで積み重ねてきた経験や知識，当該スポーツ種目の一般理論に基づいて発現するものであり，これがつまり研究の背景である「問題提起」となるわけです（図II-3-6）．

一般的に，選手やチームはある目標に向かって日々の活動を行います．その目標を達成するために必要な課題を克服していく活動が，日々のトレーニングであり，そこに携わる指導者の活動が，日々のコーチングです．前述の通り，スポーツの現場ではパフォーマンスを規定する要因が広範囲に及ぶことから，コーチングやトレーニングの現

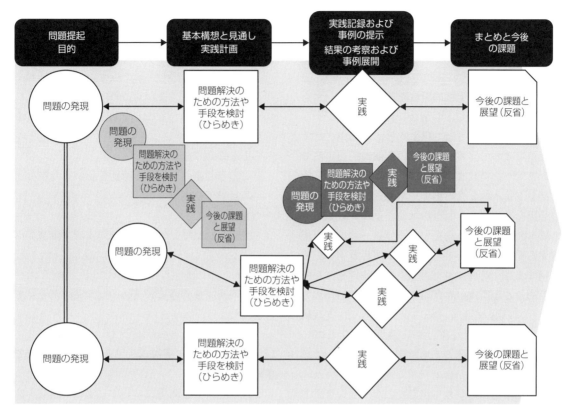

図II-3-6　現場でのコーチングやトレーニングの流れ．実践の大きな流れの中で，同時並行で問題が発現したり，細かい問題が生じたり，全く異なる視点からの問題が表出することもある．ひらめきから複数の実践を行うこともあれば，時系列に問題が解決せず，元の問題に立ち返ることもある．実践現場は複雑系である．

場では，その進展の方向が他方向であったり，同時多発的であったりします．コーチングやトレーニングの時系列が多方向であることから，当初の「実践計画」は曖昧さをもった，おおよそのものでしかありません．また同時多発的に課題の解決が試みられることから，1つの課題に対するトレーニングが複数存在するとともに，当初想定した課題ではない別の課題に効果が現れたりします．

さらにこれらのコーチングやトレーニングは不規則な時系列で行われ，複数のトレーニングが同時並行で行われたり，ある日突然課題が克服されたりといったことが頻繁に発生します．つまりコーチングやトレーニングの現場では，明確な「実践計画」を作り上げることはできません．そのためコーチングやトレーニングの実践研究をまとめる際に重視すべき点は，実際に行ったコーチングやトレーニングの内容およびそれによる選手の動きや感覚の変化，指導者の感覚の変化，などの主観的情報について，各種の客観的情報と合わせてまとめることであるといえます．原則的には，現場でのコーチングやトレーニングを対象とした実践研究は，実際に起こった出来事を振り返る「懐古的」な作法（金高[8]）で行うことが適切であると考えます．

加えて，「視点を整理する」という意味でも，他方向に，同時多発的に行われてきたコーチングやトレーニングのうち，その研究で対象とするパフォーマンスの内容と，対象とした選手（チーム）に対して効果的であったと思われるコーチングやトレーニングについて，観点を整理しておく必要

があります．いい換えれば，他方向，同時多発的に行ってきた内容の中から，その研究で議論の対象とするコーチングやトレーニングの要素を限定して選択する，ということです．これはある意味，科学研究の作法で実験的環境を統制してデータを収集することに似ているかもしれません．

　科学研究の作法では，得ようとする結果に対する仮説を立てて実験を行うという演繹的な手法で進みますが，実践研究では実際に行われたコーチングやトレーニングの事実（結果）の中から，その原因を探りだすという帰納的な手法で研究を進めるものであるといえます．パフォーマンスを規定する要因はその選手やチームに関わるすべての事柄であり，そのすべてを1つの実践研究としてまとめることには限界があります．科学的作法で「研究の限界」を明記することと同じく，実践研究ではその研究で対象とする観点を限定している，ということを踏まえて研究をまとめていく必要があるといえるでしょう．

　以上の議論に基づき，現場でのコーチングやトレーニングの実践研究における本文の構成については，以下のとおりに整理することもできます．下線部は，これまでのスポーツパフォーマンス研究の投稿規程と異なり，現場でのコーチングやトレーニングの実践研究において独自性が必要とされる箇所と考えられます．

①問題提起
　　主題設定の理由とその実践的な意味を示す．
②目的
　　<u>当該研究で明らかにしようとする選手やチームの変化の内容とその要因を分析する視点を示す．</u>
③研究対象の現状と課題
　　<u>当該研究で対象とする選手やチームの実情や克服しようとする課題，指導者の指導に関する理論的背景，本研究で特筆すべき「ひらめき」を示す．</u>
④実践記録および事例の提示
　　<u>課題克服のための実践活動の結果について，動画や内省等の各種データを用いて示す．懐古的に収集したデータも含まれる．</u>
⑤結果の考察および事例展開
　　実践結果を考察し，この取り組みの評価および診断を行う．また，この取り組みと成果について考えられることを記述し，総合考察を行う．
⑥まとめと今後の課題
　　この取り組みに関する総括を行い，今後の課題と展望を提示する．
⑦文献
　　引用した文献や先行研究に関する文献を提示する．

以上の構成を参考に，具体的な論文の例を見ていきましょう．

（1）縦断的研究：実践者の変化を長期的観点で整理した例

　実践研究のまとめ方について，実際の論文を例として，そのポイントを紹介していきます．

　髙橋ら[19]は，大学女子テニス選手（A選手）の競技発達事例をまとめています．この研究によると，女子テニス選手は一般的にネットプレーを行う割合が少ないというこれまでの知見から，女子選手にネットプレーを導入したことによる効果を検証する，というスタイルで研究がまとめられています．テニスのゲームにおいて，ネットプレーを行うことはその勝敗を規定する要因のほんの一部でしかありません．この論文においても，A選手がネットプレーを行っている割合は，最大でもおよそ20％で，A選手のパフォーマンスのすべてがネットプレーによって評価できるわけではありません．

　しかし前述の通り，実践研究としてまとめるためには，視点を定める必要があります．この研究の対象となったA選手とその指導者は，4年間の取り組みを振り返って，「ネットプレーに取り組んだことがA選手の競技力向上につながった」という評価をしています．これがこの研究の視点，

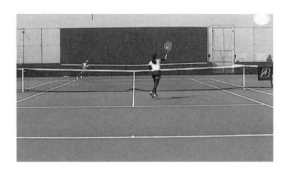

図II-3-7 A選手によるネットプレーのシーン(髙橋仁大,村上俊祐,北村哲:スポーツパフォーマンス研究,7:238-246, 2015).

図II-3-8 ゲーム分析サポートにおけるフィードバックの様子(森重貴裕,石原雅彦,西中間恵,髙橋仁大,清水信行:スポーツパフォーマンス研究,2:207-219, 2010.)

つまりオリジナリティになっているわけです．そこでこの研究では，筆者はA選手のネットプレーを解釈の軸として研究を進めることにしたわけです．

この研究では，結果を解釈するためのデータとして，以下のものが取り上げられています．()内には，そのデータが論文のどの箇所で使用されているかを示しています．

①指導者による主観的分析（結果と考察3-1）
②指導者による練習内容の振り返り（同）
③試合映像から抽出したシーン（同，図II-3-7）
④試合映像から算出した数値的データ（結果と考察3-2）
⑤A選手の内省報告（同）

筆者らによれば，これらのデータのうち研究としてまとめるために新たに収集したデータは④試合映像から算出した数値的データ，⑤A選手の内省報告の2つ，ということです．⑤の内省報告は，この研究をまとめるために，A選手が試合映像を観察した上で，当時のことを振り返って行ったもの，ということです．つまり，指導者とA選手にとってこの論文は，自身が競技力向上のために行ってきた4年間の日常について，振り返ってまとめたものであるといえます．

こういった実践者の変化をまとめる論文では，試合映像から算出した数値データのような客観的分析に加えて，実践者や指導者による主観的分析が，不可欠なデータといえます．主観的分析は，実践者や指導者によるデータの解釈の立場を明確にするための必須資料なのです．

もちろん，この4年間の日常は，その当初から研究としてまとめるために計画されていたものではありません．指導者や選手にとっては，自身の4年間の成果をまとめることにより，レガシーを残したといえるでしょう．

(2) 縦断的研究：目標とする大会に向けた取り組みの成果

森重ら[10]は，バスケットボールチームを対象に行ったゲーム分析サポートの事例をまとめています（図II-3-8）．目標とする大会に向けての期間を研究対象とし，これまでそのチームで行ってきたスカウティングに始まるゲーム分析サポートの内容について，大会の結果やその時のプレーの内容を，主観的情報によるデータを中心に検討しています．前述の髙橋ら[19]の論文と同様に，バスケットボールにおけるゲーム分析サポートは補助的手段であり，勝敗に直接の影響を及ぼすわけではありません．

この研究では，大会の結果も1つの観点になっていますが，それぞれの試合で，スカウティングによって得られた課題がどの程度克服されたか，という視点を中心に考察が進んでいます．その評価も，チームの指導者や筆者による主観的分析に加えて，ウェブ雑誌に掲載された選手のインタ

ビュー記事から得られた言葉も資料となっています．極めて主観的な資料ではありますが，選手が実際に語った言葉，という意味では重要なデータといえます．

こういった主観的分析に基づくデータを扱う際に，注意すべき点があります．それは，うまくいかなかった点も明確にする，ということです．主観的分析には客観性がなく，必ずしも正確な情報とは限らない，と指摘されています（勝田[7]）．実践研究をまとめる場合，実際に研究をまとめる筆者自身が，その対象である選手やチームに深く関わっている場合がほとんどです．そこで主観的分析によるデータを取り扱おうとすると，どうしても成功に関わるデータのみを取り扱ってしまう傾向が出てきます．その際には，対象とする事例の中でうまくいかなかった点をまとめることで，主観的分析に客観性を持たせることができます．森重ら[10]の中でも，以下のような記述があります．

> 映像やスカウティングレポートを使ったゲーム分析サポートに関しては試合結果などから一定の効果があったと考えられるが，それを実際の練習につなげるという点が不十分である．（p213）

> 3回戦では対策ポイントとして考えていたリバウンドを支配された．これは2回戦に重点を置いて練習を行った結果，3回戦の相手に対する練習に費やす時間を十分に確保できなかったことが原因であると考えられる．（p218）

この論文で引用されている選手のインタビュー記事は，研究の対象でもある選手による言葉ではありますが，インタビュアーによってまとめられた記事という点から，このデータには第三者の視点が入っていることになります．このように，研究の主体でありかつ対象とする選手やチームの主体でもある筆者が，第三者的視点を持って研究をまとめられるかという点も，実践研究を行っていく上で重要なポイントといえるでしょう．

（3）横断的研究：対象とするスポーツ種目の現状を数値化

球技に限らず，スポーツ種目においてルールが改正されることはしばしばあります．こういったルール改正による影響を検討するということも研究のテーマになります．

坂中ら[16]は，バレーボールの全国大会の開催時期が変わったことによるプレーへの影響について研究しています．高校生のバレーボール全国大会の開催時期が変更になったことで，これまで出場できなかった3年生が出場できるようになり，各チームのメンバー構成が変わることになりました．このメンバー構成の変化が，大会での各種パフォーマンスにどのように影響したのかを考察しています．

ルール改正に関する影響を検討する場合，このルール改正の意図を整理しておく必要があります．坂中ら[16]の場合，これまで3月に開催されていた大会が1月に開催されることになり，これまでの大会では出場できなかった3年生が1月の新しい大会に出場できることになりました．このルール変更の意図は，3年生の引退を「1月まで伸ばし，実業団や大学等の次のステップまでのブランクを失くすことで，競技力低下を防ぐこと」とされています．つまり，ルール変更によりこれまで引退していた3年生が出場できることになり，大会のプレーのレベルが上がるだろう，ということが予想されます．

そういった観点から，この研究ではメンバー構成，アタック，攻撃の種類とトスの配球率，ブロック，ディグ，レセプションアタックとラリー中のアタックという項目について，ルール改正前後で比較しています．ルール改正という観点から，プレーのパフォーマンスをデータとして比較するという形で研究が進んでおり，従来の科学研究に近い手法であるといえるでしょう．

横断的研究は，このように従来の科学研究に近い形で行われることが多くなります．こういった

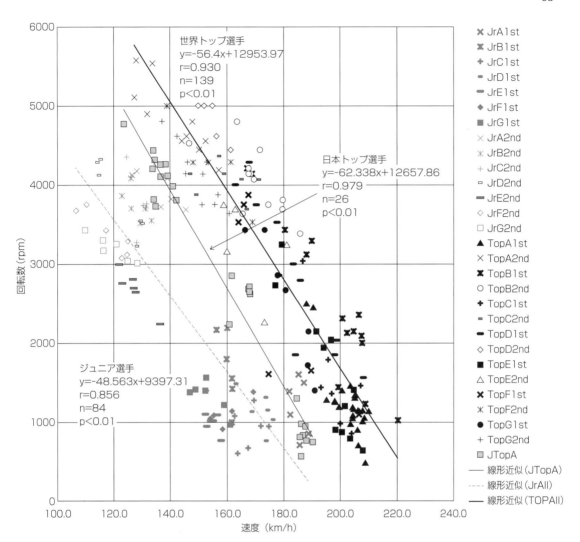

図II-3-9 異なるレベルの選手によるサービスの速度と回転数の実態（村上俊祐，髙橋仁大，村松憲，佐藤文平，佐藤雅幸，小屋菜穂子，北村哲，前田明：スポーツパフォーマンス研究，8：361-374, 2016）

研究も，そのスポーツ種目の現状を明らかにし，今後縦断的研究を進めるための資料的価値を持つことから，価値のある研究といえます．

（4）横断的研究：対象とする集団の現状を数値化

これまで明らかにされてこなかった新たなデータをもとに，集団の現状を数値化することも，意義のある実践研究です．

村上ら[11]は，新たな測定機器をもとに，これ

まであまり明らかにされてこなかったテニスの打球の回転数を分析し，速度との関係からその数値の意義について明らかにしようとしています．この研究ではトラックマンという新たな測定機器の信頼性を示し，トラックマンを用いて収集したジュニア選手のサービスの速度と回転数のデータを，これまでの研究で得られたデータとともに示すことで，そのデータの意義を明らかにしています．その結果，速度と回転数の両方で高い数値を示すような打球が，「質の高い打球である」こと

図II-3-10 現場でのコーチングやトレーニングの実践研究を始める際に考えておくこと.

を示唆しています．

テニスにおいては，打球の「質」が高いといった評価がされます．しかしこれまで，打球の「質」とは何かということは明らかにされていませんでした．この研究では，速度と回転数の関係を3つの集団（世界トップ選手，日本トップ選手，日本ジュニアトップ選手）で比較することで，速度と回転数の関係という新たな観点から打球の質を明らかにできるものと考察しています（図II-3-9）．

現在，スポーツ現場で使用可能な様々なツールが開発されています．トラックマンもその1つですが，ウェアラブル端末のように，気軽にデータを収集できる機器も増えてきました．そういった機器を用いて様々な集団から収集したデータを比較・検討することで，実践現場に活用できる資料が得られ，縦断的研究としてまとめることも可能になります．

以上の，研究の種類別に考えるべきことをまとめたものが以下の図II-3-10です．実践研究を始める際の道標として理解しておきましょう．

おわりに

現場でのコーチングやトレーニングに関する実践研究を行うにあたっては，その現場が「複雑系」であることを理解して，研究の視点（オリジナリティ）を設定することがまず必要です．そして研究の範囲を整理し，主観的分析と客観的分析を織り交ぜながら，うまくいったこともうまくいかなかったことも明示し，現場で活用できるレガシーを残していきましょう．

（注：本稿は髙橋（2017）の「球技を対象とした実践研究論文のまとめ方」（スポーツパフォーマンス研究，2017Editorial, 45-58）を加筆・修正したものです．）

[髙橋　仁大]

[引用・参考文献]

1) 會田　宏：ハンドボールのシュート局面における個人戦術の実践知に関する質的研究：国際レベルで活躍したゴールキーパーとシューターの語りを手がかりに．体育学研究，53：61-74, 2008.
2) 會田　宏，船木浩斗：ハンドボールにおけるコーチング活動の実践知に関する質的研究—大学トップレベルのチームを指揮した若手コーチの語りを手がかりに—．コーチング学研究，24（2）：107-118, 2011.
3) フリック：小田博志ほか訳：新版質的研究入門—＜人間の科学＞のための方法論．春秋社，p. 477, 2002.
4) 藤本　元，樫塚正一，田中　将，會田　宏：大学女子ハンドボールにおける攻撃力の評価基準の作成—16年間にわたる縦断的なスコア分析から—．スポーツパフォーマンス研究，1：258-265, 2009.
5) 萩原正大，富沢　慎，石井泰光，山本正嘉：ロンドンオリンピックに出場したウィンドサーフィン競技選手のトレーニング戦略とその課題．スポーツパフォーマンス研究，5：202-210, 2013.

6) 甲斐智大，高井洋平，青木　竜：サッカーの勝敗によるoriented control playの回数および出現率の違い．スポーツパフォーマンス研究，7：22-29，2015．

7) 勝田　隆：知的コーチングのすすめ～頂点を目指す競技者育成の鍵．大修館書店，2002．

8) 金高宏文：トレーニング研究における事例的研究の進め方について―実験的研究と事例的研究の循環を目指して―．トレーニング科学，12（2）：85-94，2000．

9) 小屋菜穂子，北村　哲，梅林　薫：男子エリートテニス選手における体力・運動能力の発達に関する横断的研究．コーチング学研究，28（2）：151-162，2015．

10) 森重貴裕，石原雅彦，西中間恵，髙橋仁大，清水信行：バスケットボールにおけるゲーム分析サポートの実践事例．スポーツパフォーマンス研究，2：207-219，2010．

11) 村上俊祐，髙橋仁大，村松　憲，佐藤文平，佐藤雅幸，小屋菜穂子，北村　哲，前田　明：ボール挙動測定器を用いたテニスのサービスのボール速度とボール回転数の解析の可能性．スポーツパフォーマンス研究，8：361-374，2016．

12) 村木征人：スポーツ科学における事例研究の意義と役割―コーチング理論と実際の乖離撞着を避けるために―．スポーツ運動学研究，4：129-136，1991．

13) 日本テニス協会編（2015）テニス指導教本I．大修館書店，2015．

14) 西中間恵，髙橋仁大，石原雅彦，森重貴裕，児玉光雄（2010）テニスにおけるサービスのトレーニングによるパフォーマンスの変化．スポーツパフォーマンス研究，2：55-72，2010．

15) 大江淳悟，上田　毅，沖原　謙，磨井祥夫：サッカーにおけるゲームパフォーマンスの客観的評価．体育学研究，58：731-736，2013．

16) 坂中美郷，佐藤剛司，髙橋仁大，濱田幸二：春の高校バレー全国大会の移行期におけるプレーの変化―女子準決勝以上の場合―．スポーツパフォーマンス研究，6：70-83，2014．

17) 下川美佳，藤本　美，金高宏文，近藤亮介，前阪茂樹：初級者における「面抜き右胴」習得を目指した稽古法の提案―ある大学女子剣道選手における小学校期の習得過程の分析を手がかりにして―．スポーツパフォーマンス研究，5：211-225，2013．

18) 髙橋仁大：球技を対象とした実践研究論文のまとめ方．スポーツパフォーマンス研究，2017Editorial，45-58，2017．

19) 髙橋仁大，村上俊祐，北村　哲：ネットプレーを導入したことにより競技力を向上した大学女子テニス選手の一事例．スポーツパフォーマンス研究，7：238-246，2015．

III部 実践研究の考え方と研究の進め方―応用編

1. 陸上競技を対象とした実践研究

私は，陸上競技を題材に「どう動くと記録が伸びるのか」「どんな練習をすれば，その動きのコツがつかめるのか」などの実践研究に取り組んできました．中でも，選手自身が競技力の向上を目指して行った1人もしくは少人数による実践の取組を記述し，分析する「事例研究」を進めてきました．そのような取り組みの中で，私なりに重要と考える実践研究の考え方と研究の進め方について陸上競技を例に紹介します．

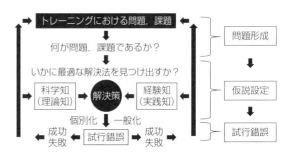

図III-1-1 運動実践者・指導者の思考や活動の過程

1. 実践研究の論文作成のポイント

(1) 運動実践者等の思考・行動過程に沿った記述・説明

図III-1-1は，運動実践者や運動指導者がトレーニングやコーチング等の実践現場で取り組んでいる思考や行動の概略を示したものです．運動実践者や運動指導者の思考や行動の最初には「問題や課題」があり，それを解決しようと科学知や経験知を動員して「解決策」を考え，それを「試してみる」ことを繰り返しています．別ないい方をすると，運動実践者や運動指導者の思考や行動では，その鮮明度はともかく，「問題・課題形成」→「仮説設定」→「試行錯誤」の繰り返しを行っているといえるでしょう．

したがって，実践研究が運動実践者や運動指導者にとって「役に立つ知見」を提供するには，この思考や行動過程に沿って記述・説明することが有益だと考えます．具体的には，実践者等が"何を問題・課題としているか"という「問題・課題形成」の過程の記述・説明，②その問題・課題の解決策を考えた「仮説設定」の過程の記述・説明，③「試行錯誤（取り組み）」の過程の記述・説明，④そこから導き出される教訓やヒントを導いた過程の記述・説明を提示することが必要になると考えます．

特に，まとめられた教訓やヒントが運動実践者や運動指導者にとって役立つには，その知見の出所となる運動実践者や運動指導者の極めて個人的で，主観的な「"私の"問題意識やその発生経緯」が，その他の運動実践者や運動指導者にとっても共感・共有できるように提示する必要があると考えます．実践研究では，この"主観的な問題・課題"を提示して進める点が，先行研究を手がかりに"文献的問題"を提示する従来型の科学的な研究とは異なる点だといえるかも知れません．

(2) 研究の方向性を明確にする：仮説創出か，仮説検証か

実践研究は，臨床心理学における実践的研究[20]でも示されているように，大きく2つのタイプに分かれると考えます（図III-1-2）．1つは，運動

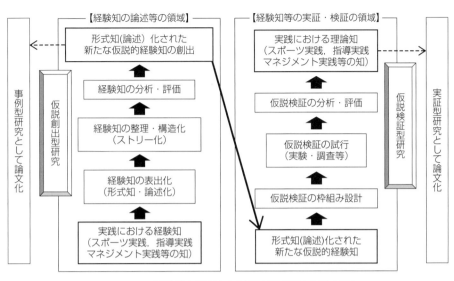

図III-1-2　仮説創出型研究と仮説検証型研究とその流れ

表III-1-1　事例研究・報告で取り上げられるテーマの例
（松原茂樹：論文作成ABC：うまいケースレポート作成のコツ．東京医学社，2014．）

①事例自体が希：希な事例
②難しい診断・課題設定：診断や課題設定が困難だった事例，また診断・課題設定に工夫を要した事例
③予想外の経過：予想外の経過をたどった，また予想外の問題が生じた事例
④工夫した取組：理論的に正しい取組，または比較的希な事例の取組

実践者や運動指導者の実践経験から新たな仮説や教訓・定石を導く（創出）するようなタイプの「仮説創出型研究」です．もう1つは，運動実践者や運動指導者の実践経験で得られた解決法の仮説や疑問を検証する「仮説検証型研究」です．前者は，一般的に「事例研究」「事例報告」と呼ばれる論文種別に該当するものです．後者は「実証研究」や「資料研究」に該当するものです．

体育・スポーツにおける仮説創出型を目指している事例研究で取り上げられるテーマとしては，表III-1-1に示す医学における症例報告（ケースレポート）で取り上げられるものが参考になるでしょう[15]．

一方，実践研究における「仮説検証型研究」は，実践経験等より導かれた仮説の"確証を得る"こ とを目指し，その背景や要因を探る科学研究とは少し異なるといえます．具体的には，1人もしくは1つの集団の被検者を用いて，仮説を検証することも可とし，トレーニングやコーチングなどを行う際の色々な選択の不確実性を少しでも減らし，より望ましい意思決定や判断できる知見を得ようしている点が特徴といえます[17]．1人もしくは1つの集団の被検者であっても，ある程度の確からしさを持って知ることが出来れば，トレーニングやコーチング実践現場での選択や判断の参考になりうると考えられます．

他にも，実践研究を進める上で，重要なポイントはあると思います．特に，事例研究でトレーニングや練習によって変化する運動実践者の「運動意識」や「運動フォーム」を如何に記述するかについては，後段の「こらから実践研究をする人へのアドバイス」で述べたいと思います．

まずは，陸上競技に関連する実践研究の論文作成で，学生の卒業論文作成や運動実践者・指導者が参考になると考えるものを以下に紹介したいと思います．

2. 陸上競技を対象にした実践研究の参考例

(1) 仮説創出型の論文の例

1) トレーニングの問題解決サイクルに沿ってまとめられた事例研究

ここで紹介する論文[7]は，大学2年次の11月から慢性的にやり肘痛を多発するようになった大学女子やり投げ選手1名を対象に，やり肘痛を発生させない体全体を使った（「起こし回転」を効果的に使った）投げ動作を習得するための取り組みについて報告・検討したものです．

この論文で特筆される点は，トレーニングにおける課題・問題解決の流れ[6]（図III-1-3）①パフォーマンス目標の構想・設定，②現状把握，③診断・評価，④トレーニング目標及び解決手段・方法の設定，⑤トレーニングプログラムの設定，⑥トレーニングのモニタリング，⑦トレーニング・試合の実践等，に沿って取組内容が詳細に記述されている点です．なお，トレーニングにおける問題解決過程は，前述の実践場面での思考過程である「問題の形成-仮説の設定-試行錯誤の過程」をトレーニング場面に併せて展開されています．

当該論文では，まず体全体を使った（「起こし回転」を効果的に使った）投げ動作がどのような背景で必要なのかについて，先行研究からの理論知と経験知の両方から考え，改善に取り組んだ思考過程も書かれています．さらに，トレーニング計画に落とし込んでいく過程であるトレーニング手段や方法も詳細に記述されています．このように指導者や選手が考えたことが可視化されることは，選手が行ったトレーニングや練習，記録および映像などの読者が見える事実だけでなく，活用する際に大きな判断材料になると考えられます．

図III-1-4などは，改善中の取組経過を運動実践者の運動意識（意図や感じ）の変化までも示している点は，丹念に事例提示する参考になるでしょう．しかし，論文としてのまとまり感や考察に不十分さは否めない点がありますので，事例研究としてのまとまり感がある大学女子走幅跳選手の指導に関する事例研究[11]，リハビリテーションの視点から中距離選手のスポーツ傷害の復帰を支援した事例研究[18]を参考にするとよいでしょう．

さらに，陸上競技そのものではありませんが，立五段跳の跳躍記録向上に関する事例研究[12]や自転車競技に関する事例研究[22]では，取組過程を振り返って，その問題点を検討し，新たな練習課題やその練習方法を提案し「新たな仮説創出」に至っているもの（図III-1-5）もありますので，論文の書き方等を参考にするとよいでしょう．しかし，その提案は，1人の事例から導かれていますので，提案した知見の応用できる範囲や条件に制約や限界があるということを意識し，明示することです．提案を活用するには，どんな条件や準備が必要なのかを「実践での前提条件」や「研究の限界」として示すとよいでしょう．

2) 失敗およびその失敗を克服した事例についての事例研究

運動実践や運動指導に限りませんが，私たちは生活の中で遭遇する失敗を克服することで，失敗への対処法や失敗を生じさせない指針（経験則）を個人的に獲得しています[2]．特に，運動実践や運動指導で失敗し，その失敗を克服していった事例は，とても有益な情報と考えます．

ほとんどの失敗の原因が，「よく知らないこと」「手順に従わないこと」「誤った判断」[2]であることを鑑みると，問題解決の過程を記述すると同時に，失敗に至る過程も記述しておくことが重要になるといえるでしょう．指導者や選手がトレーニングの失敗を公表するのは，当事者にとっても，関係者にとっても，辛いことです．しかし，トレーニング活動に関わらず，物事には失敗がつきものと考えれば，そのことを事例として提示し，かつその克服経過も提示できれば，多くの失敗を防ぐ手がかりを得ることができると考えます．

そこで，私自身の指導における失敗事例[5]を紹介したいと思います．紹介する事例は，指導者が初級レベルの大学男子三段跳競技者に対して，三段跳のホップにおけるオーバーハンド式のアーム

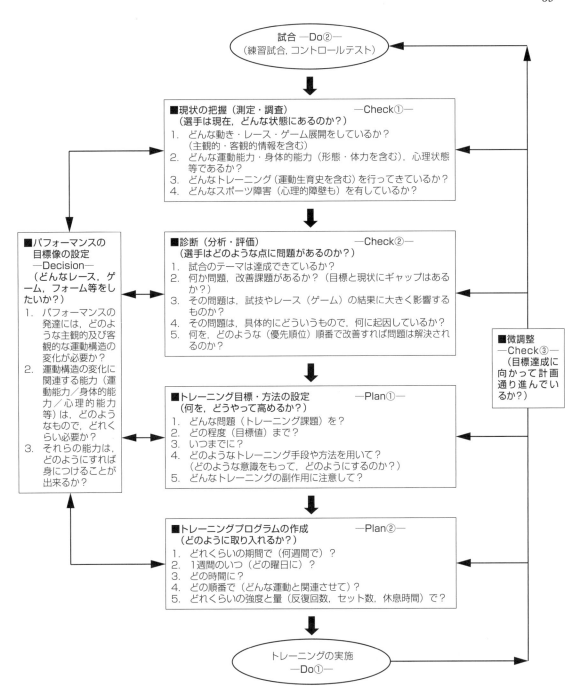

図III-1-3 トレーニング活動における課題・問題解決の流れ（過程）（金高宏文：トレーニング科学, 12-2：85-94, 2000）

アクションの指導をすることで，競技記録を大幅に低下させ，スランプに導いた過程とその復帰過程について報告したものです．具体的には図III-1-6の黒で塗ったホップ時の腕の回し方を指導し，跳べなくなったというものです．

その論文は，失敗への経過や復帰過程を年表で示しており，その後，教訓として得た事項について解説をしています．本事例は今から約20年前

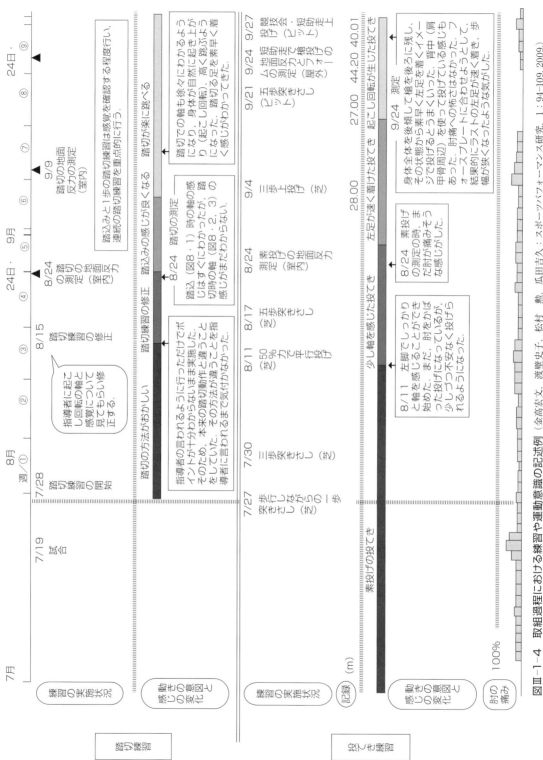

図Ⅲ-1-4 取組過程における練習や運動意識の記述例（金高宏文、渡邉史子、松村 勲、瓜田吉久：スポーツパフォーマンス研究．1：94-109．2009．）

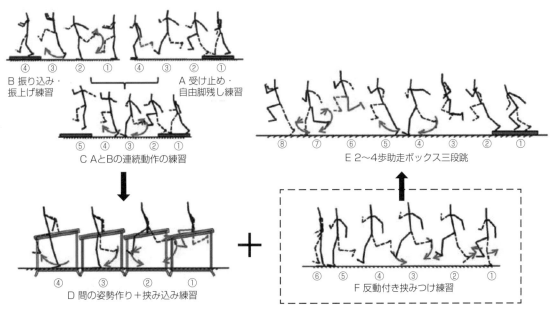

図III-1-5　取組過程の分析から提案された練習の記述例．※破線部分が新たに提案された練習（近藤亮介，東畑陽介，瓜田吉久，松村　勲，金高宏文：スポーツパフォーマンス研究．5：102-116, 2013.）

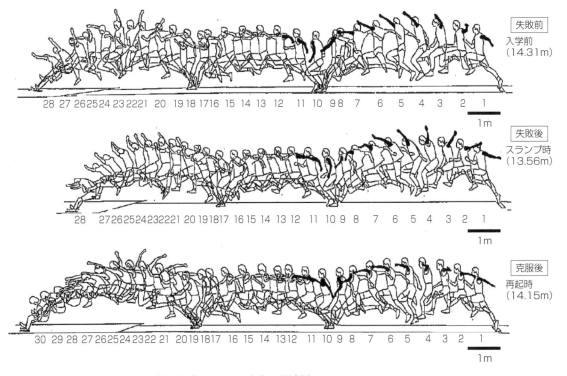

図III-1-6　失敗前・後，克服後の運動フォームの変化の記述例（金高宏文，瓜田吉久：陸上競技研究．18：28-34, 1994.）

のもので，事例提示に関する方法や考察の貧弱さは否めません．しかし，それ以降も積極的に失敗に関連する事例提示があまりなされないことを考慮すると，本事例も参考になると考えます．

なお，陸上競技ではありませんが失敗および失敗を克服した事例研究のまとめ方の例として，剣道に関する失敗事例[13]が参考になります．剣道経験を有するある体育専攻大学生（23歳）が，中学生期に経験した打突動作における手の内の誤習得から打突技能を低下させ，試行錯誤の末に改善・復帰して得られた実践知について論じたものです．大学生の執筆者が中学校期に獲得した自らの実践知について，記憶を思い出しながら執筆した事例研究です．そのため，その当時の映像や資料もないところから執筆したものです．

事例提示は，大きくは「1. 失敗までの経緯と事象」「2. 失敗への対処と成果」と詳述することで，失敗の発生から克服までの流れが分かるように書かれています．考察では，「1. 失敗の背景と原因の分析」「2. 失敗への対処法の妥当性の分析」「3. 当該事例の意義と実践への提案」とし，事例そのものを再度分析し，研究をはじめる前に考えていた実践知そのものを再検討する作業が行われています．当該論文のような失敗の克服から得られた実践知を可視化しようとする場合は，この考察の作業が重要になるといえます．改めて事例の事実の因果関係や考えたことと向き合うことで，新たな視点や深い気づきを得ることができるからです．そこでは，当初の考えを再考することを恐れず，俯瞰して事例を捉え直すことを心がける態度が重要になります．

なお，このような個人的な実践知の可視化は，単にスポーツに限りませんが，運動指導力や運動の実践力を高めるための研修で求められる「振り返ること（省察，リフレクション）」に繋がるものです．指導者の養成や研修会でも，指導や実践の振り返りを目指したワークショップやアクティブ・ラーニングが企画されつつあります[19]．特に本事例研究の書き方は，そのような研修を進める上で参考になると考えられます．

3）競技に関連する重要なデータの変化を報告した事例研究の例

前述のようなトレーニングの問題解決過程や失敗事例についての詳細な記述よりも，1人もしくは小グループを対象とした競技に関連する重要な客観的なデータの変化を報告した事例研究もあります．

土江[21]は，ある1人の日本人トップスプリンターにおける約10年間の100m走中のピッチと競技力（100mのタイム）との関係（図Ⅲ-1-7）を分析し，100m走を走行するための戦略を検討しています．この研究のデータは，トップスプリンターで，10年間に渡るデータという点で，希少価値のあるものといえます．また，提示されたデータは，別な形で分析しなおすことも可能であり，このようなデータを公表することは実践研究の1つの形，資料的な研究としての価値があると考えられます．

また，山地ら[23]は，一流競歩選手1名を対象に，100kmマラソンのレース3日前後の生理的応答に関する比較（図Ⅲ-1-8）を行い，呼吸筋の疲労等について言及しています．この研究においても，トップ競歩選手を対象に，これまで行われていない100kmマラソンのレースの3日前・後の測定による希少なデータを取得することを目的としている点で，資料的な研究として位置づけられるでしょう．

上に紹介した論文は，一流選手等を対象とした1人の事例を紹介していますが，必ずしも一流選手等でなくても，実践現場に有意味なデータであれば競技レベルが低くても報告する価値があると考えます．特に，これまで公表されていないのであれば，提示される意味があると考えます．

吉本ら[24]の100m走の11秒台から10秒台に記録を向上させた大学短距離選手の形態・身体組成や筋力・パワー等の変化の報告が，それに該当します．しかし，その際に重要になるのは，1人もしくは少人数のデータから色々なことを考察・仮説創出する訳ですから，対象に関する詳細な情報の提示が重要になることはいうまでもないでしょう．そして，その点を考慮した，データの変化に

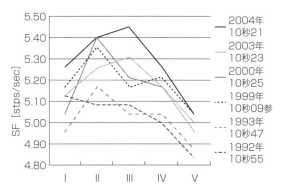

図III-1-7　一流選手における10年間のピッチの変化（土江寛裕：スポーツパフォーマンス研究．9：169-176, 2009.より）

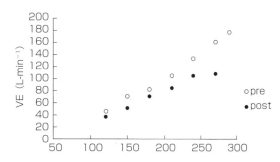

図III-1-8　一流競歩選手における100kmマラソン前後のAll-outテスト中の肺換気量の変動（山地啓司，井口文雄，橋爪和夫：スポーツパフォーマンス研究．7：370-380, 2015）

対する考察が重要になるといえるでしょう．

(2) 仮説検証型の論文の例

以下は，指導やトレーニングでA方式かB方式かといった意思決定の不確実さを軽減することを狙って，実践経験や先行研究を含めて，仮説を作り上げ，1人もしくは少人数を対象に仮説そのものを検証しようとして取り組まれた研究です．

1) 運動・練習の条件や課題を検討した事例研究

陸上競技に関連する体育授業等の教材に関する研究では，陸上競技そのもの競技ルールや条件を当てはめると，多くの児童や生徒が上手に行うことができないことが多々生じます．そのようなことから，児童や生徒の体格や運動能力を考慮したルールや運動・練習条件を明らかにすることは極めて重要な課題といえます．ここで紹介する論文[8]は，小学校4～6年生の発育・発達に即した「ハードル間をリズミカルに3歩で走れる」ハードル走の設定条件について事例的に検討したものです．

小学校4年生以上では，同一学年でも児童の身長の差が大きく，走行中の1歩毎のストライドも異なってきます．そのため，一律のハードル区間にすると，3歩でリズミカルに走ることができない児童が生じます．そこで，当該論文では児童の体格や運動能力を考慮したハードル区間の設定条件等に明らかにしています．具体的には，身長を手がかりにしたハードル区間の設定条件を試案し，その実用性について6回の授業実践より検討しています．

当該論文のポイントは，ハードル走の設定条件についてインターネットも含め巷の情報や先行研究を概括し，ハードル区間を身長の4.2倍以上とするということを予め仮説設定したという点にあります．その仮説設定の過程を丁寧に提示している点が，この論文で注目すべき点だといえるでしょう．その後は，比較対象群を作れない教育現場の制約から，体育の授業を通じてのハードル走タイムやハードルに要したハードル時間等の変化より，その妥当性を示しています．

図III-1-9は，授業を通じて児童が達成した最終的なハードル区間と身長との関係を示したものです．ほとんどの生徒で身長の4.2倍以上のハードル区間でリズム良く走行することが可能となったことが示されています．

この他にも体育授業等で困っていることなど，例えば，通常の50m走の能力や身長等を手がかりに，走幅跳の助走距離の設定法などもありませんので，今後明らかにされることが期待されます．

2) 運動・練習の条件や課題を検討した構造的な実証研究

次に運動・練習の条件や課題を研究する例としては，A条件とB条件といった条件の比較を行うというものです．その際に，条件等の違いがどのように運動や練習に影響を及ぼしていくのかを単

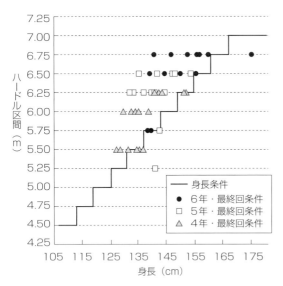

図III-1-9　条件等の達成度を示した記述例：身長による設定条件と授業で達成したハードル区間の関係（金高宏文，瀬戸口明浩：鹿屋体育大学学術研究紀要．38：45-54, 2009.）

純な比較だけに終わらず，構造的に検討した研究を紹介します．

宮脇ら[16]は，陸上競技男子長距離走選手を対象に，市販の腹部圧迫ベルトを装着させた時の効果について，3つの実験を行い検証しています．実験1では，鉛直方向のstretch shortening cycle（SSC）能力の指標とされる，リバウンドジャンプ（RJ）指数とドロップジャンプ（DJ）指数の変化を検討しています．その結果，ベルトの装着により，両指数がともに有意に改善していること．実験2では，水平方向のSSC能力の指標とされる立五段跳能力の跳躍距離に有意な増加が認められたこと．実験3では，10,000mのレース速度に相当する速度でトレッドミル走を行い，running economy（RE）がベルトの装着によりREが有意に改善したことを報告しています．

この研究の優れた点は，ランニングでの市販の腹部圧迫ベルト装着の効果を明らかにするために，REの検討に留まらず，ランニング能力の基礎となるRJ，DJおよび立五段跳で評価される鉛直・水平方向へのSSC能力への影響も検討している点だといえます．これにより，ランニング中のSSC能力を評価せずとも，REの改善の背景をSSC能力の改善へと導けています．科学論文では，ランニング中のSSC能力の測定・分析まで求められるかもしれませんが，実践場面で腹部圧迫ベルトの装着の効果を検討するには，当該研究の構造的な実験計画や論理展開で，十分納得を得られるといえるでしょう．

当該論文は，測定や分析・解析の制約を受ける場合の実証研究の仕方として，大いに参考になるものと考えます．

3）運動や練習の即時的な波及効果を検討した実証研究

運動や練習の波及効果を検討する場合，3週間などある一定期間の練習やトレーニング期間を設定して検討する場合が一般的です．しかし，ある一定期間のトレーニング研究では，様々な要因の影響も絡んで，運動や練習そのものの影響なのか，それ以外の要因なのかを十分把握できないことがあります．また，検討するための時間も長くなります．そのような問題に対処する研究手続きとして，運動や練習の即時的な波及効果を検討する研究があります．

楠本ら[14]は，陸上競技の長距離走選手8名に，ランニングに先立って1分間のホッピングエクササイズ（HE）を行わせた場合と行わない場合で，長距離走のパフォーマンスにとって重要とされるstretch-shortening cycle（SSC）能力，およびrunning economyにどのような波及効果が生じるかについて検討しています．

実験1では，SSC能力の指標とされるリバウンドジャンプ能力とドロップジャンプの能力への効果について検討し，HEを行うことで，どちらのジャンプ能力にも有意な改善が見られたことを報告しています．実験2では，10,000m走のレースペースに相当する速度（310m/分）で6分間の一定速度走テストを行い，HEを行うことでrunning economyの改善が認められたことを報告しています．

そして，陸上競技の長距離走選手がランニング

図III-1-10-1 異なる動作条件を説明した記述例：ハム型FSと四頭筋型FSの動作の特徴（本山清喬，小森大輔，金高宏文，西薗秀嗣：スポーツパフォーマンス研究．8：302-317, 2016.）

に先立って短時間のHEを行うことは，SSC能力を高め，ひいてはrunning economyの改善を促し，競技会でのパフォーマンスの向上や，トレーニング時の質的な改善につながる可能性があることを示唆しています．

このように，運動や練習の波及効果をまずは即時的な点から確認し，実践場面における運動や練習の選択に有益な知見を提供することも実践研究の重要な役割だと考えます．

4）1人の被検者で運動動作の違いの影響を検証した実証研究

ここで紹介する論文[17]は，陸上競技のトレーニングなどで筋力の改善を狙った補強運動について，1人の被検者を用いて，動作の違いにより筋群への負荷がどのように異なるのかを検証したものです．

取り上げた運動は，フライングスプリット（以下FSとする）という運動です．FSは，大腿四頭筋やハムストリングスを鍛える補強運動として広く実施されています．トレーニングの実践現場では，前脚における膝関節と足関節の位置関係の違いによる動作条件が異なったものが存在します（図III-1-10-1）．1つ目は，膝関節を足関節より前に出して踏み込むもの（四頭筋型FS）で，2つ目は膝関節を足関節より前に出さないように踏み込むもの（ハム型FS）です．しかし，両者は感覚的に負荷の加わる筋群が違うものの，「それが本当に違っているか？」の確証がありませんでした．

そこで，当該論文では，FSにおける前脚接地

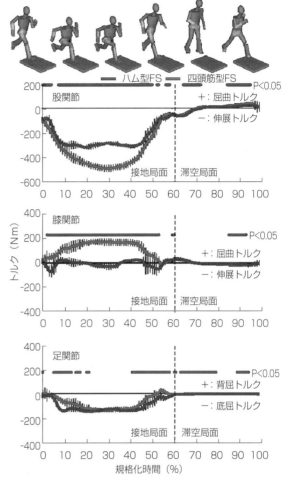

図III-1-10-2 異なる動作条件下でのトルク発揮の違いを説明した記述例：FS中の下肢関節トルクの違い（本山清喬，小森大輔，金高宏文，西薗秀嗣：スポーツパフォーマンス研究．8：302-317, 2016.）

時の膝関節と足関節の位置関係の違いが前脚の関節トルクに及ぼす影響について，1名の被検者を用いて実験的に検討しています．なお，関節トルクは，筋群が発揮している力を示すバイオメカニクス変数です．その結果，ハム型FSは四頭筋型FSより接地局面で有意に大きな股関節伸展トルクを発揮していました（図III-1-10-2）．さらに，膝関節においてハム型FSは四頭筋型FSでは生じていない屈曲トルクを接地局面で発揮していました．

このことから，ハム型FSは四頭筋型FSよりも

ハムストリングスの力発揮が顕著で股関節伸筋群の活動が大きいことが推察されています．これにより，この研究の発端となった「動作の違いにより筋群への負荷が異なるのか？」という経験的な疑問や「この動作でこの筋群への負担度は高まる」といった仮説は，ある程度の確からしさを持って客観的に確認できたといえます．

この論文の書き方は，従来の科学論文と同じような形式で行われています．大きく違う点は，1名の被検者で，設定した動作条件を適切に10回実施した点です．そして，動作条件の影響を統計学的に検証しました．従来の科学研究の手続きに従えば，被検者を複数人確保して検証することが一般的ですが，実践現場での選択や判断の手がかりになるのであれば，このような手続きでも簡易に確証をとれると考えます．

しかし，他の事例研究の論文と同様に，考察の終わりに「本研究の限界」として，知見の不確からしさや応用する場合の注意点も説明しておくことは，「実践への有益性」を担保する意味でも重要なことといえるでしょう．

3．これから事例研究を進める人へのアドバイス

昔話で恐縮ですが，私は学生時代，走幅跳を専門に競技力向上に取り組んでいました．卒業研究とも絡めて，客観的な映像分析をすれば，運動の仕方が見えてくると思い，一流選手と自分自身の走幅跳の踏切動作について簡易なバイオメカニクス的な記述と分析を試みました．しかし，映像分析から見えてきたことは，一流選手と自分自身との客観的な違いで，「私が，より遠くに跳ぶためにどんな運動意識で動けばよいか」という，主観的な答えを導くことはできませんでした．

今考えれば，客観的なデータから主観的なデータを読み出すことなどできないのですが，30年ほど前の無学な学生にとっては，「運動をどのように捉えておくべきか」の知識がありませんでした．そのようなことからも実践に有益な研究を進

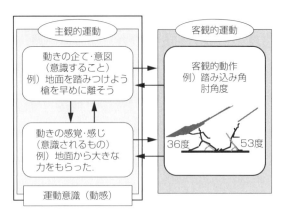

図III-1-11　運動の構造（阿江通良：スポーツ運動学研究，1：107, 1988.より改変）

める上で「運動の捉え方」を再確認しておくことはとても重要と考えます．特に，測定や実験を伴わないで，1人もしくは少人数の色々な実践現場での問題での取組を報告，分析する事例研究の場合は，運動の捉え方等の理解は研究を進める上でとても重要になります．

（1）運動の構造を理解する：「客観的運動」と「主観的運動」

陸上競技に限りませんが，私たちが行っている運動は，運動実践者の"私は地面を踏みつけている"といった運動意識で把握されている「主観的運動」と実際に四肢等が動いて"物理的に○cm移動した"といった「客観的運動」で構成されています．図III-1-11は，そのように把握される運動の構造[1]を示しています．主観的運動と客観的運動はゆるやかに関連していますが，別々に分けて考えることがとても重要になります．何故なら，物理的な四肢等の変化に関する「客観的運動」のデータから，その客観的運動を生じさせる主観的運動である動きの意図や感じといった運動意識の情報を"直接"導くことはできないからです．その逆もしかりです．そのようなことから，運動そのものを把握しようとすると，両者の世界を把握することが必要になります．

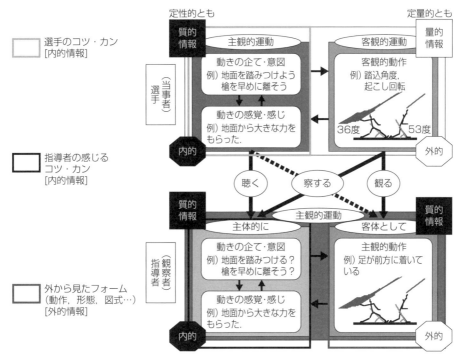

図Ⅲ-1-12　観察者（指導者）からみた運動の構造（阿江通良：スポーツ運動学研究，1：107, 1988. より改変）

(2) 指導者が観ている運動を理解する：「客体的に把握」と「主体的に把握」

また，運動を観察している指導者が運動をどのように把握しているかも確認したいと思います．図Ⅲ-1-12は，指導者等の観察者が運動実践者を見ているときの運動の捉え方を示したものです．観察者は，目や耳等の五感を使って，運動実践者の運動を把握しています．そのため，観察者が把握する運動実践者の客観的運動や主観的運動は，主観的・定性的情報となって把握されます．

具体的には，観察者が把握する運動実践者の客観的運動は，"客観的な数値情報でなく"，「肘が下がっている」「脚が流れている」といった定性的な表現で外から見た動作等を「客体的に把握」しています．この客体的に外的に把握されるものは，「運動フォーム」や「主観的動作」と呼ばれたりします．

一方，観察者が把握する運動実践者の主観的運動は，観察者が運動実践者の運動を観て，当事者の立場になって，「どこで力をいれたのか」「どんな疲労感なのか」といったことを共感したり，聴いたりして把握しています．このような把握は，観察者が運動を「主体的に把握」をしているといえます．

観察者が観ている運動の把握においても，運動実践者の運動の構造を反映して，指導者等の観察者が観ている運動を「客体的に把握された外的な情報」なのか，「主体的に把握された内的な情報」なのかを分けて把握することが重要といえます．このことができないと，運動実践者に客観的運動に関わる客体的な情報（運動フォーム等）を提供しているのか，主観的運動に関わる主体的な情報（運動意識等）を提供しているのかが曖昧になります．

情報の整理が曖昧なままに運動実践者等に提供すると，混乱や誤解を生じかねないので，運動実践者の運動の構造や指導者等の観察者が観ている運動がどのような構造しているのかを理解してお

(3) 主観的運動である運動意識の記述・分析法

次に，実践研究を進める上で，トレーニングや指導によって，運動がどのように変化したのか，変化しなかったのかを適切に記述・分析することが極めて重要になります．客観的運動の記述や分析は，既存のスポーツ科学等，特にバイオメカニクス的分析の手法に従って進めるとよいでしょう．一方，主観的運動の記述や分析は，運動実践者自身からの運動意識を論文執筆者が言葉や図で可視化することになります．しかし，運動意識の具体的な記述の仕方については現時点でも発展途上です．そこで，私が取り組んできた運動意識の記述や分析の方法について紹介します．

1)「動きの意図」と「動きの感じ」に分けて記述する

運動意識の記述や分析をするためには，図III-1-12にもありますように私の「動きの企て・意図」とそれによって起きているような私の「動きの感覚・感じ」に，操作（便宜）的に分けます．動きの企て・意図は，「地面を踏みつけよう」「槍を早めに離そう」といった私の能動的な意識を示します．動きの感覚・感じは，たとえば「地面から大きな力をもらった」「右足に乗った感じがした」「腕が後ろに残っている」のように体の状態や姿勢を記述します．動きの感覚・感じは，状態や姿勢を示すことから受動的というより中動的（※）な意識内容ともいうことができます（中動的とは，能動－受動の関係で表現されないもので，状態や姿勢を示す表現形態のことをいいます[10]）．

なお，運動実践者が運動中にこれらの運動意識を明確に全て把握することはなかなかできません．記憶残像として残っているくらいです．それに対して後で意味づけをしていることがほとんどだと考えられます．そのため，事例研究で運動実践者に運動中の運動意識を聴くと，「こんな感じでやっている」という表現をされることが多くなります．そのままを記述すると，「こんな感じでやっている」と運動実践者が能動的に意図してやっているように理解されます．

しかし，「動きの意図」か「動きの感じ」という視点でよく聴くと，運動実践者は「自分自身の意図はよくわからないけど，こんな感じになっている」という動きの中動的な感じ（状態）のことを語っていたりします．それゆえ運動実践者の運動意識の世界を理解しようとすると，「どうしようと（意図）しているか」と「どんな感じ（状態・姿勢も含む）か」を分けることが重要になります．

2) 運動意識の可視化の例

図III-1-13は，砲丸投選手の運動意識を可視化した図の例[4]です．このような作図には，まず運動意識と外から見える客体的に把握できる運動フォームとの世界をゆるやかに繋いでおく必要があります．

最初にも説明しましたが，運動は主観的な世界と客観的な世界の2つで成り立っています．そのようなことから，運動意識を記述する際に実際に生じている客観的運動を反映する外から観た客体的情報としての運動フォームを提示しておくことは，運動の意識するところ（時間や空間）を大凡把握するためにも重要になります．具体的には，運動フォームの手がかりとなる連続写真を作成します．写真の切り出しのポイントは，「足がついた」「足が離れた」「一番，膝関節が曲がった」といった，誰にでも外から見てわかり，運動意識としても分かりやすい分節点となります．この分節点が，外から見た運動フォームと運動意識とをゆるやかに繋ぎ，運動の意識の範囲を特定する手がかりになります．

次に，運動意識の記述では，まず「その運動をどのように（意識）するの？」というとこから始めます．まずは，運動意識の流れを，例えば「ターンといって，トーンとやって，グッグッとやる」と表現してもらいます．それに，擬音語同士が区切られた点で，一連の運動の運動意識が分節化されます．そして，運動意識の分節点と前述の運動フォームの分節点との関係から，運動意識の範囲を特定します．

図III-1-13の中では，動感構造と書いてある

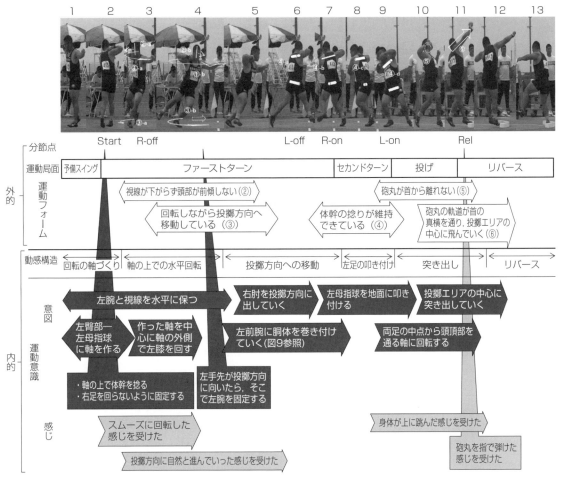

図Ⅲ-1-13　運動意識と運動フォームの可視化の記述例（加藤忠彦, 近藤亮介, 金高宏文, 瓜田吉久, 前田　明：スポーツパフォーマンス研究. 9：111-134, 2017.）

ところの矢印同士（「←→」）の境にあるものです．そして，矢印同士（「←→」）の区間の運動意識を簡潔な用語で表現します．動感とは運動意識のことで，運動学の専門用語です[2]．動感構造は，運動中に意識している表層的・シンボル的な運動意識を表しています．なお，図中の外的な運動フォームのところにある局面構造とは，外から見た分析視点で分節されたものとなっています．

さらに図Ⅲ-1-13の中では，動感構造をより探索的に深層の運動意識として，"〜しよう"という能動的な「動きの意図」や，動きの結果として得られた"〜される"，"〜の感じがする"といった受け身的な「動きの感じ」を，経時的に記述しています．なお，当該研究では動きの意図は濃いグレーで，動きの感じは薄いグレーで表しています．

ここで紹介した[4]の研究では，このような運動意識の分析と運動フォームの分析を行い，競技パフォーマンスの向上と運動意識や運動フォームの変化がどのような関係にあり，重要な運動意識や運動フォームが何なのか，観察すべきポイントを検討しています．まだ，このような運動意識等の変化を対象とした事例研究は多くありませんが，運動実践者と指導者が実践現場で得ている重要な実践の知ですので，積極的に可視化されていくことが期待されます．

なお，運動意識（動感）は，運動者自身の運動意識の方向（志向）性により，「コツ」と「カン」に分かれます．コツは，身体の動かし方に関する内への運動意識で，どこに力を入れるか，どんな感じに体が進んだかといったものです．一方，カンは運動者自身の内へではなく対戦相手やボール等がどのように動いているか，どのように相手へ近づいていくか，近づいてくるかなど運動者自身の外への運動意識です．コツとカンはコインの表と裏の関係にありますので，それらを便宜的に整理して可視化できると，さらに運動意識の世界を明らかにすることができるでしょう．

まとめにかえて

本稿では，事例研究を初めて行う大学生を念頭において，そのあり方や参考例，さらに配慮事項等について論じてきました．そのため，学術的な立場で事例研究の役割や方法についての論考[25]や参考となる事例研究[26]については，紙面の都合もあり紹介できておりません．本稿を読み終えて，事例研究について深く学びたくなった読者は，是非ともそれらの論文を読まれることをお薦めします．

一方，実践研究，中でも事例研究の問題は，その執筆数が少ない点にあります．医学では症例報告として，多くの医師が執筆する機会があります．体育・スポーツにおいても指導者や運動実践者（競技者等）が本稿で紹介した論文や配慮事項等を参考に，自分自身の事例を執筆・報告するようになることが期待されます．これにより，医学同様に実践現場の問題や課題に対処できる知の体系化を図ることができると考えます．

なお，1人や少人数の事例研究の書き方についてさらに知りたい読者は，拙文[9]を参考にして頂ければ幸いです．

[金高　宏文]

[引用文献]

1) 阿江通良：運動科学における理論と実践の断層―スポーツバイオメカニクスの立場から．スポーツ運動学研究，1：107，1988．
2) 畑村洋太郎：だから失敗は起こる．NHK知るを楽しむこの人この世界8-9月．日本放送出版協会，pp. 122-136, 2006．
3) 金子一秀：スポーツ運動学入門．明和出版，2015．
4) 加藤忠彦，近藤亮介，金高宏文，瓜田吉久，前田　明：砲丸投・回転投法における観察視点の提案―男子競技者における投擲距離の11.80mから14.87mへの競技発達事例を手がかりに―．スポーツパフォーマンス研究．9：111-134, 2017．
5) 金高宏文，瓜田吉久：三段跳のホップにおけるオーバーハンド式のアームアクション指導の誤りに学ぶもの―初級レベルの大学男子三段跳競技者のスランプおよびその前後のフォームを手がかりとして―．陸上競技研究．18：28-34, 1994．
6) 金高宏文：トレーニング研究における事例研究の進め方について―実験的研究と事例的研究の循環を目指して―．トレーニング科学，12-2：85-94, 2000．
7) 金高宏文，渡壁史子，松村　勲，瓜田吉久：やり肘痛を持つ大学女子・やり投げ選手の投動作の改善過程―走高跳の踏切練習を手がかりにした肘痛を発生しない投げ動作創発への取り組み―．スポーツパフォーマンス研究．1：94-109, 2009．
8) 金高宏文，瀬戸口明浩：小学校・体育における身長を手がかりにしたハードル走の設定条件の検討．鹿屋体育大学学術研究紀要．38：45-54, 2009．
9) 金高宏文：単一事例の実践研究論文の書き方．スポーツパフォーマンス研究．Editolial：59-65, 2017．
10) 國分功一郎：中動態の世界．医学書院，2017．
11) 小森大輔，宮下菜央，松村　勲，瓜田吉久，金高宏文，近藤亮介：走幅跳における傾斜ボックスを用いた踏切動作の改善事例―意図的な動作改善が苦手な大学女子走幅跳競技者の指導実践より―．スポーツパフォーマンス研究．9：211-226, 2017．
12) 近藤亮介，東畑陽介，瓜田吉久，松村　勲，金高宏文：立五段跳における跳躍距離向上を目指した練習法の提案―大学短距離競技者の1カ月間

の取り組み事例より―．スポーツパフォーマンス研究．5：102-116, 2013.
13) 近藤亮介, 金高宏文：剣道の打突動作における竹刀保持方法および手の内に関する落とし穴：ある中学男子剣道競技者の誤習得・改善過程の事例分析より．スポーツパフォーマンス研究, 8, 36-46, 2016.
14) 楠本達也, 森 寿仁, 山本正嘉：事前のホッピングエクササイズにより陸上競技長距離走選手のstretch shortening cycle能力とrunning economyは改善する．スポーツパフォマンス研究．5：237-251, 2013.
15) 松原茂樹：論文作成ABC：うまいケースレポート作成のコツ．東京医学社，2014.
16) 宮脇悠伍, 山本正嘉：腹部圧迫ベルトの装着が陸上競技長距離走選手のstretch shortening cycle（SSC）能力およびrunning economy（RE）に及ぼす効果．スポーツパフォーマンス研究．4：93-104, 2012.
17) 本山清喬, 小森大輔, 金高宏文, 西薗秀嗣：フライングスプリットにおける前脚の膝関節と足関節置関係の違いか下肢の関節トルクに及ぼす影響．スポーツパフォーマンス研究．8：302-317, 2016.
18) 中畑敏秀, 上田敏斗美, 前田昌隆, 松村 勲, 小森大輔, 瓜田吉久：大学女子中距離ランナーにおける姿勢アライメント改善に向けての取り組み―足舟状骨疲労骨折術後の再受傷防止と疾走技術の改善を目指して取り組んだ事例から―．スポーツパフォーマンス研究．5：146-162, 2013.
19) （財）日本体育協会：平成27年度 コーチ育成のための「モデル・コア・カリキュラム」作成事業報告書，2016.
20) 下山晴彦, 野智正博 編：心理学の実践的研究法を学ぶ．新陽社, 2008.
21) 土江寛裕：日本代表スプリンターにおけるレース中のピッチ変化が記録向上に及ぼす影響．スポーツパフォーマンス研究．1：169-176, 2009.
22) 山口大貴, 黒川 剛, 荒木就平, 金高宏文：自転車競技・短距離種目において競技開始1年半で全国入賞した男子大学生の取り組み事例の分析：自転車競技・短距離種目の導入・初期発達段階における技術・戦術的トレーニングのポイントを探る．スポーツパフォーマンス研究．7：300-319, 2015.
23) 山地啓司, 井口文雄, 橋爪和夫：日本トップ競歩選手のサロマ湖100-kmレース前・後にみられる生理的応答．スポーツパフォーマンス研究．7：370-380, 2015.
24) 吉本隆哉, 斉藤静真：陸上競技短距離走選手のスプリントパフォーマンス向上に伴う疾走速度に関連する要因の変化―100m走で己記録を10秒台に更新した短距離走選手を対象として―．スポーツパフォーマンス研究．9：78-93, 2017
25) 渡辺輝也：コーチング学の確立に向けた道程における事例研究の役割と方法：陸上競技における走高跳を対象とした「事例研究」．トレーニング科学，24（1）：37-45, 2012.
26) 渡辺輝也：背面跳びの踏切を遠くするための新しい方法論的アプローチの提案．体育学研究, 59（1）：297-314, 2014.

III部　実践研究の考え方と研究の進め方—応用編

2. 野球を対象とした実践研究

　まず，野球における研究活動と実践活動の間の共通点を考えてみます．それは，ある魅力的な現象を再現できる法則（理論）を見つけることだと思います．いい換えれば，野球におけるスキル向上や勝利の理論を探索することです．相違点は，その理論の構築に用いられるデータの収集・分析方法，あるいは理論の確からしさに対する基準です．研究者は主に客観的な研究手法と分析方法によって理論を構築します．実践者は主観的な実践経験あるいは勘によって理論を構築します．研究者はかなりの確率でその理論が説明できないと正しい理論とはいいません．実践者は，たった1回の経験でも正しい理論とすることがあります．

　野球の現場にとっては，どちらも一長一短だと思います．この両者の長所と短所を補い合い，よりよい理論の構築を目指そうとする研究が実践研究だと思います．つまり，実践研究は，実践者と研究者の協同作業によって初めて意味を成すものと思われます．本節では，その意味で，実践者と研究者が協同で行った野球の研究を紹介しながら，実践研究の考え方と進め方を考察することに努めました．

1. 野球の実践研究の重要性を考える：野球パフォーマンスの性質

　まず実践研究の重要性（実践を意識した研究の利点）を理解するために，野球パフォーマンスの性質を示す興味深い研究を2つ紹介したいと思います．

　1つ目は，素早い反応に関する研究です．野球では打撃や守備の優れた選手を，「ボールへの反応が良い」と表現することがあります．この反応の良さは実際のプレーを見ればなんとなく評価できるものの，どれぐらい良いかといった詳細まではわかりません．逆にいえば，どれぐらい反応が良いかを数値で表すことができれば，選手の評価やトレーニングの決定に活かせそうです．

　そこで，この反応の良さを評価するために，反応時間を用いた研究が古くから行われてきました（測定方法の詳細は図III-2-1A参照）．反応時間研究の前提にあるのは，実践場面で素早い反応を示す選手は，どんな場面でも素早い反応ができるはずだ，だとすれば光刺激への反応時間は選手の反応の良し悪しを評価できるだろう，というものです．しかし，この考えは正しくありません．

　証拠として，野球の守備の反応の良さを対象にした三好ら[10]の研究を紹介したいと思います（図III-2-1B, Cを参照）．野球の守備では，様々な方向に飛んでいく打球に素早く反応する必要があります．三好ら[10]の実験では，この守備者の反応を想定した選択反応時間の実験を行っています．その際，光刺激（ドット刺激）と映像刺激（守備位置から撮影された打撃場面の映像）の2種類を使って反応時間を測定しています（図III-2-1B）．実験参加者の野球選手（熟練者と非熟練者）は，光刺激の課題では，光刺激の移動方向（左・右）を判断し，一致する方向のボタンを左右の人差し指で素早く押すことが求められました．映像刺激の場合も同様に，打球方向を判断し，ボタンを素早く押すことが求められました．

　結果として，ドット刺激の場合では，実践場面

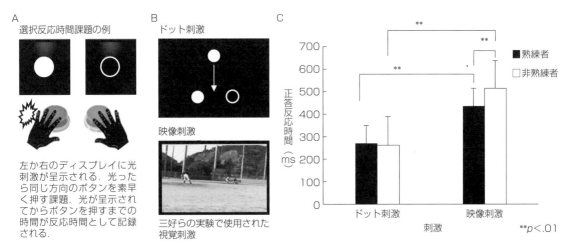

図III-2-1 知覚からみたアスリートの素早い反応の性質．Aは典型的な反応時間課題を示している．Bは三好ら（三好智子，森 周司，廣瀬信之：事前視覚情報の利用が打球の方向予測に及ぼす影響．心理学研究，83, 202-210, 2012.）で用いられた反応時間課題を参考に筆者が改変した図で，Cはその結果を表している．

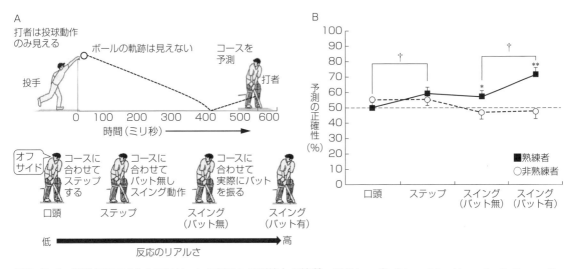

図III-2-2 運動反応からみたアスリートの優れた予測能力の性質．AはMannら（Mann, D.L., Abernethy, B., Farrow, D.: Action specificity increases anticipatory performance and the expert advantage in natural interceptive tasks. Acta Psychologica, 135：17-23, 2010.）が行った予測課題を筆者が作図，Bはその結果を示したものである．

において反応が早い熟練者と遅い非熟練者の間に反応時間の差は示されませんでした（図III-2-1C左）．それに対し，映像刺激では，熟練者は非熟練者よりも反応が早いという結果が示されました（図III-2-1C右）．つまり，熟練者の優れた反応は，野球選手が実践場面で使用している視覚情報を呈示しないと観測できないということです．

こういった現象を知覚の特殊性と呼ぶことがあります．

次に，2つ目として，野球の打撃に非常に類似した特性を持つクリケットの打撃研究（Mann et al.[9]）を紹介します．野球やクリケットでは，投手が投じたボールがわずか0.4秒で打者に到達します．前述の反応時間の結果からわかるように，

たった2種類の光に反応（情報処理）するだけでも0.2秒以上かかるわけですから（図III-2-1C左），様々な球種やコースで投じられるボールを打つ実践場面（複雑な情報処理）では反応はもっと遅くなります．さらに，これにバットスイングの時間が0.15秒程度加わります．

こうした時間側面から考えると，ボールをじっくりみてからスイングを開始していたのでは振り遅れてしまいます．そこで，熟練した野球打者は投手の投球動作から将来のボール軌道を予測して打つという戦略を使用します（中本ら[12]）．つまり，優れた打撃は優れた予測能力によって達成されるわけですが，この予測にも興味深い性質が見られます．

Mannら[9]は，液晶シャッター眼鏡という装置を使って打者の予測能力を測定しています．この液晶シャッター眼鏡は，投手がボールをリリースした瞬間に眼鏡の色が暗転します．つまり，この眼鏡を装着している打者はリリース後のボール情報をみることができません（図III-2-2A）．この状態（投球動作の情報のみ）で，打者はボールが最終的にどのコースにくるかを予測しました．この実験のおもしろいところは，予測の回答方法として，口頭，ステップ，スイング（バット無），スイング（バット有）の4種類を用いた点です（詳細は図III-2-2Aを参照）．その結果を示したものが図III-2-2Bです．

興味深いことに，同じ投手の投球動作に基づいて予測したにも関わらず，熟練者はよりリアルな反応での予測になればなるほど，正答率が高くなっています．またリアルな回答方法でのみ，非熟練者よりも優れた正答率を示しています．この研究が教えてくれる重要な点は，たとえ視覚情報を再現したとしても（1つ目の例），それに対応する運動も再現されなければ（知覚と運動が切り離されると），熟練選手の優れた能力は観測できないということです．こういった現象は知覚と運動のカップリング問題として知られています．

もうお分かりだと思いますが，この2つの例から示される野球パフォーマンスの性質とは，優れた選手の優れたパフォーマンスは実践と同じ（または近い）状況でしか出現しないということです．この性質は，実践を対象に研究することの重要性そのものだと思います．

一般的に，実験研究は，特定の場面や運動反応を切り取って実験室に再現することで行われます．これは野球パフォーマンスのメカニズムを厳密に解明するために極めて重要なことです．ただし，このような方法は，本来選手が持つ野球パフォーマンスの真髄をマスクしてしまう可能性もあるということです．他にも，実験状況と実践状況ではモチベーションが異なること，不安や緊張感が異なること，これによって発揮される野球パフォーマンスが変化することは容易に想像できます．

そのため，実践を研究する実践研究では，こういった性質を最大限に活かすことが，野球パフォーマンスの本質的理解に大きく貢献するものと思われます．ただし注意する点として，実践研究は複雑な要因を扱うがゆえに，また野球パフォーマンスに関与する要因をマスクすることもあるという認識が必要です．つまり，実践と実験の両輪で野球パフォーマンス向上に関する理論を構築していく姿勢が必要といえるでしょう．

2. 研究事例からみる野球の実践研究

実践研究を行うためには，具体的な方法論を理解する必要があります．そこで，いくつかの野球における研究事例をみながら，実践研究の考え方と方法論に関する知識を広げていきたいと思います．

実践研究には，「実践についての研究」と「実践を通しての研究」という分け方があります（秋田ら[1]）．「実践についての研究」は，研究を行う者が指導現場に行き，実態を調査するものを指します．例えば，優れた指導者の指導方法を観察したり，インタビューしたりして，そこに理論を求めるような研究はこれにあたります．一方，「実践を通しての研究」は，研究を行う者が対象に働

きかける介入と研究（実践）を同時に行うものを指します．トレーニング指導を継続的に行いながら，その変化や効果を検証するようなものがあてはまるでしょう．このような研究はアクションリサーチとも呼ばれます．

両者に共通するのは，実践現場そのものを研究対象とすることです．この点は，当たり前のようですが，最も単純に実践研究と他の研究の守備範囲を教えてくれます．相違点は，研究を行う者が「実践づくり」に関与しているかどうかです．実践についての研究は実践づくりへの関与はほとんどありません．それに対し，実践を通しての研究は，研究する者が実践づくりに関与することから，実践者との綿密なコミュニケーションを通して行うなど，実践現場への最大の配慮が必要です．

本項では，この分類に従い，いくつかの実践研究を紹介したいと思います．主に，実践者が執筆しているもの，これまで野球研究ではあまり用いられてこなかった思考や言語に焦点がある研究（数値化しにくいものを扱った研究）を選定しました．その理由は，これまで言語や思考過程を扱った野球研究は少なく，その一方で現場のニーズは高いと感じるからです．もちろん，これ以外にも非常に参考になる論文はありますので，あくまで例として考えてください．この項は，1）話題・問題意識，2）問題解決の方法論，3）野球での研究事例，4）研究方法・事例の利点と問題点，の順になるようにしています．

3-A. 実践についての研究

・優れた指導者の思考を研究する

野球は思考のスポーツと表現されることがあります．以前，小宮山悟氏の講演を聞いたとき，「投手は投げるのは一瞬で，ボールを持っている間に考える時間がたくさん与えられている．この時間にいかに思考するかが勝負である」と話していました．また野球の監督に至っては思考する時間がほとんどです．そのため，優れた選手や指導者がどのような思考をしているのかを明らかにすることは，野球実践者に有益な知見となるでしょう．実際，実践者の方は，有名な選手や指導者を観察したり，直接話を聞いたりして，その思考を推測することが一般的に行われます．

一方で，この思考の推測が常に正しいかというとそうではありません．また，その理解のレベルも様々です．簡単な例をあげると，ある優れた指導者が「チームが勝てるようになるためには挨拶を徹底する必要がある」といったとします．これを聞いた他の指導者が文字通りに選手に挨拶指導することは正しい理解とは思えません．この言葉の背景には，挨拶→周囲の人の注目（人格的成長）→応援・支援→練習環境の改善・質向上→勝利，という図式があり，環境改善が重要であるという理念に基づいた言語だといえます．

つまり，表層的な言葉上では，勝利のために必要なのは「挨拶」ですが，理念・概念レベルでみると「環境」です．後者の概念レベルを推測できた指導者は，挨拶以外にも環境を改善する方策を行うでしょう．この例からわかることは，他者の思考を研究対象にする場合，単なる表層的な言語（現象レベル）の記述ではなく，体系的な理念（概念レベル）を解明することが実践現場に役立つということです．

この目的に見合った方法として，質的研究（質的調査）と呼ばれるものがあります（量的研究との違いは表III-2-1を参照）．質的研究には，観察，面接，フィールドワークなど様々なものが含まれますが，特に言語（質的データ）から思考を読み解き，それを体系化してわかりやすく呈示する方法として，グラウンデッド・セオリー・アプローチ（以下，GTAと略します）があります．GTAを詳細に紹介することは紙面上難しいので，ここでは概略だけにしたいと思います．

質的研究は，主にデータ収集とデータ分析の2つの局面に分かれます．前者は，記事の収集やインタビューなどによって行われ，後者はGTAが適用されます．データ収集はありとあらゆるものがデータとなります．野球において対戦相手の正しいデータを得るために収集方法が工夫されるの

表III-2-1 質的研究と量的研究の違い（Holloway, I. & Wheeler, S.：野口美和子 監訳：ナースのための質的研究入門—研究方法から論文作成まで．医学書院，2006.）

	質的研究	量的研究
目的	参加者の経験と生活世界の説明 理解する データから理論を生成する	因果関係を説明するための調査 仮説検証，予測，コントロール
アプローチ	幅広い焦点 プロセス志向 文脈に縛られる ほとんどは自然な場でなされる データに忠実である	狭い焦点 結果志向 文脈に左右されない しばしば人工的な場や実験室でなされる
データ源	参加者 情報提供者 場，時間，概念などによる対象選択の単位 目的的，理論的対象選択 研究中に発展する柔軟な対象選択	回答者，参加者（「対象subject」という用語は社会科学においては今では用いられないようになっている） 無作為抽出 研究開始前に選択方法が決定される
データ収集	徹底的な非標準化面接 参加観察，フィールドワーク 文書，写真，ビデオ	質問紙，標準化面接 厳密な構造化観察 文書 無作為対照実験
分析	テーマ的，継続比較分析 グラウンデッド・セオリー，記述 民族学分析など	統計学的分析
結果	物語，民族誌，理論	測定可能な結果
関係性	研究者と直接深くかかわる 親密な研究関係	研究者のかかわりは限定される 隔てのある研究関係
厳密さ	真実性，信憑性 典型性，移転可能性	内的／外的妥当性，信頼性 一般化可能性

と同様に，質的研究においても質の良いデータを集めるための工夫が行われます（例えば，後述する半構造的インタビュー）．

GTAは，インタビューによって収集したデータをばらばらにして（データの切片化），データを文脈から切り離してラベル名をつけたあとで（ラベル付け），それらをまとめ直し（カテゴリー化），カテゴリー同士の関係を検討することで思考の体系化（理論化）を目指します．深く学びたい場合は，スポーツ領域の代表的な研究として，北村ら[6]の研究が非常に参考になると思います．また初学者に分かりやすい本も多数出版されているので参考にしてみてください．

ここでは，全体像を研究事例から掴むことを主眼に置き，実践者（吉田公一氏[15]：現鹿児島県立徳之島高等学校・野球部監督）と一緒に行った研究事例を紹介します．スポーツ界では「名将・知将・優勝請負人」と呼ばれる優れた指導者がいます．これらの指導者は，毎年選手が変わっても新たにチームを作り勝利に導きます（現象の再現性が高い）．つまり，勝利に向けた最善策について有効な思考の枠組み（理論）を持っていて，それに従って指導していると考えられます．この思考の枠組みをコーチングメンタルモデルと呼びます（北村ら[6]）．吉田[15]は，高校野球において優れた戦績を残した指導者に対し，インタビューとGTAを行い，優れた指導者の試合中の指導行動を引き起こすメンタルモデルを明らかにしています．

この研究の対象者は，高校野球指導者7名で，図III-2-3Aに示したように優れた成果をあげています．データ収集は，1対1の半構造的インタビューを用いました．半構造的インタビューとは，ある程度質問項目（基幹的質問）を設定しておき，話の展開によって自由な聞き方をする方法です．これにより，研究する者が対象とする内容に限定して深く発話データを集めることができます．吉田の研究では，基幹的質問として，指導観と野球観（思考の枠組み）と試合中の指導（行動）に焦点をあてた質問項目を用意し（図III-2-3B），柔

A
インタビュー対象者

指導者ID	指導歴	指導実績
A	18年	全国大会ベスト4
B	30年	全国大会優勝
C	31年	全国大会優勝
D	34年	全国大会優勝・ベスト4
E	17年	全国大会優勝・準優勝
F	35年	全国大会優勝
G	39年	全国大会準優勝

B
基幹的質問の流れ / 実際の質問項目

指導観
○ 指導に関して大切にしていることは何ですか？
○ どのようなチームづくりを目指していますか？

野球観
○ 野球というスポーツをどのようにとらえていますか？
○ 指揮をとる監督の心構えについてどのように考えていますか？
○ 練習ではどのようなことを目指していますか？

試合中の指導行動
○ 試合中，監督としての仕事にはどのようなことがありますか？
○ 試合現場で何を見ますか？考えますか？
○ 試合中選手やチームの力を発揮させるためにはどのようなことに気をつけていますか？
○ イニング間にどのようなことを話していますか？その際，選手への声かけで注意していることは何ですか？

C
試合中の指導行動の階層的カテゴリー

大カテゴリー	サブカテゴリー	主な意味単位	意味単位数
チーム内の観察（外観）	チーム内の観察行動	先発で起用する選手は見ておく／表情の変化を観察する／同じように見えて微妙に違う観察力／観察したことを作戦に活かす／選手やチームの性格に応じた言い方	21
	不安の軽減	大事な試合になれば絶対に怒らない／公式戦はミスを責めない／選手を萎縮させない／選手に責任を背負わせない／堂々と構え選手を動揺させない	25
	積極的思考	プラスの言葉かけ／チャレンジ心を引き出す／できると思わせる／開き直りを力に／任すと選手は活きに感じる	43
	思考の明瞭化	割り切らせる／やることを明確／単純明快な指示／自分の感じたままに素直に／迷わせない工夫	25
	ベンチ内の環境設定（雰囲気）	いかにその気にさせるか／明るい雰囲気のチームは相手が嫌がる／一喜一憂させすぎないことを重要視／気持ちを前向きに／挑戦する雰囲気	41
指導者自身の観察（内観）	指導者の心的コントロールと行動	感情的になりすぎなげやりにならない／劣勢時は我慢して終盤勝負／いい流れの時に下手に流れを止めない／指導者の言葉が選手や流れに影響／時に演じることが必要	40
	シミュレーション（劣勢時の対処）	バタバタしないように悪い流れを想定／危機管理／劣勢時にかける言葉／先の展開を予測／早めの想定した準備	25
相手の観察（外観）	相手の観察行動	相手の傾向を見出し作戦に取り入れる／相手監督と選手のやりとりを観察／球場の雰囲気を察知する能力／相手の心理を読む／配球の傾向を探る	18
	試合時の采配・指示	サインの共通理解／チームのスタイルを信じる／勇気と決断／選手と指導者が共に納得する戦い方／自ら崩れないことが相手に勝てる条件	30

図III-2-3 優れた指導者に対して行った質的研究の例
（吉田公一：平成22年度鹿屋体育大学大学院体育学研究科修士論文，2010.のデータから改変）

軟に話を展開しながら平均60分のインタビューを実施しました．データ分析は，GTAに基づき，すべての会話を文章に起こした後，1）ラベル付け（意味単位），2）サブカテゴリー作成，3）カテゴリー概念化，4）信頼性検証の4段階により行いました（図III-2-3C参照）．

結果として，試合中の指導行動は，「チーム内の観察（外観）」，「指導者自身の観察（内観）」，「相

手の観察（外観）」の3つの大カテゴリーに分類されました（図III-2-3C）．つまり，優れた高校野球指導者は，優れた「観察力」を備え，試合中に「指導者自身の観察」といった自己を見つめる内観，「チーム内の観察」「相手の観察」といった選手や相手の心情を察するような外観を行うことで適切な戦術決定を行っていることがわかります．また「相手の観察」は，他者との勝負で勝利をつかむ「パフォーマンス向上」，そして対戦相手を意識した練習（「甲子園を想定した練習」）という理念に由来する行動であり，「チーム内の観察」は，「人間的成長」と「組織力の向上」という理念に由来する行動であることがわかります（図III-2-4A）．

北森ら[5]は，「優れた指導者は観る，相手の心情を察するなど，状況の「注意深い観察」を重視し，観察するスキルに優れ，さらに指導者自身の自己の「内側」を観る内観ができてはじめて選手や戦局を的確に見抜く外観ができる」と報告しています．このことは，指導者として成果をあげるためには，自己を見つめる「内観」を成長させることが重要であることを示唆しています．

さらにこの研究では，メンタルモデルの階層と発話データ（意味単位）に基づいて質問紙を作成し，高校野球指導者264名を対象に質問紙調査を行いました．結果として，県大会の指導者より甲子園出場の指導者の方が，自分自身の内観，およびチーム内の外観を重視して行っていることが示されました（図III-2-4B）．つまり，優れた指導者は，自己と選手の成長を重視することで，強いチームを作っていると考えられます．

この研究は，複雑な要因が絡み合って生じる優勝という現象を再現性高く実現している複数の指導者を対象に，具体的な試合中の指導行動および，その行動の基になる理念（指導観と野球観）の共通項を明らかにしたことから，現場に対するメッセージは強いと思います．また，優れた指導者の理念が実際のベンチでの指導行動として現れ，それが指導者の成績と関連している可能性を示した点も有益でしょう．

繰り返しになりますが，ここでみた質的研究方法の最大の利点は，言語データ（質的データ）を概念レベルで捉える手法であるということです．例えば，インタビュー内容をそのまま言葉の順に並べた場合，インタビューされた人や同じ考えを持つ人にとっては，「そんなの分かっていた」という要約情報にしかなりませんし，体系的には理解できません．それを超えて，「そういわれればそうか」と本人が意識していた思考をより深く概念レベル（現場で利用しやすいレベル）で体系化できることが，この方法の利点といえるでしょう．

一方で，この方法は，研究する者の思考が言葉の捉え方に強く影響するため，1人で進めていくことは難しく，複数名と共同で行ったり，何回もこの研究方法を経験し訓練する必要があります．このことは，実践者が研究する場合にはデメリットかもしれません．ただし，呈示した事例は，現職教員の野球指導者によって行われたものです．GTAを完璧に使いこなした成果とはいえないかもしれませんが，実践者が実践研究を行い，現場のニーズが高い知見をもたらした点は注目に値するでしょう．これは，この本のI部2で述べられている「実践研究とは，そのままでは当人だけの暗黙知（心理的存在）として埋もれてしまう知見を可視化して，（中略）一定の同業者にとって共有できる有用な知（社会的存在）を生み出すもの」に当てはまるものと思われます．世界トップレベルの女子ソフトボール指導者を対象に同様の研究を行った長澤[11]の研究も大変参考になります．

また，自身の思考過程を報告した貴重な実践研究として，小宮山ら[16]の研究があります．前述の研究との大きな違いは，他者の思考を他者が分析・報告するのではなく，自己の思考を自己が分析・報告している点にあります．この方法は，客観性という意味では，これまでの一般科学では最も認められにくい方法です．しかし，自己の思考の分析に長けているプロ野球選手が，客観データに基づいて自己の思考過程を記述する方法は，新しい研究の形といえるでしょう．こういった一流選手の事例の積み重ねは，実践現場において有用

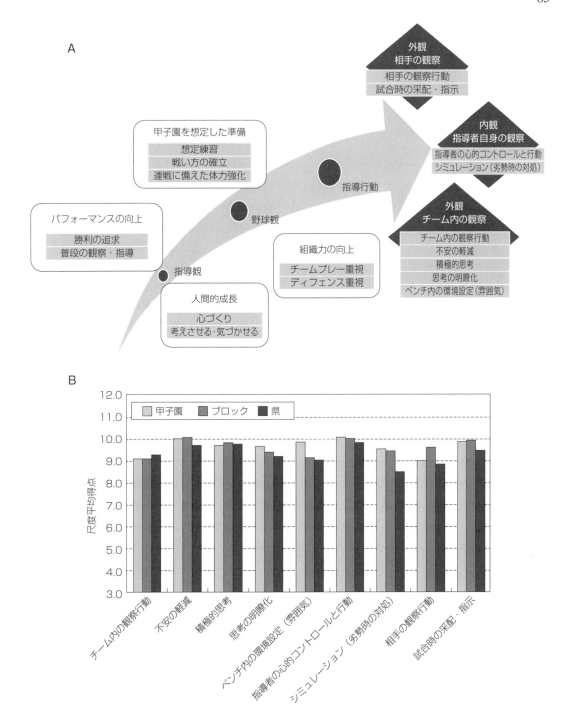

図III-2-4 優れた指導者のコーチングメンタルモデル（A）と指導者のレベルごとにみた試合中の指導行動の違い（B）吉田（吉田公一：平成22年度鹿屋体育大学大学院体育学研究科修士論文, 2010.）のデータから改変

であり，今後，報告方法を含めた方法論の発展が望まれます．

3-B. 実践を通しての研究

・専門家としての介入研究論文：実践者を意識した情報発信

　新しいトレーニングやその実践報告は，主に研究者や専門家を対象とした科学雑誌で報告されることが一般的です．しかし，こういった研究報告の内容や報告方法は，利用したいと考えている野球指導者や選手，さらにはトレーニングの専門家にでさえ，難解な場合が多く，誤った情報の伝達に基づいて実践が行われることは少なくないと思われます．その原因は，トレーニング方法のみが伝達され，トレーニング実施時の指導者の思考プロセスが伝達されないことにあると思います．そういった意味で，情報の発信方法まで含めた実践論文の勝亦ら[4]の報告は大変貴重な論文だと思いますので紹介します．

　この論文では，トレーニング指導の専門家（両者とも研究者でもある）の立場から，野球選手を対象としたトレーニング実践研究に関する課題を提示しています．それは，計画（Plan）－実行（Do）－評価（Check）－改善（Act）のサイクル（PDCAサイクル）に基づいた事例報告がない点です．勝亦ら[4]の主張をそのまま引用したいと思います．

　「一般的な野球のトレーニング実践研究は，緒言－方法－結果－考察の順で記述される．そこで得られた新たなトレーニング方法に関する知見は，トレーニング指導者および選手にとって興味・関心のある情報である．しかしながら，これまでの記述方法では，研究知見をスポーツ現場で活用するための情報が不足していると感じる．例えば，あるトレーニングプログラムは，年間トレーニング計画のどこに組み込めば有効なのか，トレーニングの適齢期（計画），選手にどのような方法（言葉，身振りなど）で伝えればより有効なのか（実践），選手全体および選手個別のトレーニング評価，トレーニング実施期間の後のトレーニング改善策（改善）といったスポーツ現場で必要としている情報である．つまり，野球のトレーニング実践研究の知見をスポーツ現場で活かすには，PDCAサイクルに基づいて，指導内容が詳細に記録される必要があると考えられる」．

　この提案に従った実践報告は，利用する実践者が持つ既存の知識の枠組みに取り入れやすいため，情報の共有化が進みやすいと考えます．また実践者が実践を報告する記述フォーマットとしても優れていると考えられます（同様に，金高[7]）．

　この論文では高校野球選手における打球スピードの向上を目的としたトレーニング実践事例について，PDCAサイクルの順番に従って記述されています．計画では，年間および（研究報告した）特定期間のトレーニング計画および具体的な方法の根拠，実行では，選手への具体的な指導方法およびトレーニングを行う際の注意点，評価では，トレーニング前後の測定結果の使用，改善では，どのように測定結果に基づいたトレーニング計画・内容の修正を行ったかについて記載しています．

　詳細は本文を参照していただきたいのですが，こういった記載方法は，トレーニング内容の記述に留まらず，トレーニング実施者の意図や思考過程も同様に知ることができます．実践者にとって，新たなトレーニング方法を知ることは重要です．しかし，それにも増して，どのように用いるか，どういう意図で用いたのか，どう改善を考えるべきなのかといった，トレーニング実施時の思考プロセスの共有が有益な情報となります．この意味でも，PDCAに基づく記述は優れていると思います．

　一方で，トレーニング介入の事例報告では，トレーニングがどれだけ成功したのか，何がその原因だったのかといった重要な点が，指導者（報告者）のみの主観に基づいて行われることが多いでしょう．そのため，人間は追認偏向という認知特性を持つことを理解しておく必要があります．追認偏向とは，主に記憶に基づいてプロセスを記述するときに生じるもので，自分の信念や理論が正

しいと証明するのに適した情報を選び，それが誤りであることを証明する情報を見逃しやすいという特性です．

事例研究では，トレーニング内容とその効果（スイング速度の向上など）の記録を出発点に，記憶から指導プロセスを想起しながら報告書（実践研究）を作成することが多いと思います．この場合，思い通りの効果が得られたことに直結した取り組みが記憶として想起されやすく，取り組んだがうまくいかなかった内容は見逃しやすくなります．極端にいえば，成功したことばかりが想起されるうちに，自分の介入に強く自信を持ち，それによってさらに自分のアプローチや立場を擁護しやすくなるということです（岩壁[3]）．

これをできる限り回避するためには，トライアンギュレーション（三角測量）などが有効と考えられます．例えば，トレーニング指導者，記録に加え，トレーニングを受けた者の考えの突合せです．実践現場では様々な失敗を含め成功につながることが一般的です．そのため，うまくいかなかったことの共有も等しく重要であることを忘れてはいけないと思います．これはこれまでの一般的な科学研究でも生じてきた問題です（ある処方の効果が統計的に有意であった場合だけ報告されやすく，有意で無かった場合は報告されない）．

この重要性を理解するために，元プロ野球選手の桑田真澄氏が『野球科学研究』の創刊号で書いた記事の一部を紹介したいと思います（桑田[8]）．「小学校時代に野球チームに入団して以来，私は「野球界の常識にとらわれない」という発想を持ち続けてきました．その理由は，コーチの感覚や経験に基づいて行う指導が，競技力向上に必ずしも結びつかなかったからです」．この文章を取り上げたのは，実践研究のコンセプトを否定するためではありません．記事には，例として，高校やプロに入って受けた投球フォームの指導が自分の感覚に合わずに苦労したこと，自身の投球フォームの考えに共感してくれるコーチとの出会いがパフォーマンス発揮につながったことが書かれています．

このような例は，指導内容の報告だけでなく，指導を受けた者とのやりとりのプロセスも同様に記述することが実践研究として重要であることを教えてくれます．指導者の指導報告は雑誌・記事などで見受けられますが，選手がどう感じて，どのように修正しようとしたのかといった思考プロセスはほとんど紹介されません．こういった両者のやりとりを研究する方法としてプロセス研究と呼ばれる領域があります．分析対象は，介入者とそれを受ける者の行動，やりとりのパターン，そしてこの二者の主観的な体験などで，「どのようにして変容が起こったか」，「成功（または失敗）と関係したやりとりは何か」など，効果と変容のメカニズムを問う研究です（岩壁[3]）．こういった選手と指導者のやりとりの思考プロセスを検討することも，今後の野球実践研究には必要と思われます．

4. 実践者と研究者の協同的取り組み

実践研究には，「実践についての研究」と「実践を通しての研究」という分類があることは前述しました．これらの研究は，研究者と実践者の協同は生まれますが，基本的にはいずれかが主導を取って研究が進んでいきます．協同研究の利点の1つは，新しいアイデアや物事の捉え方につながることです．となると，どちらかが主導するのではなく，実践者と研究者が完全に協同しながら研究を行えば，研究および実践現場に新たな知見をもたらすと考えられます．そこで，ここでは実践者と研究者が可能な限り対等の立場で実践的な研究を行っている取り組みを紹介します．特に，協同的な実践研究を行う上で考慮したことを視点にまとめたいと思います．

(1) 練習の場と研究の場を同じにする

筆者の所属する大学には，スポーツパフォーマンス研究センター（以下，SP研究センターと略します）という国内初の屋外競技の屋内研究施設があります．この研究施設は，実践と研究を繋ぐ

新たな形の科学を作りたいという本学研究者と実践者の思いから建てられました．筆者は運よく建築の途中段階から，野球フィールドの構想に携わる機会を得ました．そこで，学内の野球研究者（教員・院生）と実践者（監督・コーチ），さらに研究棟スタッフとグループを作り，何度もミーティングを繰り返しました．

その中で，まず達した結論は，研究者にとっての研究活動と実践者にとっての実践活動が同時に行える場を構築することです．研究者にとっては，実験的に統制が可能で，実験装置を備えた環境が必要です．また，監督・コーチ・選手にとっては，通常通り練習できる自然な環境が必要です．そのため，練習の場と研究の場を共有できる野球フィールドを作ることが協同的実践研究を進める条件だと考えました．

まず初めに取り掛かったのは，投手と打者の対戦中のデータを記録できる環境です．従来の研究では，投手と打者の研究は別々に研究されています．これらの研究が野球パフォーマンスの向上や怪我の予防に寄与したことはいうまでもありません．ただ，この実験環境では実践（戦）ができません．実際の野球では投手が投げたボールを打者が打つという基本プロセスがあります．また，データ記録のための実験機器が周囲にあれば，実際にボールを思い切って投げることも，打つこともできませんし，地面反力を測定するアルミで作られた床反力計の上では，スパイクを履いて全力で投げたり打ったりすることは不可能です．しかし，これらを省略すると研究者は研究ができません．

こういった実践と実験を可能にするために，野球マルチ解析システムという仕組みを作りました．これは，実践場面と同じ野球フィールド上に，土の上で床反力を記録できるフォースプレート（FP）一体型ピッチャーマウンドとバッターボックス（詳細は，Yanai et al.[14] を参照），投・打同時モーションキャプチャシステム，1プレーごとに高速度カメラ映像を記録・再生できる遅延再生システム，投手の投じたボールおよび打撃されたボールの球質（速度や回転，ボール軌跡など）を測定できるドップラーシステム，野手や走者の位置を追跡するGPSシステムが含まれます．

このシステムにより，選手が実際に投・打，守備，走塁を行っている中で様々なデータを記録することができます．IIの項で述べたように，競技者のパフォーマンスは実践場面で出現します．例えば，従来のアルミのFP（実戦と違う）と土のFP（実戦と同じ）で投球する場合，図III-2-5Aに示すように，球速はもとより，床反力で観測される力の大きさやタイミング，さらには投球動作そのものが違うことがわかります（踏み込み脚：図III-2-5A右）．また，対戦中の打者のFPを見ると，投手のリリース前の投動作に合うように，打動作を協調させていることがわかります（図III-2-5B右）．こういった知見は，実際の対戦場面でしか観測できません．さらに，野球マルチ解析システムでは，継続的に特定選手のプレーを記録し続けることができます．これは，熟練者と非熟練者の比較といった個人差研究だけでなく，個人内変動（図III-2-5Bの投球位置）やその日間差の研究を可能にします．これは，コンディショニングに関する新たな知見を生み出すと思われます．また，こういった場は，生理・心理・バイメカ・神経科学など領域統合的な科学研究をも可能にします．

(2) 研究者と実践者の目的を近似させる：野球選手の診断・処方システムの構築

監督・コーチ・選手にとっては，野球ができる環境であっても，実験参加者として利用されるだけで実践に有益な情報が得られなかったり，練習時間が短くなったりするような関わり方は望みません．研究者は，研究ができる環境であっても，実験参加者のモチベーションが低い状態での実験や，参加者の不利益になることは避けたい状況です．そこで，野球選手の診断・処方システムを協同して確立するという目標を掲げました．

ここでいう診断は，標準化されたデータに基づいた診断です．端的にいえば，選手の測定値が全体のどの位置にあるかといった大量データに基づ

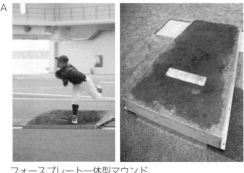
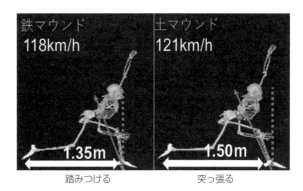

フォースプレート一体型マウンド　　　　　　　　　　　踏みつける　　　　　　突っ張る

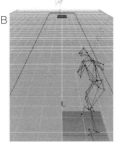

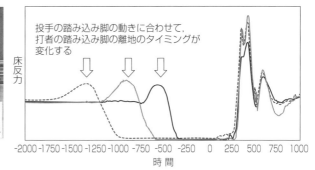

床反力，動作記録　　　投球位置の記録

図III-2-5　フォースプレート一体型マウンド（A左）と記録データ例（A右）．対戦中の各種パラメータの測定の様子（B左）と打者の地面反力（B右）．マウンドは矢内利政氏（早稲田大学）と共同制作，マウンドの比較の図は蔭山雅洋氏（現JISS）作成

く診断です．処方は，診断結果に基づいて，弱点の修正方法を提案することです．そして，これらがエビデンス（メカニズム）に基づいて行われることを前提とします．もしこれが達成できれば，実践者にとっては，自己のパフォーマンス改善につながり，研究者にとっては，実験室の研究活動で得たメカニズムを現実場面に応用し，それを診断や処方という形で現場に還元できるという利点があります．

現段階は診断基準を作る（大量データを収集する）段階ですが，この過程でも実践的な研究は生まれます．例えば，図III-2-6に示したのは，鹿屋体育大学野球部監督・コーチと研究者が標準化する過程で作ったフィードバックシートです．野球部員は定期的にこのシートを確認しながら練習を行っています．これにより，選手はデータから自分の意図した変化が起こっているか，どうすれ

ばより高いパフォーマンスに繋がるかを，監督と研究者の3者で思考するようになりました．監督・コーチや選手は，パフォーマンス向上につながったと感じているようです．

また，研究者には，どのデータを中心にメカニズムを同定していくかといった視点（例えば，Tsuno et al.[13]）や個人内変動を解明する重要さを教えてくれました．一度きりの測定ではなく，継続的にデータを取得すること，またそのデータを介した協同的作業が実践研究を有用にするために重要であると感じます．

おわりに

近年では，実践研究への期待やその必要性の高まりに対応して，実践研究の専門誌として，『スポーツパフォーマンス研究』の発刊，そして現場と研究者の双方によって作られる『野球科学研究』

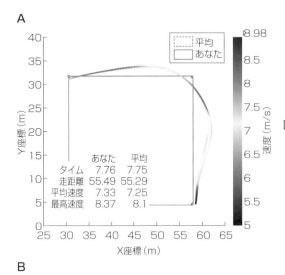
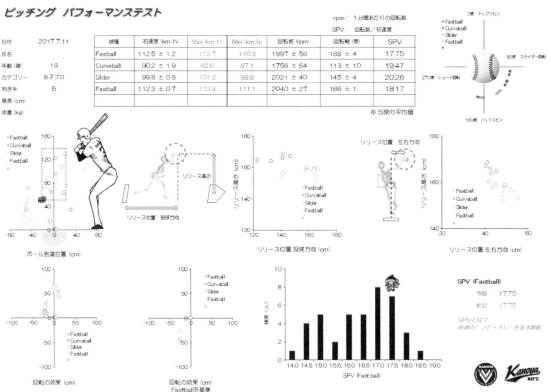

図III-2-6 選手へのフィードバックシートの例．Aはベースランニングの効率（永原 隆氏，津野天兵氏作成）．Bは投手の球質診断（水谷未来氏，藤井雅文氏，鈴木智晴氏作成）．

の発刊など，実践と研究の流動性が高まる研究雑誌が増加しています．この情報の流動性を最大限高めるためにも，研究者と実践者がそれぞれの立場で一方向に研究し情報発信するのではなく，協同研究し情報発信することが重要と考えられます．こういった作業を通して，両者にとって普遍性や客観性についての丁度良い落としどころが見つかり，従来の科学でも実践でもできなかった，多様な実践研究に基づくスキル向上や勝利を導く新たな理論が生み出されることを期待したいと思

います.

[中本　浩揮]

[引用文献]
1) 秋田喜代美, 市川伸一：教育・発達における実践研究. 南風原朝和ほか編集, 心理学研究法入門―調査・実験から実践まで. 東京大学出版会, 2001.
2) Holloway, I. & Wheeler, S.：ナースのための質的研究入門―研究方法から論文作成まで. 野口美和子　監訳, 医学書院, 2006.
3) 岩壁　茂：プロセス研究の方法. 新曜社, 2008.
4) 勝亦陽一, 森下義隆：高校野球選手における打球スピード向上を目的としたトレーニングの効果〜PDCAサイクルに基づいた実践報告〜. スポーツパフォーマンス研究, 9, 369-385, 2017.
5) 北森義明, 塩原正一：スポーツチーム監督のリーダシップに関する研究―その1―. 順天堂大学保健体育紀要, 29, 1-12, 1986.
6) 北村勝朗, 齊藤　茂, 永山貴洋：優れた指導者はいかにして選手とチームのパフォーマンスを高めるのか？―質的分析によるエキスパート高等学校サッカー指導者のコーチング・メンタルモデルの構築―. スポーツ心理学研究, 32, 17-28, 2005.
7) 金高宏文：単一事例の実践研究論文の書き方. スポーツパフォーマンス研究, editorial, 59-65, 2017.
8) 桑田真澄　Open：日米プロ経験者の立場から. 野球科学研究, 創刊号特集記事, 5-7, 2017.
9) Mann, D.L., Abernethy, B., Farrow, D.: Action specificity increases anticipatory performance and the expert advantage in natural interceptive tasks. Acta Psychologica, 135: 17-23, 2010.
10) 三好智子, 森　周司, 廣瀬信之：事前視覚情報の利用が打球の方向予測に及ぼす影響. 心理学研究, 83, 202-210, 2012.
11) 長澤淑恵：ソフトボールにおける女子チーム指導者のコンピテンシーに関する研究. スポーツパフォーマンス研究, 9, 15-26, 2017.
12) 中本浩揮, 杉原　隆, 及川　研：知覚トレーニングが初級打者の予測とパフォーマンスに与える効果. 体育学研究, 50, 581-591, 2005.
13) Tsuno T, Nagahara R, Mizutani M, Matsuo A, Nakamoto H, Maeda A: Relationship of base-running performance with running direction and its change. 34th International Conference of Biomechanics in Sport, proceedings, 18-22, 2016.
14) Yanai T, Matsuo A, Maeda A, Nakamoto H, Mizutani M, Kanehisa H, Fukunaga T.: Reliability and Validity of Kinetic and Kinematic Parameters Determined With Force Plates Embedded Under a Soil-Filled Baseball Mound. Journal of Applied Biomechanics, 33, 305-310, 2017.
15) 吉田公一：高校野球指導者におけるコーチングメンタルモデルの熟達化. 平成22年度鹿屋体育大学大学院体育学研究科修士論文, 2010.
16) 小宮山悟, 勝亦陽一, 福永哲夫：プロ野球球団におけるゲーム分析データの活用事例. スポーツパフォーマンス研究, 7：346-355, 2015.

III部 実践研究の考え方と研究の進め方—応用編

3. サッカーを対象とした実践研究

　サッカーは，11対11で行うスポーツで，相手より多く得点したチームが勝つ競技です．サッカーを対象にした研究は，生理学やバイオメカニクスなど多面的に行われています．

　近年では，映像を用いた自動追跡システムやGlobal positioning system (GPS) を用いたTime-motion分析から選手の移動回数および距離が定量可能になりました．それによって，競技水準や勝敗との関連から試合中の選手の移動パターンを知ることができます．実際に，プロサッカーチームでは，GPSなどを取り入れてトレーニングや試合時の物理的・生理的負荷を定量し，トレーニングを計画するために役立てられています．そこで，本項では，サッカーに必要なプレーおよびフィジカル能力との関連からGPSを用いた研究の事例を紹介します．

1. 試合時のプレーおよび戦術分析

(1) 試合時の技術的なプレーが勝敗に影響する事例

　サッカーは，ボールを扱う技術が高い選手が優秀な選手と判断されます．その技術には，ドリブル，ボールを受ける（トラップ），ボールを蹴る（シュート，パスなど）およびヘディングなどがあります．いずれも，ジュニア期から反復してトレーニングされるプレーです．そのなかで我々は，ボールを受けるプレーに着目し，勝敗との関連を調査した事例を紹介します．

　サッカーでは相手ゴールを向いてボールを受けるプレーがあり，このプレーはサッカー選手が身に付けるべきプレーの1つとされています．このようなプレーを"Orientated control play (OCP)"と定義し，OCPが勝敗に与える影響を調べました（甲斐ほか[4]）．大学サッカー選手を対象に，公式戦および練習試合19試合（勝ち9試合，分け5試合，負け5試合）をデジタルビデオカメラで撮影しました．その映像から，各ポジションの選手がボールを受ける場面を抽出し，OCPとそうでないプレーを数えました．その結果，時間当たりのOCPの回数，ボールを受けるすべてのプレー数に対するOCPの数の割合（OCPの出現率）は，勝ち試合では負け試合よりも多かったです（図III-3-1）．

　また，勝ち試合のOCPの出現率は，枠内シュートの本数と中程度の相関関係が認められました．この研究では，相手ディフェンスの状況を考慮に入れていないため，時間当たりのOCPの回数が勝ち試合で多いことは，相手の競技レベルが低く，ディフェンスのプレスが弱かった可能性があり，勝ち試合でOCPが出現しやすかったのかも知れません．しかしながら，OCPの出現率も勝ち試合で負け試合よりも高かったことは，OCPが勝敗に影響する要因の1つになり得ることを示唆しています．

　つまり，相手チームの競技レベルが自チームよりも上回る場合では，自チームがボールを保持する時間が短くなり，OCPの回数が減少することが予想できます．その場合でも，常にOCPを意識してプレーすることでOCPの出現率が大きくなり，勝つ可能性を高くすることができるといえます．このような事例は，指導者が日頃のトレー

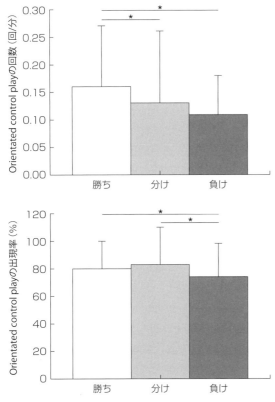

図III-3-1 Orientated control playの回数および出現率が勝敗に与える影響（甲斐智大，高井洋平，青木　竜：スポーツパフォーマンス研究，7：22-29，2015．）

ニングでコーチングしていることが試合の勝敗に関連することを裏付けるものです．

(2) 攻撃場面における高速度帯域での移動の重要性

前節では，試合における技術的プレーが勝敗に影響する可能性を示しました．ここでは，Time-motion分析による選手の移動データについての研究事例を紹介します．この方法は，選手の位置座標（主にxとy座標の2次元座標）を測定し，そのデータから選手の移動速度および移動距離を算出するものです．試合時に選手にGPSセンサー付けて，選手の移動データを定量した事例をいくつか紹介します．

ヨーロッパで活躍する一流選手は，試合で高い速度帯域以上での移動距離が多いといわれていま

す．まず，使用する機器や先行研究間でこの高い速度帯域（High-intensity running, HIR）の閾値が異なります．そこで，HIRがどのような動きであるかを知るために，大学サッカー選手にGPSセンサーを着用させ，直線走を間欠的に繰り返す運動（（5秒全力疾走＋10秒ジョギング）×10本）と5m×5mのスクエアを8の字に方向転換する運動を行わせました．

その結果，直線走を間欠的に繰り返す運動では5.0m/sを下回ることはなく，方向転換走（5m×5m）では5.0m/s未満でした．つまり，5.0m/s以上が直線に近い動きであることを示しています．映像分析から選手の行動を評価した研究によると，得点場面で最も多く行われている動きは直線走であること（Faude et al.[2]）を合わせて考えると，HIRは5.0m/s以上の移動と定義して研究を行っています．

まず，大学サッカー選手における試合時のHIR以上での移動距離を競技水準との関連から調べました（堀尾[3]，高井ほか[8]）．大学サッカー選手を，大学のリーグ戦およびインカレに出場する選手（Team A），非レギュラー選手でインディペンデンスリーグに出場する選手（Team B），および県社会人リーグに出場する選手（Team C）に，競技水準の高い順に分けました．各チームの選手にGPSを付けて，試合時間90分で行われる練習試合および公式戦の移動データを計測しました．

その結果，総移動距離は，Team Aで10345±784m，Team Bで10670±653m，Team Cで11091±941mであり，Team CがTeam AおよびBよりも多かったです．HIRの移動距離はそれぞれ908±296m（Team A），881±301m（Team B）および862±353m（Team C）で，競技水準に関連した差はありませんでした．

総移動距離に競技水準差があることから，総移動距離に占めるHIRでの移動距離の割合を算出したところ，Team AのほうがTeam Cよりも大きくなりました（図III-3-2）．6.7m/s以上での移動距離（Sprinting）でも同様な競技水準差が認められました．つまり，競技水準の低い大学サッ

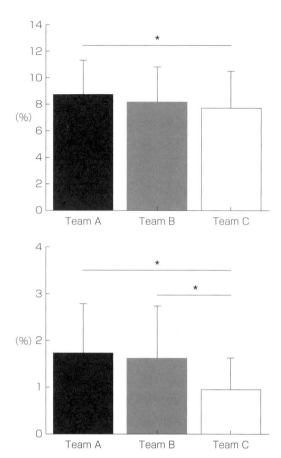

図III-3-2 競技水準に関連した総移動距離に占める高速度帯域以上での移動距離の割合. 上段:High-intensity running 下段:Sprinting (堀尾郷介:鹿屋体育大学修士論文, 2016)

カー選手は試合中に多く走っているが, HIR以上での移動距離の割合が少ないことを示しています. 以上のことから, 競技水準の高い選手は, 試合時にHIR以上での移動距離が多いことが明らかになりました.

一方, 総移動距離に占めるHIRおよびSprintingでの移動距離をヨーロッパの一流サッカー選手と比較すると, HIRでは大学サッカー選手と国際的なサッカー選手と同程度ですが, Sprintingでは国際的なサッカー選手のほうが大学サッカー選手よりも多いです. このことは, 大学サッカー選手 (特にレギュラー選手) がさらに競技レベルを向上させることの1つに, 試合時のSprinting

を増やすことが必要であるといえるでしょう.

ここまで, 1試合における選手の移動距離の事例を紹介しました. サッカーでは主に攻撃と守備の場面に分けられます. 当然のことですが, それぞれの場面で選手の移動パターンは異なります. 攻撃の場面では, 選手はボールを保持しながら相手ゴールにシュートを打つために動きます. 一方, 守備の場面では, 選手は相手のボールを取るために, ボールおよび攻撃の選手の動きに反応して動きます. ここでは, 攻撃の場面に着目して, 選手の移動データを分析した事例を紹介します.

先行研究の定義 (Tenga et al.[10]) を参考に, サッカーの攻撃を速攻 (Counter attack) と遅攻 (Elaborate attack) の2種類に分け, 相手の守備の状況 (安定 vs. 不安定) と攻撃の結果 (得点機会を得た攻撃 vs. それ以外の攻撃) との関連からそれぞれの移動距離を算出しました. 攻撃の結果は, 得点圏 (Score box) にボールが到達した攻撃を得点の機会を増やすための有効な攻撃 (Score-box possession) の指標 (Tenga et al.[11]) とし, 得点機会を得た攻撃とそれ以外の攻撃に分類しました. 攻撃の定義は, 相手チームからボールを取った時点から攻撃が終わった時点 (相手にボールを取られる, アウトオブプレー, シュートを打つ) までとしました (Kai et al.[7]).

大学男子サッカーリーグ戦5試合の攻撃の場面を分析した結果, すべての攻撃回数は569回で, 速攻が249回 (44%), 遅攻が320回 (56%) でした. 攻撃の結果では, 得点機会を得た攻撃は172回 (30%) で, それ以外の攻撃は397回 (70%) でした. 攻撃の場面における選手の総移動距離は4399±599mで, HIRでの移動距離は586±81mでした.

攻撃の結果に関連した総移動距離およびHIRでの移動距離を比較したところ, 相手の守備の状況に関わらず速攻での総移動距離およびHIRでの移動距離は得点機会を得た攻撃のほうがそれ以外の攻撃よりも多かったです (図III-3-3). また, 遅攻では相手の守備の状況が安定している時に, 同様の結果が得られました. どちらの攻撃も, 攻

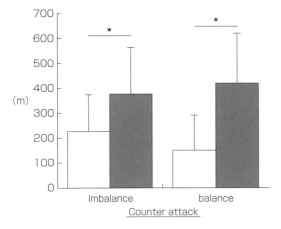

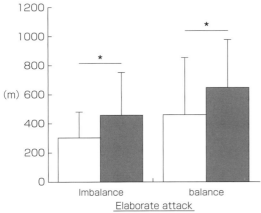

図III-3-3 Score-box possessionに関連した高速度帯域での移動距離 (Kai et al, in press)

撃時の総移動距離に占めるHIRでの移動距離の割合は，得点機会を得た攻撃のほうがそれ以外の攻撃よりも大きかったです．

この結果は，得点機会を得た攻撃では，選手はHIR以上で移動していることを示すものです．つまり，得点機にはHIR以上での移動を行う必要があることを示唆しています．一方で，ポジションによってHIRを行う場所が違うことが予想できます．

そこで，図III-3-4に得点の機会が得られた攻撃時の各ポジションのHIRの位置と移動方向を矢印で示しました．先述したようにHIR以上の移動は直線走もしくはそれに近い移動であると予想できるため，この図はHIRが行われた地点の座標と終了した地点の座標を直線で結んで選手の移動の向きを矢印で示しています．図からも観察できるように，ポジションによってHIRを行った位置および移動方向が異なっていることが分かります．また，速攻では相手のゴールに向かうようなHIRが多いですが，遅攻で相手のゴール以外の向きの移動も見られます．このことは，ボールを持っていない選手がHIRでの移動を行い，相手の守備の状況を不安定にしようとしていると推測できます．

ここまでの事例をまとめると，（1）競技水準の高い大学サッカー選手は，低い選手と比較して試合時にHIR以上での移動距離が多いことと，（2）得点機会を得た攻撃時にはHIR以上での移動距離が多いことです．次に，I-（1）で述べたような技術的なプレーと移動データが関連しているか興味を持つと思います．そこで，OCPの出現率と攻撃の種類および結果別のHIRでの移動距離との関連を調べてみました．

その結果，OCPの出現率が高いと，速攻・遅攻に関わらず得点機会を得た攻撃時のHIRでの移動距離が多いことが明らかとなりました（図III-3-5）．ここでは，これらの因果関係を明らかにすることはできませんが，経験的にOCPが出現することでボールを持っていない選手が相手のゴールまたは相手の守備を不安定にするような位置に，高い速度で移動しやすくなるのでしょう．

指導者は，トレーニングのときに"ボールと一緒に走れ"ということをよく指示します．このコーチングもどこに走ればよいかを選手に理解させる必要があります．本節で示した事例は，技術的なプレーの精度が試合の中で周りの選手の動きに影響すると同時に，得点の機会を得た攻撃では選手がどのような速度で，どのような向きに動けばよいかを示すものです．指導者や選手はこのような結果を知ることで，試合時の場面と関連させたトレーニングを行うことができるようになると思います．

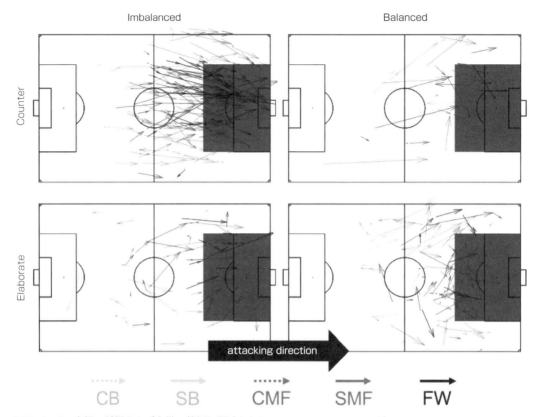

図III-3-4 攻撃の種類および守備の状況に関連したScore-box possession時のHigh-intensity runningの移動方向（Kai et al, in press）

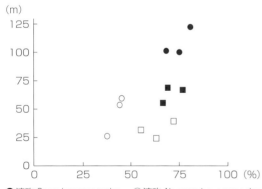

● 速攻 Score-box possession ○ 速攻 No score-box possession
■ 遅攻 Score-box possession □ 遅攻 No score-box possession

図III-3-5 Orientated control playの出現率とHigh-intensity runningでの移動距離との関係（甲斐智大，堀尾郷介，青木　竜，高井洋平：第2回日本スポーツパフォーマンス学会大会，2016.）

(3) GPSを用いたフィードバックの事例

　海外のプロサッカーチームでは，GPSなどでトレーニングや試合時の選手の移動を定量することが浸透していますが，国内ではそれほど多くありません．近年，GPSのような機器を取り入れ始めているチームが増えています．しかし，データを取得できても，その分析方法およびフィードバック方法に苦心しているのをよく耳にします．サッカーでは，1チームに所属する選手が多く，得られるデータが膨大になります．その膨大なデータを処理し，選手にフィードバックするのはとても骨の折れる作業です．ここでは，大学サッカー選手を対象に試合時の移動データをフィードバックし，選手の移動がどう変化したか（甲斐ら[6]）を紹介します．

　GPSを導入し始めたときのチームの課題は，"攻

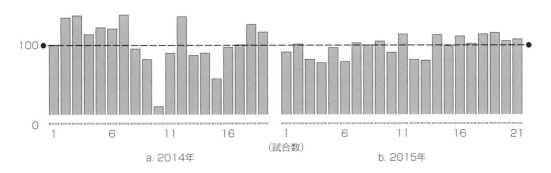
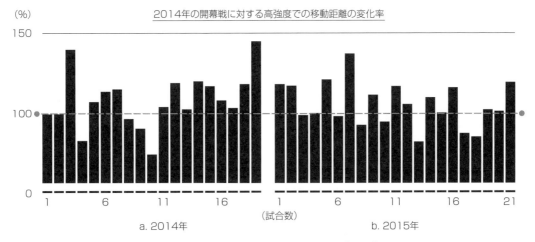

図Ⅲ-3-6 総移動距離とHigh-intensity runningの移動距離のシーズン変化（甲斐智大,堀尾郷介,青木 竜,高井洋平：第2回日本スポーツパフォーマンス学会大会，2016．）

撃時のゴール前へのアクションが少ない"こと，"攻守の切り替えが遅い"ということでした．これらの課題に共通していえるのは，"高強度での移動ができていない"ということです．したがって，選手にフィードバックするデータは，試合時の総移動距離（回数），HIRでの移動距離（回数）およびHIRが行われた位置とその方向にしました．各選手が個人値を確認でき，チーム内の平均値および最大値と比較できるように，フィードバックシートを作成しました．また，海外のプロサッカー選手の値を示し，一流選手との違いを選手に認識させました．

図Ⅲ-3-6に，毎試合の総移動距離とHIRでの移動距離におけるチーム内の平均値を示します．ここで示す値は，GPSを導入し始めて最初の公式戦の値を100％とし，それ以降の試合の値を正規化したものです．総移動距離は，導入当初増加する傾向にありましたが，その後ほとんど変化がありませんでした．一方，HIRでの移動距離は，導入後のシーズン後半に向けて増加傾向になりました．2年目は，HIRでの移動距離の割合が高い水準で維持していました．どちらもシーズン中盤に減少する傾向がありましたが，これは季節の影響が大きいと思われます．つまり，夏に行われた試合だったためと予想されます．

フィードバックを行った後の選手からの内省報

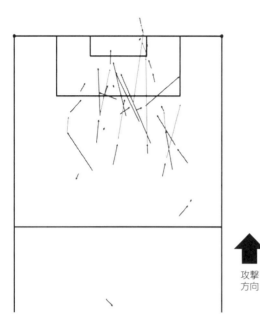

図III-3-7 日本のプロサッカーチームに所属する外国人フォワード選手のHigh-intensity runningが行われた位置とその向き（甲斐智大，堀尾郷介，青木　竜，高井洋平：第2回日本スポーツパフォーマンス学会大会，2016.）

告では，"データの解釈が難しい"，"どこで，どのように走ればよいか知りたい"という意見が挙がったので，データの解釈については分析担当者が個別に詳細な説明をし，選手に理解してもらうように努めました．HIRで移動する位置とその方向は，図III-3-4のようにHIR以上での移動を矢印で図示しました．特にフォワードの選手には，日本のプロサッカーチームに所属する外国人フォワード選手（通算100ゴール以上得点している選手）の試合におけるHIR以上での移動を図示（図III-3-7）し，各選手のそれとの違いを視認させました．

図III-3-7からみると，プロサッカー選手のHIRでの移動は，相手のゴール前に向かった矢印が多いことが分かります．一方，大学のあるフォワード選手は，リーグ戦序盤の試合では相手のゴールから遠いところでHIRが行われ，相手ゴールに向かう矢印が少ない傾向です．そこで，この選手に対して"速い移動を相手ゴールに近いところで行う"こと，"相手ゴールに向かった速い移動をする"ことを伝え，毎試合フィードバックを行いました．

その結果，リーグ終盤の試合ではHIR以上での移動が相手ゴールの近いところで，相手ゴールに向かうようになりました（図III-3-8）．もちろん，この選手の移動の質が変化することには，日々のサッカーのトレーニングの影響は少なくありませんが，試合における選手の動きの量と質を変化させることに毎試合のフィードバックが少なからず貢献したといえる事例です．

2. サッカー選手のフィジカル能力との関連からみた試合時の移動データについて

(1) 大学サッカー選手における競技水準が高い選手のフィジカルの特徴

サッカー選手の競技水準を知るうえで，フィジカル能力は1つの指標になります．そこで，大学卒業後にプロサッカーチームに所属する大学サッカー選手がどのような身体組成を有しているか毎年測定したフィジカルテストから調べてみました．大学卒業後にプロサッカーチームに所属する選手（大卒プロ群）とそうでない選手（対照群）の除脂肪量を測定し，身長の2乗で除した値（除脂肪量指標）を比較しました．除脂肪量は骨格筋量を反映しています．除脂肪量を身長で除す理由は，体格の影響を補正するためです．大卒プロ群の除脂肪量指標は，対照群のそれよりも高かったです（図III-3-9）（Takai et al.[9]）．大卒プロ群の除脂肪量指標は，平均で19.2 kg/m^{2}でした．この数値は，大学卒業後にプロサッカー選手になるために最低限必要な除脂肪量を示しています．

先行研究で報告されている海外サッカー選手と比較すると，大卒プロ群の値は，イングランドのプレミアリーグに所属するチームの21歳以下の選手と同程度ですが，同じチームのトップチームに所属する選手（Milsom et al.[7]）や日本代表経験のある選手（いずれも20 kg/m^{2}以上）と比較すると低い値です．このことは，この除脂肪量指

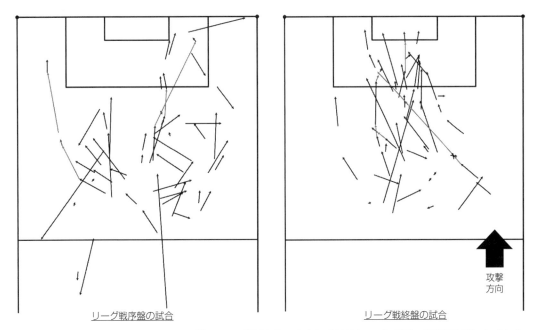

図III-3-8 High-intensity runningが行われた位置とその方向におけるシーズン変化（FWの1例）（甲斐智大，堀尾郷介，青木　竜，高井洋平：第2回日本スポーツパフォーマンス学会，2016）

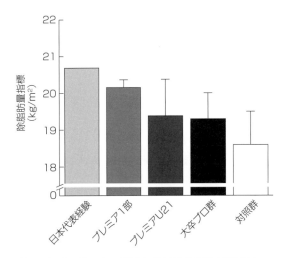

図III-3-9　サッカー選手における除脂肪量指標（Milsom, J., Naughton, R., O'Boyle, A., and Iqbal, Z., Morgans, R., Drust, B. and Morton, J. P.: Body composition assessment of English premier league soccer players: a comparative DXA analysis of first team, U21 and U18 squads. J. Sports Sci., 33 (17): 1799-1806, 2015.から作図）

ジカル能力の指標としてシングルレッグジャンプ（Aoki et al.[1]）やドリブルテストのタイムが大学サッカー選手の競技水準を反映します．

(2) 日々のトレーニング内容がフィジカル能力に与える影響

前節に示すようなフィジカルテストの成績を知ることで，将来有望なサッカー選手になるために必要なフィジカル能力を知ることができ，また足りない能力を知ることができます．一方で，サッカーの動きの多くは，ボールや相手の動きに応じて動くという特徴を持っています．ボールを使用しないフィジカルトレーニング（レジスタンストレーニング，エアロビックトレーニングなど）やコーンを置いてのドリブルやパスのドリルは実践的ではないため，サッカーのトレーニングでは実践に近いフィジカル能力を鍛えることが推奨されています．そこで，トレーニング内容が異なるチームの1シーズンにおけるフィジカル能力の変化から，フィジカル能力を高めることに着目したトレーニングについて調べた事例を紹介します．

標が20 kg/m² 以上であることが，大学卒業後にプロサッカー選手として高い水準でプレーするのに必要であることを示すものです．その他のフィ

同じチームに所属する大学男子サッカー選手を対象に，1シーズンに3回（プレシーズン，インシーズン，ポストシーズン）フィジカルテストを行いました．対象者は，I-(2)で示したTeam A, Team B, Team Cに分けられ，フィジカルテストの成績のシーズン変化を調べました．各チームのトレーニング内容は，ボールポゼッションやスモールサイドゲームのようなサッカーに特異的なトレーニングは類似していましたが，Team Aでは週1回持久的な要素を含んだフィジカルトレーニングを，Team Cではインシーズンに週2回レジスタンストレーニングとプライオメトリックトレーニングを取り入れていました．一方で，Team Bでは，ボールを使用しないフィジカルトレーニングは行わず，ボールポゼッションやスモールサイドゲームに加え，11人対11人のゲーム形式（e.g. 10分×6本）のトレーニングを週1回取り入れていました．

図III-3-10には，間欠的持久能力の指標となるYo-Yo Intermittent Recovery test 1と跳躍能力の指標となるシングルレッグジャンプのシーズン変化を示しています．Team AとCのYo-Yo Intermittent Recovery test 1の成績は，プレシーズンと比較してインシーズンとポストシーズンで有意に増加していましたが，Team Bではプレシーズンとその他のシーズンで違いが認められませんでした．シングルジャンプは，レジスタンストレーニングおよびプライオメトリックトレーニングを行ったTeam Cのみ向上しました．これらは，通常のサッカートレーニング加えて，フィジカルトレーニングを課した場合に，その課したトレーニング内容に依存したフィジカル能力が増加することを示しています．一方で，フィジカルトレーニングを課さない場合に，サッカー選手のフィジカル能力は増加しないことを意味しています．

以上のような結果は，トレーニングで得られる効果は，行ったトレーニング様式に類似した能力が最も効果が得られるというトレーニングの特異性の原理を反映したものといえます．このことを

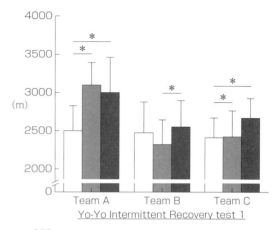
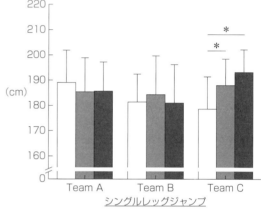

図III-3-10 トレーニング内容の違いがフィジカル能力に与える影響（鹿屋体育大学サッカー部未発表資料）

裏付けるデータとして，プレシーズンからインシーズンの途中までTeam Aに所属し，インシーズンの途中からTeam Bに移った選手のYo-Yo Intermittent Recovery test 1は，Team Aでトレーニングを行っているときには1720mから2840mに増加しましたが，その後1760mに低下しました．この事例も，トレーニング内容が選手のフィジカル能力に影響する可能性を示唆するものです．

(3) フィジカルトレーニングと試合時の移動データとの関連

トレーニングの特異性から考えると，フィジカルトレーニングで獲得したフィジカル能力は，試合における選手の移動に対して影響しにくいこと

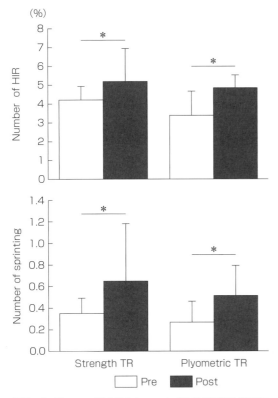

図III-3-11 フィジカルトレーニングが試合時の移動に与える影響（堀尾郷介，甲斐智大，中谷深友紀，青木 竜，高井洋平：第28回日本トレーニング科学会大会，2015.）

が考えられます．それを確認するために，Team B（フィジカルトレーニングなし）とC（ストレングス・ジャンプトレーニング）を対象に，トレーニング前後に紅白戦を行い，GPSを用いて選手の移動距離を定量しました．

Team BではHIRおよびSprintingの移動に有意な変化はありませんでした．一方で，Team Cでは総移動距離にトレーニング前後で有意な変化はありませんでしたが，総移動回数・距離に対するHIRやSprintingの割合（図III-3-11）は有意に増加しました．つまり，フィジカルトレーニングによって試合時に高強度以上での移動が多く行えるようになったことを示しています．Team Bでは，サッカーの実践に近いトレーニングを行ったチームであるにも関わらず，シーズン中の試合での移動距離は変化せず，通常のサッカーのトレーニングに加えてフィジカルトレーニングを行ったTeam Cでは試合時の移動が変化しました．

別の事例として，Team Aに所属するフォワード選手が，試合でボールを受けるときに相手の守備選手を引き離すために加速能力を向上させたいということから，プレシーズン初期に陸上のコーチに依頼をして，ミニハードルドリル，トラック走やフィジカルトレーニングを行った結果，直線走および跳躍能力の向上だけでなく，試合でのHIRが起こる位置や移動の向きが変化しました（図III-3-12）．

以上のように，フィジカルトレーニング後に試合時のHIRが変化した要因は，サッカーのトレーニング内容や戦術的な違いも考えられますが，ここでいえるのはフィジカルトレーニングが試合時の移動に与える影響が必ずしもネガティブなものではないということです．

3．スポーツパフォーマンス研究の考え方と進め方の提案

ここまで，我々が取り組んできた研究事例の一部を紹介しました．当然のことながら，サッカーの競技パフォーマンスを向上させるためには，まだまだ多くの視点から調査する必要があります．しかしながら，いずれの結果も，我々に改めてサッカーに必要な技術的なプレーやフィジカル能力，そして試合時の動きを認識させてくれるものです．

本項での研究の多くは，いずれも症例対照研究（ケースコントロールスタディ）と呼ばれているもので，後ろ向きの研究（retrospective study）であり，科学的根拠（エビデンスレベル）としては低い手法とされています．また，これらの知見は，指導者が経験的に認識していると感じています．すなわち，このような知見を指導者がみた場合に，"やっぱり，そうだよね"，"その現象は分かるよ"というような感想を持つ指導者が多いのではないでしょうか．

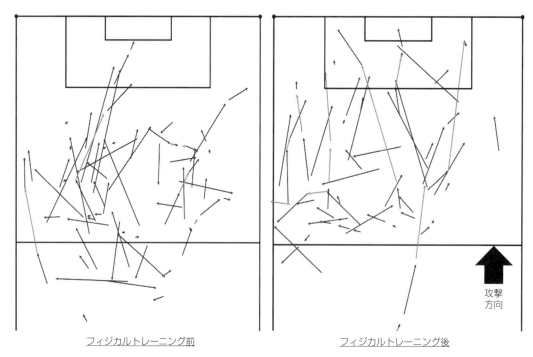

図III-3-12 プレシーズンのフィジカルトレーニングが試合時のHigh-intensity runningとSprintingの位置および移動の向きに与える影響（FWの1例）（甲斐智大，堀尾郷介，青木　竜，高井洋平：第2回日本スポーツパフォーマンス学会大会，2016）

　そのような観点からみると，スポーツパフォーマンス研究は，新規性・普遍性を求める科学論文と，競技パフォーマンスを向上させるために行う指導実践の間に位置する研究になるといえます．少し乱暴な言い方ですが，科学論文としてはエビデンスレベルが低く，指導現場としては当たり前の結果を示しているものであり，そのことが研究を進めるときの葛藤になります．

　一方で，競技としてのサッカーの目的の1つに"勝つ"ことが挙げられます．"勝つ"ためには，相手チームより多く得点を取り，相手チームに得点を与えないことが重要です．指導者は，これを達成するために，選手に個人およびグループ戦術を理解させるトレーニングをオーガナイズします．また，必要に応じてフィジカル能力を向上させるトレーニングも取り入れます．そのようにして指導者は，自身のプレーモデルや選手の能力を考慮して，"勝つ"ための戦術をチームに浸透させていきます．しかしながら，その過程は指導者自身の経験によるものであり，その指導によって選手・チームがどう変化したかについて体系化されたものはありません．

　多くの指導者が知りたいのは，トレーニングのオーガナイズとその時のコーチングによって，選手のプレーがどのように変わったのかということです．さまざまな競技レベルでの指導における成功例や失敗例に関する指導の過程をまとめた研究があれば，それを見た別の指導者は，それを参考にし，トレーニング計画を立案することができます．そうすれば，指導者や選手の課題解決への考え方・取り組みが研究の新規性・独創性を生み，スポーツパフォーマンス研究の価値が高まると考えています．

　それでは，実際にスポーツパフォーマンス研究を進める上で，何に注意すれば良いでしょうか．それは，指導実践に関わっている者（指導者，選手，トレーナーなど）が，日々の取り組み内容を継続的に記録することです．その記録方法が，叙

述的なもの（トレーニング日誌）でも，機器を使って客観的に測定した数値でもよいでしょう．そうすることで，振り返ったときに，様々な視点から分析することが可能になります．

　先述したGPSの研究を例に挙げてみます．この研究で必ず指摘されるのが，単一のチームから得られた結果で，戦術，競技レベル，対戦相手によって結果が変わる可能性があるということです．我々はこのような指摘に対して，プロサッカーチームと対戦した試合と大学生チームと対戦した試合を比較し，移動距離に違いがないことを示しました．それを確認した質問者は，非常に説得力のあるデータであると認めてくれました．このように，経時的にトレーニングや試合の内容について記録をすることで，1つの視点ではなく，複数の視点から事象が起こった要因を明らかにすることができます．

　ここで紹介したような設備を持っている現場は少ないため，移動距離などを定量することは難しいという意見が出ると思います．そこで面白い取り組みの事例を紹介します．ある高校サッカー部では，試合に出ていない部員に紙と鉛筆を持たせて，試合に出ている選手の移動軌跡を記録させて，どのように動いているかを視覚的にみる取り組みをしていると聞きました．例えば，この方法で攻撃のときの選手の動きに焦点を当て毎試合記録すると，選手の動きの変化を観察できるかもしれません．そして，試合と試合の間に行ったトレーニング内容と組み合わせることで，コーチングによって選手の動きが変化した取り組みの事例となるでしょう．

　最後に，分析した結果を平均値でとらえるのか，個々の選手またはチームの事例としてとらえるのかを明確にする必要があります．本研究で紹介した大学卒業後にプロサッカー選手になるための身体組成や，サッカー選手の試合の移動距離に関するデータを定量する場合には平均値で考えたほうが良いでしょう．それは，これらのデータは基準値としての情報になるため，1人のデータを基準値とするとミスリードを起こす可能性があるからです．つまり，最低限満たしておきたい値として扱う必要があります．

　一方で，ある選手（チーム）が通常のサッカートレーニングとは別に取り組んだトレーニングの事例は，その選手（チーム）の変化の事例となるでしょう．それは，先述したように指導者がどのような意図でトレーニングをオーガナイズし，その結果どうなったのかを示すものであり，指導者の数だけ事例があると思います．また，平均値は，このような個別の事例に対して有用な情報になると考えます．なぜなら，個別の事例の変化を平均値と比較することで，その変化がどの程度であるかを知ることができるからです．

[高井　洋平]

[参考文献]
1) Aoki, T., Takai, Y., Yoshitake, Y., Kanehisa, H.: Unilateral horizontal and lateral jump performances are associated with the competitive level of collegiate soccer players. Gazz. Med. Ital., 175 (12): 528-535, 2016.
2) Faude, O., Koch, T., and Meyer, T.: Straight sprinting is the most frequent action in goal situations in professional football. J. Sports Sci., 30: 625-631, 2012.
3) 堀尾郷介，甲斐智大，中谷深友紀，青木　竜，高井洋平：サッカー選手におけるシーズン中のフィジカルトレーニングが試合での走行回数および距離に与える影響．第28回日本トレーニング科学会大会，2015．
4) 甲斐智大，高井洋平，青木　竜：サッカーの勝敗によるOrientated control playの回数および出現率の違い．スポーツパフォーマンス研究，7: 22-29, 2015．
5) 甲斐智大，堀尾郷介，青木　竜，高井洋平：大学サッカー選手のGlobal Positioning System (GPS) データの活用は，試合時の移動を質的・量的に改善させる．第2回日本スポーツパフォーマンス学会大会，2016．
6) 甲斐智大，堀尾郷介，青木　竜，高井洋平：試合時の高強度帯域での移動距離と相手ゴールを向いてボールを受けるプレーとの関係．第13回

日本フットボール学会，2016.
7) Kai, T., Horio, K., Aoki, T., Takai, Y.: High-intensity running is one of the determinants for achieving score-box possession during soccer matches. Football Sci, in press.
8) Milsom, J., Naughton, R., O'Boyle, A., and Iqbal, Z., Morgans, R., Drust, B., and Morton, J. P.: Body composition assessment of English premier league soccer players: a comparative DXA analysis of first team, U21 and U18 squads. J. Sports Sci., 33 (17): 1799–1806, 2015.
9) 高井洋平，堀尾郷介，甲斐智大，石井泰光，青木　竜：大学サッカー選手の競技水準が試合時の移動距離に与える影響．第13回日本フットボール学会，2016.
10) Takai, Y., Kai, T., Horio, K., Nakatani, M., Haramura, M., Aoki, T., Shiokawa, K., and Kanehisa, H.: Lean body mass index is an indicator of body composition for screening prospective young adult soccer players. 14: 8–14, 2017.
11) Tenga, A., Holme, I., Ronglan, L.T., and Bahr, R.: Effect of playing tactics on achieving score-box possessions in a random series of team possessions from Norwegian professional soccer matches. J. Sports Sci., 28 (3): 245–255, 2010.

III部 実践研究の考え方と研究の進め方―応用編

4. テニスを対象とした実践研究

1. 日本テニス学会の取り組み

　テニスを対象とした研究を扱う学術団体「日本テニス学会」は，1989年に「日本テニス研究会」として発足し，1994年に「日本テニス学会」に名称変更，現在に至っています．ここでは，一貫して，現場とつながりのある応用的な研究を発表することが重視されており，必ずしも客観的なデータを提示する必要はなく，選手やコーチに役立つと思われる内容であれば，アイデア・提言だけでも，分かりやすい形にまとめて発表することが求められています．

　発表形態は，一般的な口頭発表とポスター発表に加え，日本テニス学会独自の「オンコート発表」があります．これは，口頭発表やポスター発表の内容を，あるいは実践現場で生じたアイデアなどを，テニスコート上で披露して，聴講している方々の実践現場に直接的・即時的に寄与することをねらいとしたもので，まさに，「研究と現場の融合」の発表場所となっています．しかし，その発表件数は，口頭発表やポスター発表と比べると，極めて少ないのが現状です．

　また，「日本テニス学会」の学術機関誌「テニスの科学」は，1993年に発刊され，既に20年以上が経過しています．この間，論文種別については，発刊当初からほとんど変わっていません．しかし，図III-4-1に示したように，ここ10年の掲載論文数をみても，実践系の論文が未だ増えない状況にあります．2017年の掲載論文数は8本ありましたが，そのうちの1論文のみが事例研究とい

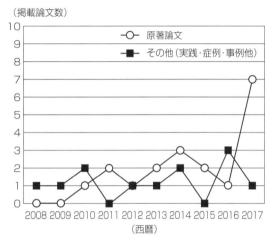

図III-4-1　「テニスの科学」の過去10年間の掲載論文数

う結果でした．

2. テニスの科学で実践研究が増えない理由

　本来，テニスを対象とした研究では，テニスというスポーツ資源，ヒトという人的資源が存在するため，実践現場の取り組みに注目した研究がもっとあってもおかしくないはずですが，上述のように，オンコート発表や実践系の論文が未だ増えない要因について，テニスを対象とする研究仲間に尋ねてみると，従来の科学研究は，研究手法が確立されている，客観性があり価値が高い，格式が高い，若い研究者であれば学位取得に必須，一方で，実践研究は，筆者の主観で記述されている，書き方がラフである，研究手法が確立されていない，研究スタイルが良く分からない，投稿し

てもすぐにリジェクトされるなど，従来の科学研究の方が，実践研究よりも優れたものとしてみている研究者も少なくないようです．しかし，科学研究と実践研究では，本来，研究の目的・スタイル・価値観などが異なるはずであり，どちらが優れているとか劣っているといった比較対象とはならないはずです（図III-4-2）．

3. テニスを対象とした科学研究と実践研究の考え方

図III-4-3は，テニスを対象とした科学研究と実践研究の違いを，サーブに関する研究に基づいて，示したものです．テニスを対象とした多くの研究者は，従来の科学研究の作法に則って，長い時間と労力をかけて，ファーストサーブの確率が高い選手は，サーブキープ率が高く，故にサーブの優れた選手は試合に勝つ確率が高い，したがって，試合に勝利するためには，サーブを強化することは重要である，という定説を確立してきました．現在では，テニスの試合中におけるサーブの

図III-4-2 テニスを対象とした研究者による科学研究と実践研究の見方

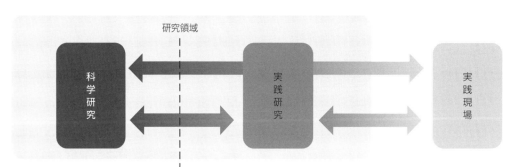

スコア：6-3，3-6，0-6，6-4，4-6（M選手敗退）

	1st Serve (%)				各セットの1st Serve (%)
	Deuce Side		AD Side		
	In	Fault	In	Fault	
1st set	54	46	64	36	59
2nd set	45	55	33	67	39
3rd set	**86**	14	67	33	**77**
4th set	38	62	55	45	47
5th set	44	56	43	57	44
Average (%)	53	47	52	48	53

指導者の主観：
M選手は，大事な場面やゲームを落とす時には，必ずといってよいほど「サーブを入れにいく」傾向があり，その結果，リターンから攻められてポイントを失うことが多くなる．

良い時は，ファーストサーブの確率が40%ぐらいである．

表は，M選手のシングルスのデュースサイドとアドサイドのファーストサーブの確率をセットごとに示したものである．

図III-4-3 テニスを対象とした科学研究と実践研究の考え方

科学研究	実践研究
ビッグデータ 手続きが確立されている 研究方法が普及されている 量的・客観的・統計的 普遍性・厳密性 共通性・平均化 全体像の把握・示唆 原理・原則・基礎の理解 真理を追究する 研究に時間がかかる	個別性 手続きが確立されていない 研究方法は多様・開発 量的・質的・混合型 主観的・現実的・直接的 即時的・実践的・応用的 事例的・症例的 個人（チーム）の現象の把握 実践現場に役立つ・参考になる

図III-4-4　テニスを対象とした科学研究と実践研究の区別

重要性は，多くの指導書の中に一般論として記述されています．すなわち，従来の科学研究では，テニスの実践現場に対して，指導理論上の普遍的・一般的法則を導き出すことなどをねらいとしたものであることが理解できます．

一方で，日本のプロテニス選手であるM選手の実践現場における取り組みについて，シングルスの試合を多様な角度から詳細に分析したもの（ここではM選手のファーストサーブの確率に着目したもの）をみてみると，この試合の流れを左右する大事な3セット目において，約8割という極めて高いファーストサーブの確率を示していることがわかります．それにも拘わらず，0-6でセットを失っており，サーブの確率が高い時ほど，ゲーム，もしくはセットをとることができていないという現象が生じています．

指導者の主観では，M選手のパフォーマンスが良い時のファーストサーブの確率はせいぜい40％程度であり，試合に負ける時には必ずといってよいほど，サーブの確率が高くなる，すなわち「サーブを入れにいく」という良くないパフォーマンスが生じて試合に負けてしまう，ということを述べており，まさに，分析結果と一致するものでした．それゆえ，選手の持つプレースタイルと上記の分析結果を併せて鑑みれば，M選手に対しては，確率は低くても，しっかりとラケットを振り切ってファーストサーブを打ち，ゲーム展開すること，そして，次の得意なリターンゲームに良い形で繋げることが重要である，などといった，その選手に個別対応の有益なアドバイスを提供することが可能になります．これは，定説にはあてはまらない事例です．しかし，サーブゲームよりもリターンゲームを得意とする女子選手には，比較的，認められる事例であり，他の実践現場においても，類似の事例・症例があった場合には，非常に役立つ知見といえます．

このように，客観的で，一般化された普遍性のある理論を追究する従来の科学研究だけが最良の価値を持つわけではなく，特定の領域に役立つ理論を獲得しようとする実践研究もまた十分に価値ある研究であることが理解できます．

上述の内容を踏まえて，テニスを対象とした従来の科学研究と実践研究の内容を概観してみると，両者には，図III-4-4のような研究の目的・スタイル・価値観などの相違が認められます．

テニスを対象とした従来の科学研究では，一般的に，自然科学的な手法を用いた基礎的研究が多く認められます．すなわち，然るべき研究方法に則って，多くの被験者を用いて，厳密性の高い実験・調査を行い，ビッグデータを獲得・収集し，統計的手法などを用いて分析・評価して，長い時間と労力をかけて，研究対象に存在する普遍的・一般的な法則を導き出す，共通性・平均化した動きを導き出す，原理・原則を明らかにする，真理

を追究するなどを目的としています．ここでの研究では，実践現場の現実的・直接的な問題・課題を扱っていることが少ないため，選手・指導者からは，研究内容に難解なものが多く，実際にどのように役立てることができるのかがわからない，すぐには役立たないなどといわれることが多いのが現状です．

一方で，実践研究では，個別の実践現場の取り組みに焦点を当てた研究が認められます．目の前にいる対象者を扱うことが多く，1名の場合もあれば，数名という場合もあり，比較的，少人数を対象とした研究が多いのが特徴です．研究方法は，量的な研究とともに質的な研究も重視されています．画像，動画，作図，イラストなどを用いていることも特徴的であり，多様な方法を用いて，実践現場の生々しい取り組みをできるだけ損なわないように，記述・説明し，その過程の中で，実践現場に役立つ，あるいは参考になる知見を導き出しています．すなわち，個別の実践現場に生起している主観的で，現実的・直接的な問題・課題を扱い，類似の事例・症例があった場合には，即時的に役立つなどといった，実践現場に直接的に寄与することを目的としています．

これらのことから，一般的な指導上の基盤となる理論知・概念を導き出すには，科学性を重視する従来の科学研究は極めて重要であり，一方で，個別の実践現場に役立つという実践性を重視する実践研究もまた社会的需要という観点からみると極めて重要となります．したがって，どちらが優れているとか，劣っているとかという二者択一の価値判断ではなく，どちらも同じだけの存在意義・価値があり，両者の研究目的・スタンス・価値観などが異なっている点を鑑みても，両者は対等な関係にあると考えられます．

また，従来の科学研究をより推進していくためには，実践現場においてどのような取り組みがなされているのかを経験，もしくは観察しておくことは重要です．そのためには，実践現場の取り組みに焦点を当てた実践研究が増えることは必須です．多くの実践研究から得られた有益な知見を手掛かりに，それらの研究を更に深く掘り下げ，詳細な客観的データや理論的解釈を導き出すような科学研究がより推進・発展していくことにつながるからです．それゆえ，実践研究は，科学研究と対等な関係のみならず，図III-4-3に示したように，実践現場と科学研究をつなぐ橋渡し的な役割を果たす新たな研究領域でもあり，相互補完的な関係にあるともいえるでしょう．

4．テニスの実践現場の取組過程と実践研究との関係

テニスの実践現場に役立つ知見を得るためには，実践現場での取り組みそのものに，焦点を当てることが必須です．

図III-4-5は，テニスの実践現場の取組過程を示したものです．選手・指導者の頭の中では，常に，主観的で，現実的・直接的な問題・課題が存在しています．選手が少しでも早く上手になるように，競技力向上につながるように，これらの問題・課題を解決するため，指導者の経験値やこれまでの科学的知見，指導書などあらゆる手段を使いながら，その選手に適すると思われる練習・トレーニング法・指導法などを考案・提示します（解決策）．時には，その選手に特有の新たな練習・トレーニング法を開発する場合もあります．

指導者は，考案・提示した練習・トレーニング法・指導法などを実践してみて，選手の動きを他者観察・イメージしながら，選手は自身の身体感覚を頼りに，問題・課題となっている技術が修正されているのか，考案された練習・トレーニング法などが適切か否かを分析・評価します．分析・評価の過程では，映像を利用しながら選手の技術を確かめたり，パフォーマンステストを行ったりして，客観的に評価する場合もあります．

技術の改善・向上が認められない場合には，なぜうまくいかなかったのかを明らかにした上で，再度，新たな解決策を模索・検討，実践し，再び，分析・評価します．ある一定の技術の改善・向上が認められるまでその過程を繰り返していきま

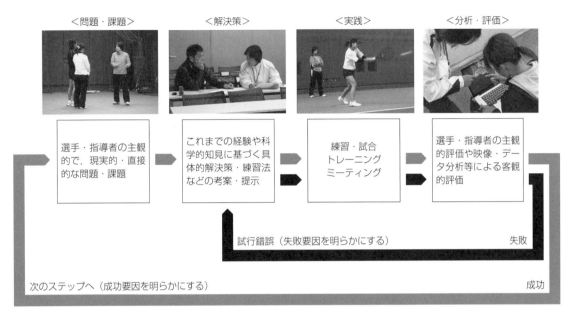

図III-4-5　テニスの実践現場における取組過程

す．このように，1つの技術を身につけるにしても，その取組過程は，指導者や選手の数だけ，あるいは無数に存在するものです．実践現場は，まさに，試行錯誤の連続であり，それは一様ではありません．

一方で，魔法にかかったかのように，一瞬で問題解決してしまう場合があります．これは，経験豊富な指導者の実践現場でよく見られる現象です．そのような優れた指導者の頭の中には，長年に渡る多種多様な経験を通して，個別対応の引き出しが数多く構築されており，その中から，その選手の技術上の本質的な問題・課題を正確に見抜き，その選手に個別対応の解決策を提供できるからに他なりません．

このように，失敗事例・成功事例などを含め，様々な取り組みが実践現場でなされていても，それらの取組過程は，その実践現場にいる当事者だけにしかわからないのが現状です．なぜ失敗したのか，なぜ成功したのか，実践現場に携わっている者の経験・体験してきた事柄，ノウハウ，指導上のコツなどについて，他の実践現場にも役立つような知見として表出させて，同業者とそれらを共有できるように，あるいは有効活用できるようにしていくことが実践研究の考え方の第1歩だと考えられます．

すなわち，実践研究とは，実践現場に携わっている選手・指導者・関係者が，実践現場での取り組みを詳細に記述・説明し，また，実践現場での取り組みの中で生じた疑問点は，検証して，実践現場に有用となる知見を積極的に導き出すのが，実践研究のあり方と考えられます．選手・指導者の頭の中での出来事を"見える化"して，その情報を他の選手・指導者と共有していくイメージと考えればわかりやすいかもしれません（図III-4-6）．そして，実践現場に役立つ知見が蓄積され，選手・指導者に広く有効活用されるようになれば，実践現場の"質"の改善・向上にもつながり，将来的には，優れた選手・指導者を多く輩出することも可能となるでしょう．

5. テニスを対象とした実践研究とは

テニスを対象とした実践研究とは，テニスの実践現場に携わっている選手・指導者・関係者が，

<選手・指導者>

ノウハウ
経験値・勘
主観・コツ
etc.

「見える化」→

（仮説生成型）実践現場での取り組みを記述・説明し，実践現場に役立つ知見・示唆を得る

（仮説検証型）実践現場での疑問を検証し，実践現場に役立つ知見・示唆を得る

研究の背景・目的
　実践現場で生起している選手・指導者の主観的で，現実的・直接的な問題・課題を扱う．

方法
　対象者は，研究目的に沿った対象者・対象者数であればよい．分析手法は，従来の科学研究の手法にとらわれる必要はない．量的データ・質的データ・混合型・画像・イラスト・作図・動画など多様であってよい．分析手法を開発することも時には必要．仮説検証型は，従来の科学研究の手法を用いることが多い．

結果・考察
　実践現場の取り組みを，時系列に沿って，詳細に記述・説明する．その際，上記の様々な分析手法を利用して，事実を正直に記述・説明する．生データ（成功例・失敗例などを含め）を扱う．仮説検証型は，従来の科学研究の作法に則って，得られた分析結果を記述することが多い．
　考察では，従来より得られている基礎的知見・エビデンス，指導書などに記載の一般的理論や経験則などを利用しながら，一貫した論理展開が必要で，飛躍し過ぎてはならない．

まとめ・実践現場への示唆
　実践現場に現実的・直接的に役立てられる，あるいは，類似の事例・症例があれば，参考になるような知見・示唆が得られている．

課題の提示／本研究の限界
　本研究から得られる今後の課題の提示や本研究の限界なども記載する．

引用文献

図III-4-6　テニスを対象とした実践研究の書き方

実践現場での取り組みを詳細に記述・説明し，また，実践現場での取り組みの中で生じた疑問点は，検証して，実践現場に有用となる知見を積極的に導き出す研究のことを意味します．

　実践現場に役立つ知見を得るためには，実践現場に携わっている者が，自身の目の前にいる対象者との実践現場での取り組みそのものに，焦点を当てることが最も重要となります．

6. テニスを対象とした実践研究における2つの視点と書き方

　テニスを対象とした実践研究を概観してみると，下山ら[6]や金高[3]が述べる「仮説生成型研究」と「仮説検証型研究」の2つに分けることができます．

　前者は，図III-4-5に示したテニスの選手・指

導者の実践現場での取り組みを詳細に記述・説明し，その過程の中で，実践現場に有用な新たな知見を導くタイプの研究であり，「日本テニス学会」の学術機関誌「テニスの科学」でいうところの「事例研究」「実践研究」「現場からのレポート」に位置づけられます．金高[3]は，この研究タイプを「仮説創出型研究」と呼んでいます．

後者は，テニスの選手・指導者の経験値や実践現場で生起している疑問点などを検証するタイプの研究であり，従来の科学研究の作法に基づいて，客観的に検証されることが多いのが特徴です．実践研究を推奨している「日本スポーツパフォーマンス学会」の学術機関誌「スポーツパフォーマンス研究」でいうところの「実証・資料研究」に位置づけられます．そして，論文構成については，多少の相違はあるものの，概ね，図III-4-6に示した流れになると考えられます．

以下，これまでのテニスの実践研究の中で参考になると思われる研究をいくつか取り上げて，2つの研究タイプに分類して，記述・説明していくことにします．

7．テニスを対象とした「仮説生成型研究」の具体例

（1）一選手の怪我からテニス復帰までの取組事例

岩本ら[2]の研究は，テニスの練習中に左膝関節前十字靭帯完全断裂した1人の男子大学生テニス選手について，保存療法のガイドラインには該当せず，再建手術適応の症例であったにも関わらず，「試合までに時間がない」という選手の事情を汲み取り，考案した段階的アスレティック・リハビリテーションにより，約4カ月後のゲーム形式可能までに至った過程を詳細に記述・説明し，またその効果を分析・評価して，有用性を示したものです．

研究の背景・目的では，様々な先行研究に基づき，膝関節前十字靭帯損傷（以下，「ACL損傷」と略す）後，靭帯再建手術，保存療法いずれかを選択したとしても，スポーツ活動への復帰にはリハビリテーションが不可欠であること，リハビリテーションには，膝関節の可動域と大腿四頭筋の回復に加えて，バランスや神経系の再教育のためのエクササイズやスポーツ特性を考慮したエクササイズが有効であるなどから（その効果を予測し），それらの視点を組み込んだ段階的アスレティック・リハビリテーションを考案・実践し，その詳細を医療従事者の立場から報告すること，また，その効果を客観的・主観的評価により検証し，その有用性を明示するというものでした．

方法では，1．対象者の特性とACL損傷時の状況，2．ACL損傷から保存療法選択までの状況，3．テニス復帰までの取組過程の詳細（表III-4-1，表III-4-2），4．取組過程の効果を検証するための客観的・主観的評価の分析項目と手法について記述しています．ここでの記述の特徴は，ACL損傷時の状況からゲーム復帰に至るまでの取組過程を時系列に沿って詳細に，記述・説明している点です．

結果では，考案・実践されたアスレティック・リハビリテーションにより，患側における大腿部の周経囲と筋力が回復したことやテニススキル達成度の自己評価（5段階評価）においては，多くの項目で「痛みも不安定感も伴わずできる」ことをいずれも定量的に示し，競技復帰を果たしたことを明示しています（表III-4-3）．

考察では，短期間で競技復帰できた成功要因について，「動き作りエクササイズ」「神経系エクササイズ」の導入，競技特性を反映したプログラムの導入や選手に対しての「エクササイズ」理解の徹底の大切さなどについて論じており，加えて，膝関節専門のスポーツドクター・トレーナー・選手との良好な関係性，すなわち保存療法選択が可能な条件と環境が整っていたことなども背景にあったことを正直に述べています．まとめでは，上述の内容を総括しながらも，改めて競技特性を反映したアスレティック・リハビリテーションの重要性を示唆しています．

テニス選手のACL損傷後，保存療法にて，競技復帰できた1症例ですが，同業者にとっては，

表III-4-1 実施した段階的アスレティックリハビリテーション (動き作りエクササイズ, 神経系エクササイズ, 基本運動・基本動作とテニスへの取り組み)

受傷後(週)	プログラム	メイン プログラムの段階	動き作りエクササイズ	神経系エクササイズ	基本運動・基本動作	テニスへの取り組み
1						
2						
3	P1		ハーフスクワット (部分荷重)	膝関節屈曲-伸展 (座位)		
4	P2	1	ハーフスクワット (部分荷重)	膝関節屈曲-伸展 (座位)		
5	P3		スクワット踏み込み動作/レッグエクステンション	片脚立ち/サイドウォーク		
6	P4		ランジウォーク踏み出し/ステップアップ (サイド・フロント・バック)	股関節屈曲-伸展/股関節内転→外転 (座位)	バイク	
7	P5		バックステップと踏み出し/踏み出しと体幹回旋		バイク	FGS (open) SS
8		2			テニスのフットワーク	
9	P6		連続サイドランジ/ステップアップ-ダウン/ホッピング		サイドステップ/ピボットキック	
10	P7		両脚連続ジャンプ/ストップ/方向変換	スクワット (不安定面)	ジョグ/ジャンプ/ターン/加速/減速 反応	
11	P8	3	ラン, 減速, サイドステップ, ジャンプなどの動作変換	スクワット (不安定面)	加速-ラン-減速	FGS, BGS, FV, FS
12	P9		片脚ジャンプ	スクワット (不安定面)	ダッシュ/反応	
13						方向変換を伴う連続動作
14	P10		サイドステップ-ストップ-ダッシュ		ストップ	チームに合流
15	P11	4	ランニングターンストップ踏み出し-回旋		動作変換 (ランニング-ストップ-加速)	
16						
17						
18	P12		滑る/蹴る/滑る-方向変換	滑りとストップ	滑る-蹴る	
19						
20	P13					ゲーム形式
21						試合 (ダブルス)/ハードコート
22						
23	P14					試合 (シングルス)/砂入り人工芝コート, SM
24						砂入り人工芝コートでのスキル
25						(選手選考開始)
26	P15	5				
27						
28						
29						リーグ第1戦
30						リーグ第2戦, 第3戦
31						リーグ第4戦
32						リーグ最終戦

P1~P15: プログラム1~プログラム15の略. FGS: フォアハンドグラウンドストローク, BGS: バックハンドグラウンドストローク, SS: セカンドサービス, FS: ファーストサービス, FV: フォアボレー, SM: スマッシュ, open: オープンスタンス

表III-4-2 [エクササイズ] 理解についての資料 (一部抜粋)

動き	10 ピボットターン／ステップ	9 股関節伸展	8 股関節屈曲から伸展・体幹回旋	7 股関節屈曲・体幹保持	6 左右重心移動	5 かかとから入る	4 細かいステップ	3 減速	2 維持	1 加速
P13	ヒールアップでツイスティング ツイスインシャースステップ Sステップ→Fラン→Sステップ→Bラン 犬、Fランでキャッチ→Sステップで戻る Fラン→Sステップ→Fラン Sキック					Fランジジャンプ＋足入れかえ その場Fランジ ジャンプ＋前後足タッチ	犬（Sステップ） 犬（Fラン→ストップ＆ターン） Fラン（バックラン）		Sステップ→Fラン→Sステップ→バースステップ Fラン→クロスオーバー→Sステップ Fラン→クロスオーバー→Sステップ 犬（Fラン→ストップ＆ターン）	前後にホップ→3歩ダッシュ→流し Sにホップ→3歩ダッシュ→流し ダッシュ・反応系
P12	スライドボードFランジ スライドボード→Sランジ→ピボット→内転 ステップ台でSステップ	スライドボードFランジ	レッグプレス SQ（始動のスピード） 10kgシャフト回旋 ステップ台でサイドステップ		左右重心移動 斜め重心移動（ステップ台） ステップ台でSステップ	Fランジリード足踏み込み Fランジジャンプ前後足タッチ Fランジジャンプ前後足スイッチ Fランリードトドランジ SIC踏み出しステップアップ ステップ台でSステップ				
P11				Fランジウォーク＋体幹後方回旋 45° Sランジウォーク＋体幹後方回旋 ローブ付きのMB回旋 MBキャッチ＆スロー		Sランジ及び45°Sランジ（動作置い） Sランジ及び45°Sランジ（動作速い）				
P10	ステップ台Sステップ	ステップ台グーパー		SQ 左右重心移動 斜め重心移動		Fランジ（ステップ台） ステップ台でSステップ Sステップ（斜め） Sステップ（前後） Fランジジャンプ Fランジジャンプ前後足タッチ Fランジジャンプ前後足スイッチ	Sステップ Sステップ（斜め） Sステップ（前後）			3歩ダッシュ 90度ターン→3歩ダッシュ 180度ターン→3歩ダッシュ

1〜10は写真番号．P13〜P10：プログラム13からプログラム10の略．F：フロント方向．S：サイド方向．B：バック方向．SQ：スクワット．犬：エクササイズ（投げられたボールをとりに行き戻ってくるエクササイズ）．MB：メディスンボール

表Ⅲ-4-3　テニススキル達成度の自己評価

テニススキル	受傷19週 (6月17日)	受傷32週 (9月15日)
膝の高さでのボールを膝屈曲を伴い打つ	5	5
フォアハンドストロークにおいて前方への体重移動	5（その場）	5
バックハンドストロークにおいて前方への体重移動	5	5
体重を移動しながらのファーストサービス	3	5
体重を移動しながらのセカンドサービス	3	5
ランニング，体重移動を伴うフォアボレー	3	5
ランニング，体重移動を伴うバックボレー	2	5
体重移動を伴うスマッシュ	1	4
ベースライン上での右方向への動き	3	5
ベースライン上での左方向への動き	4	5
ドロップショットへの前方リーチ	2	4
サーブ後のボレーへの動き	1	5
急激なストップと方向変換	1	5
ランニングショット（グラウンドストローク）	3	5
シングルス3セットマッチ	1	5
ダブルス3セットマッチ	1	5
ハードコートでのプレー	3	5
クレーコートでのプレー	0	5
砂入り人工芝コートでのプレー	0	4

評価基準0：「おこなわなかった」，1：「できない」，2：「非常に難しい（痛みと不安定感）」，3：「難しい（不安定感のみと少しの痛み）」，4：「痛みを伴わないわずかな不安定感があるができる」，5：「痛みも不安定感も伴わずできる」

類似の症例があった場合には，非常に参考になる内容といえるでしょう．また，このような競技特性を反映させた症例報告はこれまでにほとんど提示されていないため，執筆者自身が関わった取組過程を詳細に報告することによって，少しでも，テニスの実践現場に携わる関係者に役立ててもらい，さらにはこのような症例報告の蓄積を期待する意図が含まれています．

実践研究の論文を記述する場合，当時の生々しい実践現場でのやり取りや取組過程を再現して読み手に理解しやすく伝えるためには，上述のように，時系列に沿って記述することは重要なポイントの1つです．また，表Ⅲ-4-1と表Ⅲ-4-2が示すように，その取組過程の全体像や流れ，具体的な目標・プログラムやエクササイズの内容などを1つの形にして，詳細かつ丁寧に記述・説明しています．表Ⅲ-4-3では，選手の主観を5段階評価という定量的なデータに置き換えて提示しています．

このように，図・表・画像・連続写真・動画・イラストなど様々な手段を活用しながら，その取組過程や選手・指導者の頭の中にあるものを"見える化"する作業は実践研究の重要なポイントの1つといえます．また，本論文は，山本[8]が提示する「科学の方法論を実践研究へ活用するための考え方」の「記述→説明→予測→操作」の手順に極めて一致しており，実践研究の論文を書く際には，非常に参考になる論文といえるでしょう．

(2) 一選手の4年間の戦術改善の取組事例

髙橋ら[7]の研究は，典型的なベースライナーであった1人の大学女子テニス選手が，ネットプレーを含むより攻撃的なプレーを4年間継続して練習した結果，競技力が向上したというものです．

研究の背景・目的では，近年では，相手に時間的圧迫や追い込んだ状況を与えることが可能なネットプレーを多用する女子選手が少ない，などというこれまでの知見に基づき，典型的なベース

表III-4-4 対象とした試合の詳細

年次	大会	最高成績	分析対象試合	勝敗	ポイント数
1	地方学生大会	ベスト4	9	7-2	1128
	全国大会	1回戦	1	0-1	95
2	地方学生大会	ベスト8	5	2-3	654
	全国大会	1回戦	1	0-1	112
3	地方学生大会	優勝	7	6-1	857
	全国大会	3回戦	1	1-0	140
4	地方学生大会	優勝	8	7-1	1013
	全国大会	2回戦	2	1-1	183

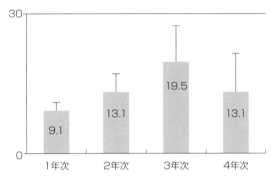

図III-4-7 1試合あたりのネットプレー率（％）

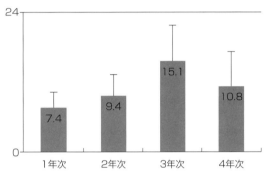

図III-4-8 1試合あたりの全ポイントに対するネットプレーでのポイント取得率（％）

ライナーであった大学女子テニス選手に，ネットプレーを導入させたら，もっと多くの試合に勝つことができるのではないか，というまさに実践現場の視点に立脚して，大学4年間継続してネットプレーを含む攻撃的なプレーに取り組んだ結果，競技力が向上したという事例を詳細に報告し，実践現場に有用な知見を提供するというものでした．方法では，対象者や対象試合の詳細（表III-4-4），データ分析の方法と項目，自由記述による選手の内省報告などについて記述しています．

結果と考察では，大きく2つの項目に分け，前半では，指導者の視点から，4年間のオンコート練習や試合の内容とその取組過程における選手の様子などについて，時系列に沿って，詳細に記述・説明しています．ここでは，例えば，ネットプレーを取り入れる際に迷いが生じたことでミスショットを犯してしまう場面や，ネットプレーを効果的に利用している場面などについて，動画を活用している点が特徴的であり，実践現場での試行錯誤の様子が，同業者にはよりよく伝わる内容となっています．

後半は，4年間の選手の内省報告と試合内容とを照らし合わせながら，選手の主観と客観的データが概ね一致していることを示し，4年時では勝負に対するプレッシャーによりネットへ出る回数は減ったものの，大学3年時では重要なポイントでも積極的にネットプレーを導入し，より攻撃的な形でポイントを獲得できるようになり，その結果として，試合にも勝てるようになったことなどを報告しています（表III-4-4，図III-4-7，図III-4-8）．

ベースラインでのプレーを中心とした選手でも，選手によってはネットプレーをトレーニングし，試合の中に取り入れることができれば，競技力向上につながる可能性があることを明示した，まさに実践性を重視した研究といえます．テニスの実践現場では，このような取り組みはうまくい

かないことの方が遥かに多く，まさに，試行錯誤の連続です．しかし，ここでの取り組みが成功した要因の1つとして，「ジュニア時代にはダブルスで全国大会の上位に進出していた経験もあったことから，ネットプレーに関する基礎技術は習得していた」という選手のネットプレーに対する下地があったことが記述されています．すなわち，指導者が選手の背景を十分に把握した上で，ネットプレーを導入しても問題ないと判断していたことに成功の秘訣が隠されており，ここに指導上の重要なヒントを提供しているわけです．

選手のプレースタイルを変える，あるいは現有の戦術に新たな戦術を加えるなどの指導は極めて繊細な取り組みが必要であり，それが成功するか否かは，このような実践の根拠，「コツ」が重要であり，その根拠を明確に"見える化"し，同業者で共有することができれば，実践研究は大きな価値を持つことになります．

(3) 1チームのメダル獲得までの2年間の取組事例

道上ら[5]の研究は，第25回ユニバーシアード競技大会（2009／ベオグラード）にむけた2年間のユニバーシアード日本代表チームの強化活動を振り返り，本大会において女子ダブルスの銅メダル獲得に至った要因を指導現場の視点から明らかにしたものです．

研究の背景・目的では，他競技においては，世界の第一線で活躍したトップレベル選手の強化活動を振り返って，その取組過程や世界で活躍できるに至った背景・要因などを明らかにしたものはあるが，テニス競技については見当たらないため，執筆者自身が関わった取組過程を詳細に記述・説明し，その過程の中で得られた情報や知見を明示すること，そして，それらの知見を日本テニス界における競技レベルの底上げに役立ててもらいたいとする意図が示されています．

方法では，対象者の特性と競技成績，分析対象期間，検討項目7項目を指導現場の視点から検討することなどが示されています．ここでの特徴と

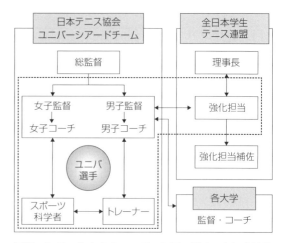

図III-4-9　今大会のユニバーシアードチームにおける強化サポート体制

しては，チームが銅メダル獲得に至った要因については多数あると考えられるが，前々回大会と前回大会の課題点を踏まえて，検討項目を7項目に絞っていることであり，実践現場において7項目を中心にチーム強化を図ってきたことが窺える内容になっています．

結果と考察では，検討項目7項目に対して，表，グラフ，あるいは指導者のイメージを作図化したものなどを用いながら，詳細に記述・説明しています．例えば，図III-4-9のように，今大会のチームの強化サポート体制を作図化し，前々回大会と前回大会よりも充実したサポート体制へと再構築されたことで，チーム運営が円滑に進み，強化方針・目標を達成するために必要な様々な具体的強化策を実現することが可能となったこと，そして，このことが選手の競技力向上につながったことなどを述べています．

このように，脆弱だった組織を再構築して，多くのサポートスタッフの叡智を借りつつ，チームの強化方針・目標を明確化・徹底化する中で，財源の状況を鑑みながら，無理のない2年間の強化スケジュールを考案・実践してきた結果，本大会までに全ての代表選手の世界ランキングが向上し（図III-4-10），本大会の全種目において，シード権を獲得することができ（表III-4-5），銅メダル獲得

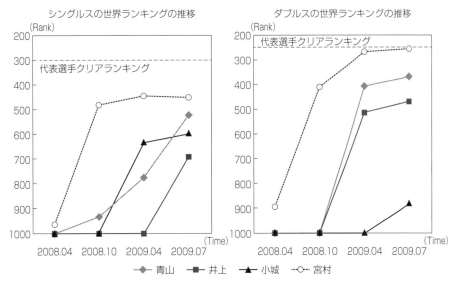

図III-4-10 今大会のユニバーシアード・女子テニスチームにおける世界ランキングの推移

表III-4-5 3大会のユニバーシアード・女子テニスチームにおけるシード権及びメダルの獲得状況

種目	第23回大会 (2005／イズミル)	第24回大会 (2007／バンコク)	第25回大会 (2009／ベオグラード)
	シード（世界ランキング）		
女子シングルス			
本大会	1(70)〜8(322)〜16(599)	1(67)〜8(263)〜16(339)	1(117)〜8(366)〜16(859)
日本	6(278)／13(518)	-(576)／-(706)	10(522)／14(691)
			コンソレーションの部　優勝
女子ダブルス			
本大会	1(208)〜4(685)〜8(1300)	1(17)〜4(574)〜8(1457)	1(112)〜4(246)〜8(1364)
日本	4(685)	7(1011)	5(616)
	銅メダル		銅メダル
混合ダブルス			
本大会	1(439)〜4(651)〜8(1283)	1(359)〜4(469)〜8(1285)	1(215)〜4(1231)〜8(1791)
日本	5(972)	-(-)	4(1231)
	銅メダル		入賞

につながったことを詳細に記述・説明しています．
　また，選手同志が思いやり，チーム一丸となって戦ったことも銅メダル獲得に貢献したことを明らかにしています．さらに，代表選手を選出する際に，科学サポートが有用となったこと，すなわち，指導者の主観を裏付ける分析結果（図III-4-11）が得られたことによって，代表選手選出に至った当時の状況を丁寧に記述・説明し，この取り組みもまた銅メダル獲得につながった要因の1つであることを報告しています．まとめでは，上記内容を

総括し，さらには次大会へ向けた新たな強化目標と具体的強化策についての提言もなされています．
　本論は，まさに，図III-4-5を論述化したものといえます．つまり，実践現場では，メダルを獲るためには今のチームに何が必要かを議論して（問題・課題），その問題・課題を解決する策，7項目を見出しています（解決策）．そして，組織づくりをして，年間計画を立て，練習・トレーニング・試合・ミーティングなどを継続して行い，

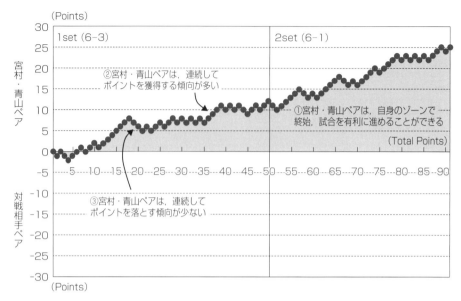

図Ⅲ-4-11　今大会の女子ダブルスにおける代表選手選出を決定づけたポイントの流れによるゲーム分析結果の一例

本大会で銅メダル獲得を果たし（実践），なぜ銅メダル獲得に至ったのかその背景・要因について，多角的な視点から分析・評価して，うまくいった要因とさらなる上位メダルを取るために必要な問題・課題を明確にして，次大会へ取り組んでいくことになるわけです．

このように，実践現場での取り組みを振り返って，時系列に沿って，量的・質的にデータ化し，様々な角度から分析・評価して，一貫した論理展開ができれば，実践研究として十分に価値のあるものになります．また，従来の科学研究では扱われにくかった，スポーツを通じた人間形成教育という点にも言及しており，チーム強化や選手育成を図る際の1つの参考になりうる実践研究といえるでしょう．

8．テニスを対象とした「仮説検証型研究」の具体例

（1）テニスの指導者の疑問点を検証した事例

道上ら[4]の研究は，日本テニスの実践現場において，日本独自の砂入り人工芝コートは，選手の育成・強化の側面にはマイナスであるといわれていることに疑問を呈し，様々な側面から定量的に検証した結果，指導者の主観を覆すデータを提示したというものです．

研究の背景・目的では，様々な先行研究や資料に基づき，日本独自の砂入り人工芝コートでは，「他のコートサーフェスと比べ球足が遅く，ボールが弾まない」「ボールがバウンド後に大きく失速するため，ラリーが長く続き，攻撃的なプレーが損なわれる」「フットワークが緩慢になり，スピード化が進んでいる世界のテニスに対応することは困難である」など，様々な理由により選手の育成・強化の側面からマイナスであるという指導者の主観・経験則に疑問を呈し，砂入り人工芝コートとハードコートにおける女子プロテニス選手のシングルスのゲームパフォーマンスの相違を，多様な角度から検証して，その真偽を確かめ，さらには砂入り人工芝コートを使用した日本独自のテニスの指導法の確立を目指したいという意図が示されています．

方法では，分析対象試合の特性や撮影方法，時間分析やゲームパフォーマンス分析などの分析項

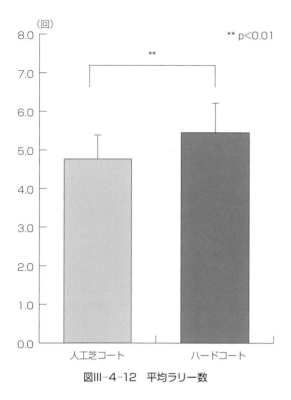
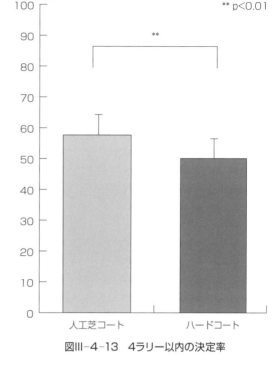

図Ⅲ-4-12　平均ラリー数　　　　　　　　　　　図Ⅲ-4-13　4ラリー以内の決定率

目の内容と算出方法，統計的手法など，従来の科学研究の作法に則って，記述・説明がなされています．

結果と考察では，平均ラリー数および10ラリー以上の出現率（図Ⅲ-4-12, 図Ⅲ-4-15）は，ハードコートの方が砂入り人工芝コートよりも，4ラリーおよび6ラリー以内の決定率（図Ⅲ-4-13, 図Ⅲ-4-14）は，砂入り人工芝コートの方がハードコートよりも，有意に高いことが明らかとなりました．ショット間のラリーテンポでは有意な差は認められませんでした（図Ⅲ-4-16, 図Ⅲ-4-17）．

これらの結果から，砂入り人工芝コートでは「球足が遅い」「ボールがバウンド後に大きく失速するため，ラリーが長く続き，攻撃的なプレーが損なわれる」などのような指導者の視点を覆す結果を示したことを述べており，砂入り人工芝コートでは，むしろ短いラリーでポイントを獲得できるような，より攻撃的な練習を多く取り入れること，このような短期決戦型の練習はハードコート上で戦う際にも効果的に作用すること，加えて，ハードコートでの試合対策については，ラリーが長く続くことを想定した練習を付加することが重要であることなどを提言しています．

研究報告としてまとめられた内容ですが，実践現場における指導者の，いわゆる「思い込み」に対する疑問を，従来の科学研究の作法に則って，検証したものといえます．本研究の仮説が分析結果によって否定されたことにより，日本テニスの実践現場に対して極めて有益な知見を導き出すことができた事例といえます．このような独自の文化や地域に根差した固有の理論を生み出していく場合などにも，実践研究は価値あるものになると考えられます．

9. テニスを対象とした実践研究の論文を書く際の注意点

従来の科学研究は，長い歴史を経て，研究の作法が確立されてきましたが，実践研究の場合には，

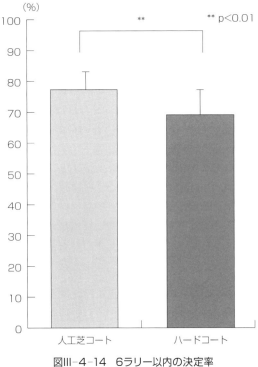

図Ⅲ-4-14　6ラリー以内の決定率

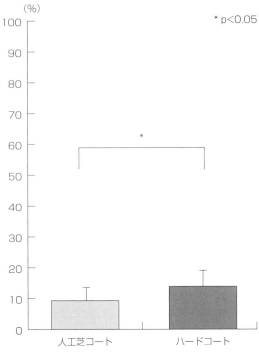

図Ⅲ-4-15　10ラリー以上の出現率

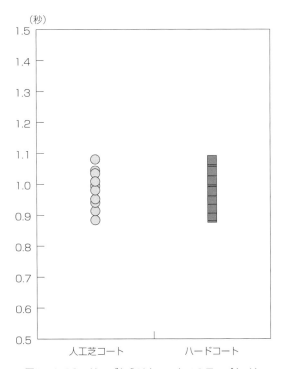

図Ⅲ-4-16　サーブからリターンまでのラップタイム

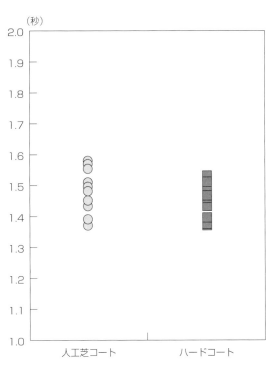

図Ⅲ-4-17　リターン後からポイント帰結までのラップタイム

その歴史も浅く，そのような作法が確立されているわけではありません．それゆえ，科学研究と同様に，とにかく実践現場に携わっている者が実践研究の論文を書き，蓄積して，その過程を経ながら，研究スタイルを確立していく必要があります．

様々な分析手法や質的データを扱うことの多い実践研究では，データの信頼性・妥当性などを含めた研究の質を担保する必要があります．そのためには，まず何よりも論文の構成や書き方が，読み手に伝わるように良く吟味されていなければなりません．日本語の細かなニュアンスを正確に捉える必要もあり，この点は，科学研究よりも非常に繊細な言葉の選択による文章化が求められるといえます．

優れた取組過程や分析結果が手元にあっても，あるいは実践現場に役立つ知見が導き出されていたとしても，それらの示し方や扱われ方が問題で，読み手に伝わらなければ全く意味がありません．特に，縦断的研究であれば，失敗事例・成功事例を問わず，時系列に沿って詳細に記述・説明していくことや読み手に当時の状況が想起できるように，できる限り対象者の生々しいデータを取り扱うことなどは重要となります．その際，特定の対象者に対する倫理的配慮にも十分に気を配る必要があります．

また，実践研究では過去の取組過程を振り返って"見える化"していく作業が多いため，当時の現象に対する記憶違いや思い込みが強かったり，データの解釈に主観が入り過ぎたり，論理展開が飛躍し過ぎたりすることのないように，複数名でのメンバーチェック（會田ら[1]；下山ら[6]）をするなどといった対応も明示する必要があるでしょう．そして，実践研究から得られた知見は，実践現場のある視点に立脚して導かれているため，唯一の解ではないことを理解し，その知見が教義のように不動のものとならないように，活用範囲や活用条件などを「本研究の限界」として提示しておくこと（山本[8]；金高[3]）も重要な手続きといえるでしょう．

まとめ

テニス競技は，相手選手よりも，自分自身の特定の運動能力が優れていたからといって，あるいは，その日の体調が優れていたからといって，試合に勝てるわけではありません．すなわち，テニス競技は，自分自身と対戦相手との関わり合いの中で，様々な外的要因・内的要因が複雑に絡み合って，競技成績が決定する複雑系の種目なのです．そのため，テニス選手を育成・強化するにも，テニスを対象とした研究を遂行するにも困難を極めるのかもしれません．しかし，選手・指導者の持っているある視点に立脚して研究活動を行い，一貫した論理展開でもって，実践現場に有益な知見や示唆が得られれば，十分に価値のある実践研究となります．

それゆえ，実践現場に携わっている選手・指導者・関係者が，実践現場での取り組みを詳細に記述・説明し，また，実践現場での取り組みの中で生じた疑問点は，検証して，実践現場に有用となる知見を積極的に導き出し，得られた知見を広く共有していこうとする研究姿勢を持つことが，実践研究を推進・発展させていく上で重要なことだと考えられます．また，これまでのテニスを対象とした実践研究では，成功事例を扱ったものが多く，失敗事例についてはほとんど見当たりません．なぜ成功したのかのみならず，なぜ失敗したのかについても，一貫した論理展開でその内容の根拠を正直に示すことができれば，実践現場に有益な価値ある貴重な論文となるはずです．

そして，「日本テニス学会」などの学術団体が，上述のような実践研究のあり方や書き方を明示して，論文執筆者と査読者に広く周知・理解してもらうことができれば，テニスを対象とした実践研究がより推進・発展していくことにつながるでしょう．

[道上　静香]

[参考文献]
1) 會田　宏，船木浩斗：ハンドボールにおけるコーチング活動の実践知に関する質的研究―大学

トップレベルチームを指揮した若手コーチの語りを手がかりに―. コーチング学研究, 24 (2): 107-118, 2011.
2) 岩本紗由美, 金森章浩：大学テニス選手における前十字靭帯損傷保存療法によるゲーム復帰までの症例報告. テニスの科学, 25：103-119, 2017.
3) 金高宏文：単一事例の実践研究論文の書き方. 鹿屋体育大学編. 体育・スポーツの分野における実践研究論文の書き方. 鹿屋体育大学, pp. 59-65, 2017.
4) 道上静香, 細木祐子, 宮地弘太郎, 髙橋仁大：コートサーフェス別における女子プロテニス選手のシングルスのゲーム分析―砂入り人工芝コートとハードコートのプレーに着目して―. テニスの科学, 23：80-81, 2015.
5) 道上静香, 細木祐子, 宮地弘太郎, 髙橋仁大, 村松 憲：日本の女子学生トップレベルテニス選手の強化策―第25回ユニバーシアード競技大会（2009/ベオグラード）の銅メダル獲得から見えてきたもの―. テニスの科学, 19：11-26, 2011.
6) 下山晴彦, 能智正博編：心理学の実践的研究法を学ぶ. 新曜社, 2008.
7) 髙橋仁大, 村上俊祐, 北村 哲：ネットプレーを導入したことにより競技力を向上した大学女子テニス選手の一事例. スポーツパフォーマンス研究, 7：238-246, 2015.
8) 山本正嘉：体育・スポーツの分野における実践研究のあり方と方法論―スポーツ選手を対象としたトレーニング研究を例に―. 鹿屋体育大学編. 体育・スポーツの分野における実践研究論文の書き方. 鹿屋体育大学, pp. 12-34, 2017.

III部 実践研究の考え方と研究の進め方—応用編

5. 体操競技を対象とした実践研究

1. 体操競技における事例研究・実践研究の対象

体操競技では，選手が行う演技を審判が採点し，その得点の大小で順位が決定されます．採点は，国際体操連盟が制定する採点規則に則って行われます．この採点規則はおおよそオリンピック周期ごとに改正されますが，これまでに体操競技の本質を変更するような改正はなされていないといっていいでしょう．演技に対する採点が，演技を構成している"技"と呼ばれる運動の難度がどれだけあったのかと，それらの技の出来栄えがどうであったのかというふたつの視点からなされることは，これまで変更されてはいないのです．これが体操競技の競技特性といえますが，金子[6]はこれらをそれぞれ，「非日常的驚異性」・「姿勢的簡潔性」という言葉で表しています．

体操競技におけるトレーニングでは，この競技特性に対応したトレーニングがなされます．すなわち，できるだけ高い難度の技や，そうした技の基礎となる技を見につける「技の習得」，すべての技の出来栄えを高める「技の習熟」，そしてそれらの技をつなげた「演技の完成」，さらには技の習得や習熟に必要な体力を養成する「身体づくり」に多くの時間が割かれることになります（表III-5-1）．個々の技の習得や習熟のトレーニングを「分習」，演技全体を行って演技の完成を目指すトレーニングを「全習」とも呼びますが，これら，「技の習得」，「技の習熟」，「演技の完成」が体操競技における技術トレーニング，「身体づく

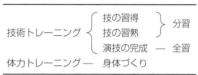

表III-5-1 体操競技のトレーニング

り」が体力トレーニングであるといえます．こうしたトレーニングの内容とその過程が体操競技における事例研究や実践研究の対象となり得るでしょう．

これまでに，体操競技における事例研究として例えば，あん馬（泉野ほか[5]，北川ほか[4]），跳馬（本嶋ほか[9]，町田ほか[7]），平行棒（斎藤ほか[13]，馬場と土屋[2]，村田ほか[11]，馬場と土屋[3]），鉄棒（村田ほか[11]，大友と土屋[12]）における技の習得と習熟に関するトレーニングを対象としたものがなされています．

2. 体操競技における技術トレーニングの実践・事例研究の内容

体操競技の技術トレーニングにおける技の習得と習熟すなわち分習では，①習得したい技の望ましい出来栄えを設定する（理想像の設定），②設定された理想像を実現させる技術を明確にする（技術の明確化），③明確にした技術を習得するための練習方法を考案する（練習方法の考案），④考案された練習方法によって実際のトレーニングを行う（トレーニングの実施），という手順がとられます．トレーニングの結果によって練習方法に変更を加えたり，新たな練習方法を考案するこ

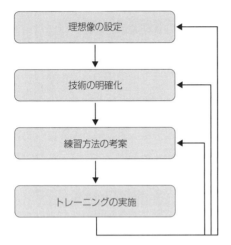

図III-5-1 技の習得トレーニングの流れ

とはよくあることですが，理想像や技術自体の見直しを行うこともあるでしょう（図III-5-1）．

技術を明確にすること，練習方法を考案することは，それぞれ仮説をたてるということですから，その仮説をトレーニングによって検証するということになります．この，仮説を立ててそれを検証する過程の記述が，事例研究・実践研究となるわけです．上記の①から④の手順ごとに，その内容と研究を実施する際に記述すべきことを詳しく見ていくことにします．

(1) 理想像の設定

技の出来栄えが採点される体操競技では，技の理想像の設定は勝敗を大きく左右します．すべての技について，審判によって減点されない実施はどのようなものかを認識しておかなければなりません．また，単に減点されないようにという見栄えの問題だけではなく，技の実施において身体を効率よく合理的に動かすことはとても重要です．

基本といわれる技から高難度の技まで，数多くの技を系統的に習得しなければならない体操競技においては，基本の技をどのような技術で習得するかが，選手の将来を決定するといっても過言ではありません．ここに合理的な動き方を身につけなければならない大きな理由があります．さらに，合理的な動きの習得を目指すことは，障害の発生予防という観点からも大切なことです．あらゆる技の正しい理想像の設定は，体操競技においてその時その時の試合の勝敗を左右するだけではなく，選手育成の長い道筋を望ましい方向に進ませるのです．

研究実施の際には，どのような実施を目指したのかを明記する必要があるでしょう．

(2) 技術の明確化

すべての技には，他のスポーツのあらゆる運動と同様に，その技を行うための身体の動かし方あるいはやり方，すなわち「技術」が存在します．技の習得や習熟のトレーニングは，その技の技術を身につけるトレーニングに他なりません．ですから，すべての技について，その技を習得するトレーニングを行う前に，その技の技術を明確にすることがまず必要になります．

その際には，設定された理想像を実現させることができる技術は何かを考えなければなりません．同じ技でも異なる技術によって実施できることはよくあることです．例えば，様々な種目において宙返りにひねりを加えるための技術は複数あることが知られています．そのなかでどの技術を用いることが理想像の実現を導くのか，より回数の多いひねりを加えるなど後の発展性にとって有効な技術は何かを熟考しなければなりません．

習得すべき技の技術が既によく知られているのであれば，技術を明確にするためには先行研究や書物をまとめればよいのですが，そうした情報が不足している場合には，技術の明確化を改めて行うことが必要です．ある技の技術を明確にするための方法には，大きく2つがあげられます．

技術を明らかにする1つ目の方法は，運動の客観的な情報を，例えばビデオやバイオメカニクスの研究方法を用いて収集することによるものです．熟練者と未熟練者の動作を比較したり，パフォーマンスの優劣に影響する身体動作を見つけ出すことによって技術を明確にするような研究が，体操競技に限らず様々なスポーツ動作について数多く行われています．研究によっては，技術

を明らかにすることをその目的として明確には謳っていないこともあります．しかし，例えばバイオメカニクスの分野で，関節角度や身体重心速度，あるいは各関節で発揮されたトルクといった物理的な数値を算出している研究は多数あり，そこから技術といえる身体動作をよみとることは可能でしょう．

とはいえ，朝岡[1]は『「どのようになっているのか」に関する情報は「どのようにすればできるのか」に関する情報にただちに置きかえられるとは限らない』と指摘しています．さらにこの言葉に付け加えるとすれば，『「どのようになっているのか」ということが分かっても，実際に選手が「意識してそうやっている」とは限らない』ということも理解しておく必要があるでしょう．

技術を明確にする2つ目の方法は，トレーニングの対象となる技をすでに優れた出来栄えで実施している選手がその実施の際に意識していること，すなわち「コツ」を収集することによるものです．複数の選手からインタビューや質問紙によって「コツ」を聞き出し，選手間で共通するものを見出すことによって，技術を明らかにするのです．現場のトレーニング場面で，選手間で技のやりかたを聞いたり答えたりしていることはよく見られますが，まさにそこでやり取りされている情報が，技術に関する情報であるといえるでしょう．

ただし，熟練者になればなるほど技の実施の際に意識していることが少なくなることが一般的です（図III-5-2）．初心者のときには，身体の様々な動きについて，多くのことを意識しながらその技の習得を目指していくわけですが，熟練者になれば初心者のときに意識していたことはもはや無意識のうちにできるようになり，意識していることは少なくなっていきます．ですから熟練者に対するインタビュー等によって聞き出した彼ら・彼女らの「コツ」以外にも，技術といえる多くの選手にとって共通したやり方がある可能性がある，ということを忘れてはいけません．ただし，熟練者が実際には既に意識しなくなっていることで

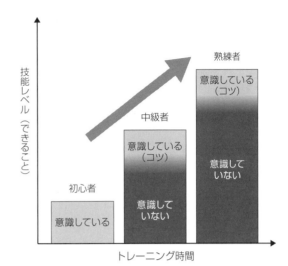

図III-5-2 運動の習熟に伴う技能レベルと意識の変化

あっても，インタビューによってそれを意識させ，聞き出すことは可能です．

上記の方法のどちらを採用する場合でも，技をいくつかの局面に分け，それぞれの局面ごとに技術を見出すことがよく行われます．運動を局面に分けることによって，映像解析のデータやインタビュー結果の整理がしやすくなりますし，結果の記述も行いやすくなります．とはいえ，特に熟練者のコツを収集する場合，彼ら・彼女らが運動を実施するときに，そもそもその運動をいくつかの局面に分けて考えているのか，分けていたとしても，聞き手が考える局面分けと同じなのかについては注意が必要です（Matsuyama and Tsuchiya[8]）．

いずれにしても，論文作成の際には，技術をどのようにして明確にしたのか，明確となった技術は何かを必ず記載することが大切です．また，明確化された技術にはわかりやすい名前を付けるとよいでしょう．

(3) 練習方法の考案

見いだされた技術一つひとつについて，その動きを習得するための練習方法を考案します．たとえ技術を明確にしたとしても，その技術をどのようにすれば習得できるのか，すなわち技術習得の

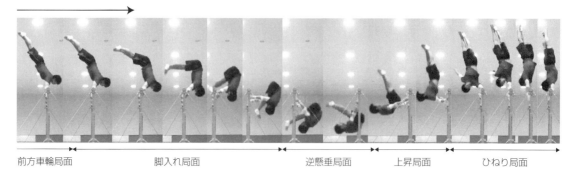

前方車輪局面　脚入れ局面　逆懸垂局面　上昇局面　ひねり局面

図III-5-3　「前方浮き腰回転倒立」の運動局面

ための練習方法は改めて考える必要があるのです．練習方法を考案する段階では，習得すべき技術を身につけるためにはこの練習方法を用いればよいだろう，という仮説を立てるわけです．考案した練習方法が技術を習得できるものであるかの吟味をしっかりと行うことが必要であり，その練習方法の意図を記述しておく必要があるでしょう．

(4) トレーニングの実施

考案された練習方法を実際のトレーニングで行うわけですが，その際には，コーチが選手に対してどのような指示を与えたのか，実際の身体の動きはどうだったのかを記録していきます．身体の動きの記録は，いうまでもなくビデオを用いることがもっとも簡単かつ必要でしょう．さらに，選手自身が運動を実施する前，最中，後にどのような感覚をもったのかを記録しておくとよいでしょう．

技術の明確化にしろ，練習方法の考案にしろ，「仮説」を立てることにほかなりませんから，実際のトレーニングはその仮説の検証であり，望ましい動作ができた（技が習得できた，習熟できた）場合には，仮説として立てられた技術とその練習方法のどちらもが妥当であったということができるでしょう．

一方で，計画したトレーニングを実施しても，望ましい動作ができない（技が習得できない，習熟できない）場合には，仮説として立てられた技術とその練習方法のどちらか，あるいは両方が妥当でなかった可能性がある，ということになります．もちろんトレーニングは当初の計画通りに進むことの方が稀であり，日々微調整を加えることが頻繁に行われるでしょう．先述したように，考案された練習方法によるトレーニングの結果によってその練習方法に変更を加えたり，新たな練習方法を考案し実施した場合には，こうした点を研究論文に記載していくことが必要です．コーチングの事例研究では，こうした情報は読者にとって貴重な情報となり得るでしょう．

上記は，体操競技の技術トレーニングのなかでも，主として技の習得に関するトレーニングを対象とした事例研究を行う際の流れや記載すべき情報について述べたものですが，体操競技の他のトレーニングについてもこれを応用することで研究論文を執筆できるでしょう．

3．体操競技の事例研究例

大友と土屋[12]は，鉄棒における「前方浮腰回転ひねり倒立」（図III-5-3）を大学体操選手1名が約2カ月間のトレーニングによって習得する過程を上記に示した研究の流れに沿って報告しています．この研究を例にとって事例研究の実際を紹介していくことにします．なお，理解を容易にするように図は左右反転やコマ数減等の修正を加えています．

図Ⅲ-5-4　脚入れ技術の練習方法

(1) 理想像の設定

この研究で習得を目指した「前方浮腰回転ひねり倒立」の理想像は，すべての運動経過中，体操競技の採点規則で規定されている姿勢欠点がないこと，最終姿勢が倒立であることとしています．

(2) 技術の明確化

この研究では，技術の明確化を熟練者のコツの収集によって行っています．理想像に近い実施が可能であると判断された熟練者5名を対象に，彼らのコツを運動の局面（図Ⅲ-5-3）ごとにインタビュー調査しました．その結果，脚入れ局面では，「肩を前方に回転させないようにする」，「脚を前方に振り入れる」，「脚を入れる際に一気に肩角度を伸展させる（脇を閉じる）」という技術が考えられ，これらをあわせて「脚入れ技術」と呼ぶこととしました．

同様に，逆懸垂局面と上昇局面では「股関節を屈曲させすぎない」，上昇局面では「股関節の伸展に合わせ肘関節を屈曲させる」という技術が考えられましたので，これらをあわせて，「鉄棒引き技術」と呼ぶこととしました．

また，上昇局面とひねり局面では，「飛び出す方向を見る」，「肘を背中の中心に引きよせるようにして屈曲させひねる」，「肘関節と股関節の伸展に合わせてひねる」という技術が考えられましたので，これらをあわせて「ひねり技術」としています．

(3) 練習方法の考案

まず練習方法の考案に先立って，被験者のトレーニング前の技能をチェックし，習得が必要と思われる技術を明らかにしたうえで，その練習方法を次のように考案しています．

1) 脚入れ技術の練習方法

被験者は，この研究で習得を目指した技によく似た「前方浮腰回転振り出し」を行う際に，脚入れ局面で「肩関節を伸展する（脇を閉じる）ことを行っていなかった」と報告していました．そこで，体育館ピットの段差に腰を掛け，手を身体の横につき，肩が前方に倒れないようにしながら，臀部を高い位置に持ち上げ，そこから肩関節を伸展して手と手の間に脚を入れる練習方法を考案しました（図Ⅲ-5-4）．

2) 鉄棒引き技術の練習方法

懸垂局面から上昇局面において，「股関節を屈曲させすぎない」，「股関節の伸展に合わせ肘関節を屈曲させる」という鉄棒引き技術については，被験者はその知識もなく，実施の経験もありませんでした．そこでその技術を習得させるために，鉄棒に懸垂した状態で浮腰姿勢をとり，前後に振動させ腹側に振れたときに股関節を伸展させ，それに合わせ肘関節を屈曲させる動きを繰り返す練習方法（図Ⅲ-5-5）を考案しました．

3) ひねり技術の練習方法

股関節の伸展に合わせて1/2ひねりを行い倒立になる感覚を身につけるために，トランポリンの上に仰向けで寝て，トランポリンの跳ねに合わせて股関節を伸展させ，その間に1/2ひねりを加え倒立になるという練習方法を考案しました（図Ⅲ-5-6）．

図Ⅲ-5-5　鉄棒引き技術の練習方法

図Ⅲ-5-6　ひねり技術の練習方法

（4）トレーニングの実施

　この研究では，上記のように考案された練習方法と鉄棒での技の全経過の練習を，被験者に行わせた過程とその結果について，練習の初期と後期の段階ごとに分けて記述しています．そこでは練習方法の実施前や実施中に，被験者が感じたことを報告させて記録し，それに対してどう対応したのか，あるいは練習方法の実施時に指導者の意図通りにいかなかった場合にどう対処したのか，練習の実施で新たな課題が発現した場合にそれを解決するためどの様な練習方法をさらに考案したのか，という点についても詳細に記述しています．

　例えば，練習の初期段階では，鉄棒引き技術の練習方法を実施する際，被験者は腹側に振動したときに股関節を伸展させるタイミングが遅く，股関節の伸展が十分なされていませんでした．また，被験者も「振動に合わせて股関節を伸展させている」と報告していたので，股関節の伸展のタイミングを早くするために「身体が真下を通る前に股関節を伸展させ始める」，その股関節の伸展に合わせて「肘関節を屈曲させる」という指導をし，練習を行いました．その結果，股関節を伸展させるタイミングが早くなり，またそれに合わせて肘関節を屈曲させることもできるようになり（図

図III-5-7　鉄棒引き技術の練習による動作の改善

図III-5-8　倒立から近い姿勢からの段差を利用した脚入れ技術の練習

図III-5-9　股関節を屈曲させ鉄棒の上に立つという練習

III-5-7)，身体が上昇する勢いが大きくなったことを記述しています．

実際に前方車輪から課題技の実施を行おうとした練習後期には，まず段差を用いた脚入れ技術の練習方法を，座った姿勢からではなく倒立に近い姿勢から行うようにした（図III-5-8）ことや，鉄棒上で練習する際には，まず前方車輪から「肩を前方に回転させない」，「脚を前方に振る」ことを意図して，股関節を屈曲させ鉄棒の上に立つという練習を行った（図III-5-9）ことが記述され

ています．

こうした実際の練習で見られた問題とそれに対する対応は，連続写真を用いて説明されています．本稿ではそのうち，練習前，練習初期，練習後期の各段階で被験者の動作がどう変化したのかのみをまとめて図に示しておきます（図III-5-10）．

このように研究論文には，実際のトレーニングで選手がどう感じたのか，選手の動作がどうであったのか，それに対して指導する側がどう対応し，トレーニングをどう変化させたかを，図等を

図III-5-10 練習前（上段），練習初期（中段），練習後期（下段）の実施

効果的に用いて記述することが大切でしょう．実践研究や事例研究は，後にその論文が読者の参考にならなければ意味がありません．

この研究の考察の章では，設定された技術とその練習方法にもとづいて実施された練習の成果から，設定された技術とその練習方法が妥当であったかどうかの検討を行っています．この研究では被験者は課題とした技を理想像通りに実施できるようになったことから，仮説として立てられた技術とその練習方法のどちらもが妥当であったという結論を導いています．

上記のような内容を，この研究では下記のような構成で記述しています．

I. 問題提起
II. 目的
III. 実践計画
 1. 技術ポイントの抽出と指導内容
 2. 被験者
 3. 指導期間
 4. ビデオ撮影
IV. 実践記録
 1. 技術ポイントの抽出と練習方法の考案
 2. 事例の提示
  (1) 指導前の評価と課題の抽出ならびに練習方法の考察
  (2) 練習方法の実施
V. 考察
VI. まとめ
VII. 文献

まとめ

体操競技においては，習得を目指す技の数が数百に上りますので，一つひとつの技の習得について常にその過程を記述していくことは困難ですから，事例研究の積み重ねは現在のところ十分になされているとはいい難いのが現状です．世界の

トップクラスの競技力をもつ日本の体操競技ですが，それは日本の指導者の秀逸さを示しているといえるでしょう．優れた指導者は自身の経験のなかで様々な事例を積み重ねているのですが，そうした貴重な情報が，その指導者の個人内に留まって埋没し，それを多くの指導者で共有することができないとしたら，これほど残念なことはないでしょう．

すでに20年以上も前に朝岡[1]は，『多くの個別事例的研究を通して「私たちのこつ」を確認していく作業こそが今日的課題となる』として運動技術の研究における事例研究の重要性を説いています．技術の明確化，練習方法の明確化，あるいは身体づくりの方法など，体操競技の様々なトレーニングについて，多くの実践研究・事例研究がなされて行くことを期待して稿を閉じることとします．

[土屋　純]

[文献]

1) 朝岡正雄：「運動技術学」入門．体育科教育, 45(2): 14-16, 1997.
2) 馬場亮輔, 土屋　純：体操競技におけるコーチングの事例研究―平行棒におけるヒーリーのコーチング．スポーツ科学研究, 12, 170-188, 2015.
3) 馬場亮輔, 土屋　純：大学生体操選手を対象とした平行棒におけるヒーリーのコーチング．スポーツパフォーマンス研究, 8, 491-541, 2016.
4) 北川淳一, 五反悠紀, 斎藤　卓：体操競技ウルトラGへの挑戦―あん馬の新技「一腕上540°上向き転向」の開発―．スポーツパフォーマンス研究, 1, 190-201, 2009.
5) 泉野聡夫, 斎藤雅史, 土屋　純：あん馬における「一腕上上向き全転向（ショーン）」のコーチング．スポーツパフォーマンス研究, 2, 23-41, 2010.
6) 金子明友：体操競技のコーチング．第5版，大修館書店，東京，1985.
7) 町田和樹, 本嶋良恵, 村田憲亮, 北川淳一：カサマツとび系の跳躍技において着手感覚の違いがパフォーマンスに与える影響．スポーツパフォーマンス研究, 7, 30-41, 2015.
8) Matsuyama, N and J. Tsuchiya: Sympathy of Movement: Expanding Coaching Abilities through Phenomenological Discussion. Int. J. Sport Health Sci., 15 (6) 6-13, 2017.
9) 本嶋良恵, 北川淳一, 前田　明：跳馬において踏切位置の手前に障害物を置くことで踏切動作を改善させられるか？．スポーツパフォーマンス研究, 6, 233-244, 2014.
10) 村田憲亮, 北川淳一, 斎藤　卓, 濱崎俊介：鉄棒における「前方浮腰回転振り出し1回半ひねり懸垂」の開発―「前方浮腰回転振り出し1回半ひねり倒立」を目指して―．スポーツパフォーマンス研究, 5, 1-25, 2013.
11) 村田憲亮, 平岡駿希, 植村隆志, 山下龍一郎：平行棒における「懸垂前振り開脚抜き, 伸身かつ水平位で懸垂」に関する一考察―チッペルトとの比較を通して―．スポーツパフォーマンス研究, 7, 113-134, 2015.
12) 大友康平, 土屋　純：鉄棒における「前方浮腰回転ひねり倒立」のコーチング．スポーツパフォーマンス研究, 5, 127-145, 2013.
13) 斎藤　卓, 西岡康正, 北川淳一：平行棒における「棒下宙返り3/4ひねり倒立」の研究―「ひねり感覚の混乱」への対処と「ひねり倒立発生」までの指導ポイントとは―．スポーツパフォーマンス研究, 1, 80-89, 2009.

III部 実践研究の考え方と研究の進め方—応用編

6. 剣道を対象とした実践研究

1. 剣道の実戦研究を進めるにあたって

　剣道は，生死を賭けた闘争技術から発祥し，長い歴史の中で我が国の伝統武道の1つとして現代のような形態に発展してきました．そのため，競技性以上に文化性が重視される特性を有し，その「競技力」は，単に競技的な視点から「有効打突を取得する，かつ取得されない能力」に留まるところではありません．そこには「正しさ」なる文化的な視点での評価が内包される性質を持つと考えられます．しかし，その一方で，現代の剣道は，他の競技種目同様に競技大会の隆盛によりその人口が支えられているのも現実です．

　したがって，今後の剣道の普及・発展に向け，剣道を競技目線で見つめた技術力の向上，あるいは効率的な技術の習得に資する研究の推進は，剣道を専門領域とする実践（研究）者の重要課題であるともいえます．ただし，剣道における実践研究で得られた知見は，上述した剣道の文化的な特性を担保し得る実践知であることが望まれます．実践研究は「役に立つ知見」の提供を目指すもの（金高[3]）ですが，剣道の領域においては，歴史的な背景や伝統文化としての特性に十分な配慮がなされる必要があるといえるでしょう．

（1）剣道の実践研究における可能性とその意義

　ここまで本書においては，実践研究のあり方や必要性，およびその価値，あるいは従来の科学研究との相違について概要が詳記されています．剣道に限らず武道における実践研究においても，そこで示された考え方や方法論に基づいて研究を進めることが望まれます．特に剣道のような武道は，経験値や精神面の充実が競技力に大きく反映することから，競技力向上に資する研究を進める場合，従来の科学的な検証方法だけでは限界に達してしまいます．

　類似する見解として，スポーツパフォーマンス研究のジャーナル発刊記念シンポジウムにおいてパネリストの1人で元プロ野球選手の小宮山悟氏が，次のように述べています．「野球のコーチングにおいては，速いボールを投げる，あるいは打球を遠くに飛ばす方法論は既に確立している．だが，野球は点を取る競技であり，点を取れないと意味がない」と．剣道も水泳や陸上などの記録競技とは異なるため，全く同様です．打突動作の完成度が高くとも，打突の機会を見出す力がなければ勝利に結びつきません．

　特に剣道の場合は，競技力の向上に「気」や「心」の働きといった形而上の要素を外して考えることはできません．その辺りのノウハウは，もはや技術を超えた実践者の技能の領域であり，科学的に検証するには限界があると考えられます．そこで，実践者の経験値に裏打ちされたコツや勘といった部分を紐解き，知見として公表するために実践研究が大きな役割を果たすと考えられます．

　また，一流競技者の養成を試みた場合，一般選手と一流選手とのフォームや出力，スピードの差異など，自然科学的手法をもって導き出された情報も確かに重要です．しかし，パフォーマンスが向上することを明らかにするためには，横断的研

究では完結せず，縦断的なアプローチが必要と前田氏（2017）は述べています．つまり，実際の実践者は「どのようにしてその動きを身に付けたか？」「どうやって速くなったか？」を知りたいはずです．

さらに一流選手になれば多くのトップ選手に該当する普遍的な情報は既に必要なく，超一流選手の実践事例だけがその域に到達するための手掛かりとなるでしょう．以上のことを鑑みると，剣道などの武道の領域にこそ，秀でた実践者の技能獲得に至る事例の蓄積は重要な価値を見出すのではないでしょうか．

(2) 剣道の実践研究を進める上での考え方

山本[11]は，実践研究のあり方を「心理的存在を社会的存在にすること」であると定義しています．心理的存在とは，ある経験や勘が「選手やコーチの頭の中，あるいは身体の中にある，つまり外部の人には覗き込めない状態」とし，その経験や勘を「少なくとも同業者の間ではわかるようなデータとして示し，科学者には認めてもらえなくても，ある一定の範囲の同業者の間では理解でき，ヒントが得られるようにする」ことを「社会的存在にすること」として解説しています．

剣道の場合は，経験や勘が第一段階となる心理的存在として，実践者に認知されることが少ない現状にあると考えられます．理由は，剣道が対人競技である上に，良いとされるパフォーマンスにおいては，心技体にわたる多様で複雑な要素が複合的に発揮されるため，競技者自身においても「何がよかったのか」が分かりにくい点にあります．さらに，事象の観察者は，専門家であっても，良かった理由については，それぞれが異なる見解を示すことも少なくはありません．

したがって，題材を取り上げる段階において，「視点」を明示しておくことが必要です．また，その視点から見た変化は，研究の対象者に見られる競技成績や技術向上の「一要因」にすぎません．剣道の実践研究を進める上では，論考の飛躍を未然に防ぐためにも，このことを十分に認識して社会的存在となり得る論文の構成を目指すことが重要になるでしょう．

以下では，剣道の実践研究に纏わる3編の論文を紹介します．「悪癖修正による単一事例」，「初心者の効率的な指導法」，「トップ選手の体力特性」と研究対象が異なる論文を取り上げ具体的に解説します．

2. 剣道における実践研究の具体例

(1) 悪癖の修正に向けたアイデアの指導事例から稽古方法を提案

最初に紹介する論文（下川ら[6]）は，剣道の足さばきの中で，悪癖とされている「跳ね足」を改善するための稽古方法に着目し，「跳ね足」を課題としている競技者1人に対し，スリッパを用いた稽古案を提示し，取り組んだ改善過程を報告したものです．この研究では，改善効果については，「跳ね足」を課題とする競技者と「跳ね足」ではない競技者のスリッパを用いた試技と，用いない試技とを映像および分解写真を用いて比較し，その有効性等について検討しています．「跳ね足」を引き起こしていた原因を明らかにし，その改善に適した稽古方法を提案した事例研究となっています．

剣道の場合，剣道指導要領（全日本剣道連盟[12]）に明記されている通り，打突動作において理想とされる上肢や下肢の動きは確立されているといえます．また，「跳ね足」のように，是正すべき悪癖についての指摘が見られる関連書籍も少なくありません．しかし，その修正方法を具体的に示されたものは，ほとんど目にすることがないため，改善事例が明確に示されたこの研究は，指導現場への貴重な資料といえるでしょう．

論文のキーワードとなる「跳ね足修正」のヒントは，著者と指導する大学剣道選手との日常の会話の中にあり，ある選手が「中学時代にスリッパで跳ね足が直った」と述べたことが，論文作成の動機となりました．指導現場への還元に向けて，実にシンプルな事例研究の具体的内容を以下に紹

表III-6-1 悪癖改善による事例研究の構成

1. 緒言：研究の背景と目的
2. 研究方法
   (1) 競技者の特徴
   (2) 跳ね足の試技の把握および分解写真等の作成
   (3) 稽古の内容と期間，改善効果検証の手続き
3. 結果：改善事例の提示
   (1) 競技者の跳ね足の特徴
   (2) 競技者のスリッパのみを着用しての稽古状況
   (3) 跳ね足を改善する新たな稽古方法の考案稽古・改善状況
   (4) 「跳ね足」改善の稽古方法実施前と実施後の比較
4. 考察：跳ね足改善の指導ステップの提案
5. まとめ
6. 文献

介します．

論文の構成は，表III-6-1のようになっており，1人の剣道選手を用いて仮説を検証しています．したがって，運動実践者や運動指導者の実践経験から新たな仮説や教訓・定石を導く（創出する）ようなタイプの仮説創出型研究（金高[3]）といえるでしょう．

緒言では，「跳ね足」が悪癖となる背景が適切に述べられています．また，剣道競技では動作を改善する様々な稽古方法が考案されているものの，それらの多くは指導者や競技者個人の実践知にとどまっていることを指摘し，スリッパを用いる稽古方法について報告する意義が示されています．

方法では，対象者の特性が説明されていますが，動作の修正能力は，対象者の総合的な実技レベルに左右されるため，経験年数や大会における成績等も詳述されています．加えて「跳ね足」の悪癖が身に付いた時期についても，対象者の供述をもとに明記されています．「跳ね足」の試技が把握できる変化の特徴を簡易に説明する分解写真が図III-6-1のように示されるとともに，改善効果検証の方法が示されています．

この論文での検証方法には，対象者と「跳ね足」ではない剣道選手との比較に，打突動作における足さばきの分解写真が用いられていますが，動作の改善を定量化により示すことが難しい場合は，写真や動画など信憑性を高めるための適切な検証方法を用い，文中への具体的な明示が必要になるでしょう．

改善事例の提示では，初めに「跳ね足」により打突時にスリッパが脱げてしまう対象者の事象を説明しています．ここでは下肢部をアップ（図III-6-2上段）した写真で示しており，事象を理解しやすくする配慮がなされています．その後，スリッパが脱げないことを目標とする稽古法（踵押し方，正対打突法）について写真（図III-6-2下段）を用いて解説し，稽古法の実施前後の下肢動作の変化を図III-6-3の写真と動画の添付により示し，改善状況を明らかに示しています．この論文の場合，改善状況の提示が「結果」となり，

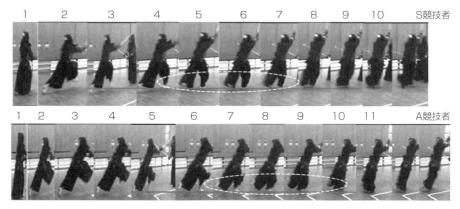

図III-6-1 悪癖「跳ね足」の分解写真

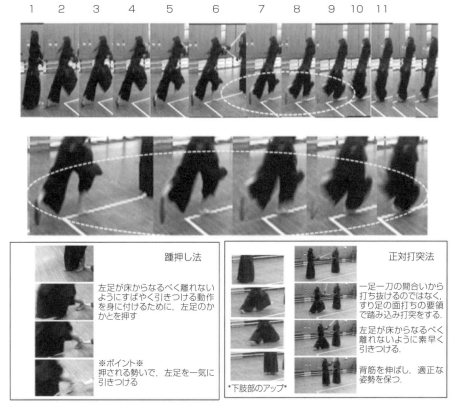

図III-6-2 改善に向けた取り組み

実施前

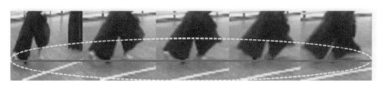

実施後

図III-6-3 跳ね足の改善状況

読者は動画からより明確に結果を読み取ることができます．したがって，結果を示す場合は，可能な限り動画を添付することが望ましいといえるでしょう．

考察では，踵押し法と正対打突法は，対象者の「跳ね足」を改善させる効果的な指導方法である

表III-6-2 提示された跳ね足改善稽古法

1. スリッパを着用して打突を実施する．
（ポイント：跳ね足の現状を対象者に把握させるために）
2. 対象者が踏み切る際の踏み切り足（左足）のかかとを補助者が押し出す．《踵押し法》
（ポイント：押される勢いで，踏み切る足（左足）を一気に引き付ける）
3. 正対した状態で打突を完結させる打突を踏み込み動作を用いて行う．《正対打突法》
（ポイント：踏み切る（左足）が床からなるべく離れないように素早く引き付けると同時に体勢を修復させる．）
4. スリッパを着用して打突を実施する．
（ポイント：踵押し法および正対打突法の効果の確認として試験的に活用する）
5. スリッパが脱げなければ，スリッパを着用せずに実際の打突動作にて反復．
（ポイント：適宜，スリッパを着用することで，確認を行いつつ正しい動作を身に付ける）
＊全ての打突は，一足一刀の間合からとする＊

表III-6-3 学習効果（指導の効率性）を検証した実践研究の構成

I はじめに
II 研究方法
　1. 被検者の特性
　2. 学習事例の作成
　3. 評価
　4. 統計処理
III 結果
　1. 打突動作における打突と踏み込みの時間差
　2. 踏み込み動作における右足着床時の下腿角度
　3. 踏み込み時の床反力
IV 考察
　1. 指導手順の組み替えによる学習の妥当性と可能性
　2. 指導手順の組み替えによる学習効果
V 結論
VI 文献

ことを述べ，その改善方法を「跳ね足改善稽古法」として以下の表III-6-2のように提案しています．

一方，まとめの最終段階において，より実戦的な対人動作においては，対象者の「跳ね足」が改善されたとはいい切れないとし，この稽古方法の継続的な実施により，実戦で応用可能となる打突フォームの定着化を目指す必要があると述べています．事例研究の場合は，読み手の誤解や現場での混乱を防ぐためにも，改善の限界について触れておく必要があるでしょう．

(2) 初心者の学習効果について検証した実践研究

次に初心者の指導方法について，新たな実践知を提示した実践研究（竹中ら[9]）を紹介します．初心者の場合，打突と踏み込み動作における上下肢の一致（協調）が上達の課題となります．特に学校の「授業」において初心者を指導する場合は，学習時間に制限があるため，いち早く上肢と下肢の動作の協調をはかるためには，指導方法に何らかの工夫を講ずる必要があります．この論文は，学習者の打突と踏み込みの時間差に着目し，時間差の短縮を目指して指導手順の組み替えを行い，その学習効果について検証したものです．

著者は，実際に学校現場における剣道の授業を担当した経験を通じて，打突動作において上下肢の協調に焦点を当てた場合は，「指導の手順を組み替えた方が良いのでは？」との仮説を立て，初心者（体育専攻学生）を対象とした一般体育の授業において検証を試みました．論文の構成は表III-6-3のようになっており，異なる学習方法により，2種の学習事例を作成しています．それら2種の学習集団の正面打突の動作解析により比較・分析し，学習効果を検証したタイプの「仮説検証型研究（金高[3]）」となっています．

緒言の段階においては，学校現場の剣道の「授業」における技術的な指導課題を整理する中で，上下肢の動作の協調に向けて手立てを行う必要性が述べられています．その際，指導期間が「短期間」であることに着目して論考を進めることが明記されています．剣道の場合は，その指導方法が長期にわたり先哲から構築されて体系化した文化的な背景を軽視することはできません．したがって，指導の方法に手を加えるべき理由を明確に述べておくことが望ましいといえるでしょう．

この研究の方法は，指導手順の組み替え（変更）による学習効果を検討するため，まず，表III-6-4の授業計画や組み替え方法に基づき，従来の指導の手順による学習と，指導の手順を組み替えた場合との2通りの学習事例が作成されています（以下，前者を「従来型」，後者を「組替型」と略す）．評価については，対象動作を正面打突の試技とし，従来型，組替型の学習群に加えて，剣道熟練者と

表III-6-4 学習事例の作成方法

学習計画における指導手順の組み替え期間

授業計画	
回	授業内容
1	1. オリエンテーション（授業の目的，内容，計画，剣道の特性，歴史）
2～5	2. 礼法の実践と基本動作 　(1) 着装，立礼，正座，座礼 　(2) 姿勢，呼吸，構え，蹲踞，目付 　(3) 足捌き①（送り足－すり足），素振り（空間打突） 　　　足捌き②（踏み込み足），打突動作（打込受棒，打込台での踏込み足を用いた打突）
6～9	3. 応用動作としての基本打突（対人的技能）基本技能（しかけていく技） 　応用技能（応じていく技）
10～12	4. 木刀による剣道基本技稽古法
13～15	5. 稽古と試合・審判　互格稽古　試合と審判

指導手順の組み替え方法

指導手順	従来の指導（従来型）	指導手順の変更（組替型）
①	上肢　素振り（空間打突） 下肢　送り足（すり足）	上肢　物を打つ（打込台，打込受棒）動作 下肢　踏み込み足の習得
②	上肢　物を打つ（打込台，打込受棒）動作 下肢　踏み込み足の習得	上肢　素振り（空間打突） 下肢　送り足（すり足）

　の比較も行うために有段者群7名の測定も実施されています．

　評価のポイントとして，上肢と下肢の動作の協調を「打突」と「踏み込み」の時間差に着目し，打突動作については，モーションキャプチャー，踏み込み動作については，フォースプラットフォームを用いて，打突時の打突部位への竹刀接触時間と踏み込み動作における右足着床時間との時間差，踏み込み動作における右足着床時の下腿角度，打突時の床反力における一方向の最大値，の3項目が3群間で比較されています．

　図III-6-4に示されたように，一般的な指導による学習者群に比べて，指導手順を組み替えた学習群の方が，打突と踏み込みの時間差が小さく，床反力が強いという結果が認められています．そして指導手順の組み替えが打突動作に及ぼす影響と組み替えの妥当性が考察され，上肢と下肢の動作を，短期間の学習で協調させることを学習課題とした場合は，指導手順の組み替えは，高い学習効果が期待できることを結論付けています．

　この論文における被検者間の評価は，従来の科学的論文と同じように実験によって得られたデータが統計学的に処理されていますが，被検者間の打突動作の一定期間の習得過程に意図的な変化をもたらして学習事例を作成した点で，縦断的な研究の側面も内在すると考えられます．これまで剣道の指導方法にほとんど手が加えられてこなかった理由の1つとして，この縦断的な研究の不足が推測されます．初心者の指導に限らず，技術を獲得するまでの過程における縦断的な，あるいは懐古的な実践研究がより多く公表されることが，今後は剣道の分野においても必要となるのではないでしょうか．

　しかし，一方ではこの論文における指導の工夫は，単元の序盤（図III-6-4）における打突動作の評価によって検討されたもので，学習者は，その後互格稽古や試合を経験し，両群ともに正面打突の動作における習熟度の変容が予測されます．さらに，この研究の対象者は，いずれも運動の学習経験が豊富な体育専攻の大学生です．したがって，1人の競技者を対象とする単一事例研究と同様に，提示された知見の限界や課題についても説明を加えておくことが，現場の実践者（学習者や指導者）へのより有益な情報提供となるでしょう．

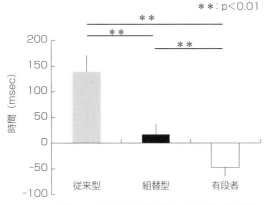

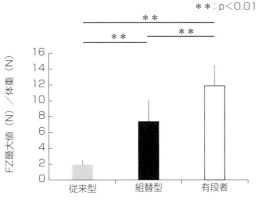

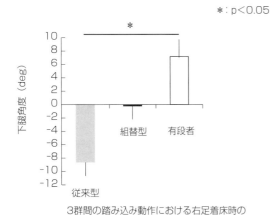

図Ⅲ-6-4 結果を提示した図

表Ⅲ-6-5 主観的データの可視化による実践研究の構成

Ⅰ 研究の背景
Ⅱ 本研究の目的
Ⅲ 方法
1. 対象者
2. 基礎体力の測定
3. 要素別に見た剣道技能の評価
4. データの分析方法
Ⅳ 結果
Ⅴ 考察
1. 剣道技能と体力特性との関係
2. 個々の選手に対するフィードバック法の検討
3. 本研究の意義と今後の課題
Ⅵ まとめ
Ⅶ 参考

(3) 主観的データの可視化による実践研究

最後に紹介するのは，優秀な男子大学剣道選手の体力特性に関する論文です．2編の論文から成るこの研究は，全国レベルで高い大学生剣道選手の実績を有する大学の剣道部員を対象として，優秀な選手が持つ一般的な体力特性を明らかにし，第1報（徳田ら[7]）では個人の剣道技術の特性にも着目して優秀な選手間で，剣道技能の特性が異なると体力特性がどのように異なるかの検討がなされています．

しかし，第1報において選手の技能評価の方法が，指導者や選手のインタビュー法による主観的な把握にとどまる課題が残されたことを考慮し，第2報（石川ら[2]）では，技能評価にvisual analog scale（以下「VAS」と略す）が用いられました．剣道の競技場面で必要な各種の技能それぞれについて，各選手がどの程度のレベルに達しているか，定量的な評価がなされています．そしてその評価結果と，体力特性との関連について数量的に検討し，「このような技能に優れる選手は，このような基礎体力に優れる」という関係性が，数値で表されています．

後者の論文では，指導者や選手が持つ主観をVASにより数値化し，それを基礎体力値のような客観的なデータと組み合わせて検討が行われています．剣道の競技力向上のための示唆を得るために，新たな視点による方法で論考が展開された論文であるといえるでしょう．以下に，第2報で

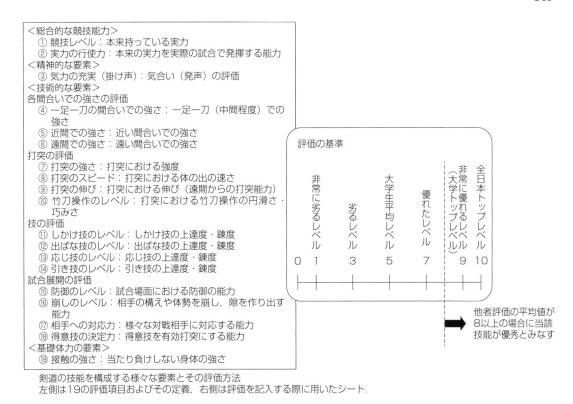

剣道の技能を構成する様々な要素とその評価方法
左側は19の評価項目およびその定義，右側は評価を記入する際に用いたシート．

図III-6-5　評価項目と評価基準

報告された論文を紹介します．

論文の構成は，表III-6-5に示しています．「要素別に見た剣道技能の評価」にVASを用いたことについて，考察において「本研究の意義と今後の課題」の項目が設けられ，その意義と妥当性が述べられています．また，新たな視点によって導き出された知見の活用方法についても「個々の選手に対するフィードバック法の検討」で詳述されているところが，特徴といえるでしょう．

まず研究の背景と目的を述べる中で，体力データは第1報と同じ資料を用いるが，技能評価は，主観的情報をVASにより可視化する「研究の新規性」が述べられています．

方法においては，対象者，および基礎体力の測定に関した前報と重複する部分を要点のみの記載とし，剣道技能の評価の部分が大きく取り上げられています．剣道の競技現場で従来から選手や指導者が主観的に評価してきた技能を，要素別に評価するため，図III-6-5のようにそれらを19の評価項目が設定されています．さらに評価シート（10段階評価とVAS評価とを折衷して作成）の様式や10段階の評価の目安について記述し，VASの考え方を用いた評価方法の説明がなされています．

なお，この論文では，技能評価における項目や評価基準（目安）の設定，あるいは評価者選定の経緯が明確に述べられています．このように，主観的情報の定量化を試みる場合は，その方法論の妥当性を担保するための説明が詳しく明記されることが重要となるでしょう．

結果においては，各評価項目においての下位群の能力に対する偏差値で示された上位群の体力特性が図III-6-6のようにグラフを用いて示され，文中において「〜に優れる選手では，〜の筋力が高値を示した」「〜に優れる選手であっても，〜は下位群なみであった」という具合に明文化され

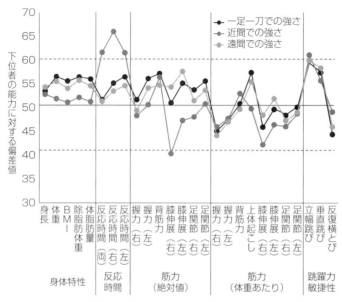

図III-6-6　結果の提示に使用された図

ています．本論文では，読者が結果を読み解く上で，理解されやすい工夫のポイントとして，上位群の体力特性が下位群の能力を基準とする偏差値により示されている点があげられます．このことが図表に反映されていることで，グラフも非常に読み取りやすいといえるでしょう．

考察においては，剣道の技術に精通した熟練者の経験値から成る見解を交えて，示された結果から各技能の習得に必要とされる体力特性や体力的な視点で見た技能間の共通性について述べられています．

また，この論文では，考察において「個々の選手に対するフィードバック法」についての検討が加えられています．一人ひとりの選手に対して競技力向上の示唆を与えられるよう，競技能力と基礎体力の評価結果とを関連づけてフィードバックするシートの作成を提案し，1名の選手の具体例を図III-6-7のように紹介しています．これを用いることで，各選手が現状の体力・技能のレベルを把握しやすくなり，競技力向上の方策を具体的に考えるための資料として活用できると考えられます．研究の有益性を高めるためにも，このような具体例の提示は必要な作業となるでしょう．

この論文は，考察の終盤に「研究の意義と今後の課題」が言及されています．そこでは，「スポーツ選手のパフォーマンス向上を考える際，機器を用いて得たデータだけではなく，現場で選手や指導者が日常的に用いている主観的な評価も積極的に取り入れ，両者を結びつけて活用することの重要性を指摘」した福永[1]氏の考え方を剣道に適用させたことが述べられています．「できばえ」が全て主観により評価されるという剣道の性質上，「指導者や選手が持つ主観をVASにより数値化し，それを基礎体力値のような客観的なデータと組み合わせて考えることで，新たな視点で競技力向上のための示唆が得られる（山本[11]）」とし，その方法論の妥当性と意義が唱えられています．

剣道の場合，これまで主観的な評価が研究対象として取り扱われなかったため，競技力の向上にダイレクトに反映させることを可能とする研究がほとんど見られない現状にあります．今後の剣道の研究分野において，この論文に見られるように主観を定量化する手法を用いた実践研究の蓄積が重要な価値を生み出すのではないでしょうか．

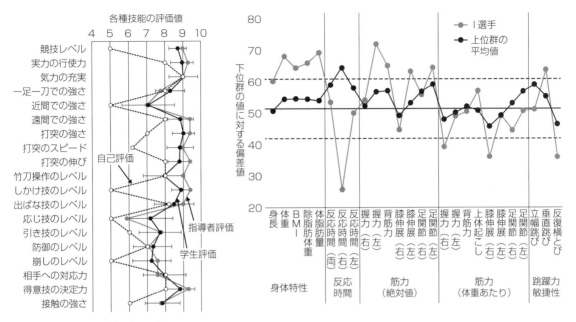

図III-6-7　フィードバックするシートの具体例

3. 剣道の実践研究を行う上でのコツやヒント

いうまでもなく剣道の実践研究も，他の競技種目と同様に現場での知見に基づいた研究となります．剣道の実践者（選手や指導者）は，日々修錬する過程において，競技力の三要素となる「心技体」の向上を図っています．剣道の場合，その様相は打ち込み，切り返しに代表されるように稽古法が伝統的に体系化されており，時間と数をかけて地力を養成する鍛錬的な稽古の形態が修錬の軸とされています．このような剣道の特殊な修行形態を踏まえて，その実践研究に関する論文を書く際のヒントやコツ，そして注意すべき点について，述べてみます．

まず，研究の題材について見てみます．剣道の実践現場では，技術の獲得と同時に気力を養うことも稽古の重要な目的の1つとされる誇り高き気質が存在します．したがって，斬新な練習法やトレーニング方法が次々に生み出される他競技にくらべ，伝統的な稽古方法が基盤となっている剣道においては，新規性の高い事例や独創性に富んだアイデアを題材とする研究は難しいと考えてしまいそうです．しかし，同じ稽古を実践する中でも，稽古の「量」や「質」に着目し変化や工夫を加えることで，実践研究にまで発展させることが可能な事象が埋もれているものです．

前阪[4]は，剣道の伝統的な基本稽古法（切り返し，打ち込み稽古，掛かり稽古）を3人の元立ちに対して連続で掛かっていく方法で，伝統的技術の錬成とトレーニング効果がバランスよく修錬できると報告しています．また，竹中ら[8]は，攻撃力強化に向け「①打ち切る」「②決まるまで打つ」「③受けたら直ちに打ち返す」の実戦における3つの技術要素の習熟を伝統的に継承されてきた稽古法の中で選手に徹底させたことによる成果について報告しています．そこでは，基礎的修錬における留意点，着眼点等を整理し，基本的な竹刀操作や体捌きの位置づけや応用について，その有用

性を提言しています．

　いずれの論文も，剣道実践者が共通して行う基本稽古において，意識すべきポイントを明確に示す，あるいは実施時間の増加など量や質に変化や工夫を加えることで，その有用性を提言しています．伝統的な稽古形態が確立され，しかもその方法の継承が求められる剣道では，このように稽古に取り組む際の選手に向けた徹底事項の様相を明らかにする事例研究も現場への還元として，貴重な知見の提供といえます．

　ただし，この場合は，論文が単なる稽古法の「紹介文」や「解説書」にならないように，何らかの方法で論文としての質を担保する必要があります．これらの論文では，修錬効果が発揮されたことが明確に読み取れる動画を提示し，「留意点」や「工夫」の妥当性が示されています．

　次に，「取り組み（改善点や工夫点）」と「結果（競技成績）」との関係性について述べてみます．冒頭でも触れましたが，剣道の場合は，一瞬の打突に心技体の要素が複合的に発揮されることにより，優れたパフォーマンスが生まれます．したがって，改善点や工夫点は結果を導き出した一要因に過ぎないといえます．特に，競技力が向上した要因を検証する事例研究においては，論文の査読に耐えうるためにも，この点を心得ておくことが必要です．

　面技の攻め・崩しおよび打突動作の修正が競技力向上に結びついた事例（竹中ら[10]）では，対象者の面技について，打突方法を攻め・崩しの段階から修正をした有効性について検証し，その効果について報告しています．この論文は，スランプに陥っていた大学女子選手が現場の指導者の指導内容により，インカレで優勝した事例をまとめたものです．

　しかし，論文投稿段階においては，面技の攻め・崩しおよび打突動作の修正が競技結果に結びついた要因とされる根拠についての説明不足から，査読者からは，結果の要因として別の見解を示す指摘がなされました．このように，剣道に限らず競技力向上に関する事例の場合，査読者の専門性が高いほど，指導における独自の視点や理論からの指摘がなされるケースもあるでしょう．特に研究の対象となった個人やチームが，論文上において特定されるほどの著名な選手であれば，多くの専門家が競技会場あるいは映像を介し，その選手の過去を含めたパフォーマンスの様相を目にしている場合も少なくありません．

　この論文では，対象者の競技成績が低迷していた時の攻めと打突方法を細部にわたって示しながら，改善点を明確に示す修正が行われました．さらに，査読者から指摘された別の要因も競技成績の向上に寄与していると考えられたため，その内容についても考察に加筆し，一連の攻め・崩しを含めた打突動作の改善点を結果の「一要因」として提言することで査読者の理解が得られました．

　なお，このような科学的な手法で検証の手続きが行われていないタイプの論文を作成する場合は，その根拠を示すデータの不足から，事象発生の要因そのものの信憑性を問われることが最も懸念される問題ではないでしょうか．したがって，実践者の工夫や改善が「心理的存在」の域に留まらぬようにするためには，やはり，「稽古日誌」や「稽古の撮影」など可能な限り活字や映像の記録を日頃から蓄積しておくことが必要です．つまり，我々のような実践研究の推進を目指す研究者は，その作業を日常的に習慣化することが極めて重要な課題といえるでしょう．

おわりに

　この章では，剣道の分野における実践研究について，既存の論文を具体例としてその進め方を述べてきましたが，最初に触れたように，現代の剣道が競技を中心に成り立っているのは事実です．しかし，剣道において，勝負の場が試合の場と化すのは，竹刀打ち込み稽古が発生して以降（中村[5]）で，戦後，現試合規則の制定により，急速に競技化が進みました．したがって，武道全般において，競技性と文化性の舵取りが難しい中で，剣道は，今のところ両者が上手く共存して歩み進んでいると見受けられます．

具体的に述べると，競技に代表される「試合」と，称号・段位制度に伴う「審査」の二軸化した実力評価の位置づけがなされています．サッカーのゴールや野球のホームランのように結果オーライの取り組みでは，後者の「審査」に耐え得ることは叶いません．単に試合が強いだけではなく，結果に至るまでの過程やその後の態度を含めた身体運動に文化性を内包させることも求められます．

したがって，「より速く」「より強く」に執着し，やみくもに動作の合理性のみを追求して導き出された知見が，優れた剣道の競技者の養成に直結して資するとは断言できません．また，技術の合理化が進めば進むほど，文化としての性質が置き去りにされてしまうケースも生じることが危惧されます．

今後の剣道の分野においても，実践研究が発展的に推進されることは願って止まないところであります．しかし，他のスポーツ種目との同化を防ぐためにも，先哲から受け継がれた伝統的な稽古法，竹刀操作における刃筋の問題など，剣道の実践研究を行う上では，常に文化的な側面に思いを馳せることを忘れてはならないでしょう．

[竹中　健太郎]

[文献]

1) 福永哲夫：「スポーツパフォーマンス」を科学する実践研究の必要性．スポーツパフォーマンス研究，9（Editorial）：1-11, 2017.
2) 石川貴典, 徳田祐貴, 後藤健介, 竹中健太郎, 前阪茂樹, 山本正嘉：優秀な男子大学生剣道競技者の体力特性（第2報）～定量的な技能評価との関連づけて競技力向上への示唆を得る試み～．スポーツパフォーマンス研究，10: 39-59, 2018.
3) 金高宏文：単一事例の実践研究論文の書き方．スポーツパフォーマンス研究，9（Editorial）：59-65, 2017.
4) 前阪茂樹：鹿屋体育大学剣道部が実践する「三段稽古」．スポーツパフォーマンス研究，2：143-152, 2010.
5) 中村民雄：剣道辞典．津島書房，p.57, 1994.
6) 下川美佳, 遠藤まどか, 金高宏文, 椿　武, 竹中健太郎：スリッパを活用した剣道における打突時の「跳ね足」改善の取組事例―スリッパ着用と動作幇助による打ち込み稽古法の提案―．スポーツパフォーマンス研究，7：278-291, 2015.
7) 徳田祐貴, 石川貴典, 後藤健介, 竹中健太郎, 前阪茂樹, 山本正嘉：優秀な男子大学生剣道競技者の体力特性：個人の剣道技術の特性にも着目して．スポーツパフォーマンス研究，9：386-401, 2017.
8) 竹中健太郎, 前阪茂樹, 下川美佳：攻撃剣道を支える基礎的修錬に関する検討―鹿屋体育大学の事例―．スポーツパフォーマンス研究，2(1019)：246-258, 2010.
9) 竹中健太郎, 下川美佳, 有田祐二, 前阪茂樹, 前田　明：剣道初心者に対する指導手順の違いが短期間における正面打突の動作習得に与える影響．武道学研究，49, (2)：109-119, 2016.
10) 竹中健太郎, 下川美佳, 前阪茂樹：剣道における面技の攻め・崩しおよび打突動作の修正が競技力向上に結びついた事例研究．スポーツパフォーマンス研究，5(1223)：117-126, 2013.
11) 山本正嘉：体育・スポーツの分野における実践研究のあり方と方法論．スポーツパフォーマンス研究，9（Editorial）：12-34, 2017.
12) 全日本剣道連盟：剣道指導要領．プリ・テック株式会社，2010.

Ⅲ部 実践研究の考え方と研究の進め方—応用編

7. コンディショニングを対象とした実践研究

　コンディショニング（Conditioning）とは"ある目的を達成するために必要なあらゆる要素をより良い状態に調整すること"です．コンディションという言葉には成功させるための条件という意味があることを考えますと，「何を成功させたいか」つまり，何を目的にするかによってそのために必要な成功させる条件は変わってきます．体育・スポーツ分野でいえば，スポーツ外傷・障害予防を目的とした場合には，外傷・障害の発生に関与する身体機能（柔軟性や筋力など）のどこに問題があるかを踏まえて，それらを改善するための適切な方法をアプローチします．また，練習や試合に向けてのウォーミングアップであれば，これから行う運動はどのような内容（運動形態，運動様式など）なのか，その環境（季節）が夏期なのか冬期なのか，あるいは集団競技なのか個人競技なのかなど，考えられるあらゆる要素を踏まえて目的に合ったより適切なウォーミングアップ方法を選択します．すなわち，最良なコンディショニングを実践するためには，ある目的を達成するために必要な要素を科学的に分析した上で，より効果的な方法をそれぞれの条件に応じて合わせて実施していくことが重要となります（図Ⅲ-7-1）．

　スポーツ現場においてコンディショニングを必要とする場面（運動後，運動の間，シーズン中，シーズン後など）はさまざまです．また前述のように競技種目によって運動内容（運動様式・形態，運動強度・時間など）や競技環境（暑熱・寒冷，水中，高所など）は異なります．スポーツの現場でよく用いられるストレッチやアイシングなどのコンディショニングの方法をとってみても，どの場面のどの条件にも万能な，共通の方法があるわけではなく，各条件・目的に効果的な方法を取捨選択することが必要です．そのためには，各条件の違いによって，どのようなコンディショニング方法がより効果的かを示す（検証する）研究結果が求められます．特に複数の要因が複雑に組み合わさっている状況も多いため，現場のニーズや状況を想定した，いわば現場の視点に立って，どのような課題を解決するために，どのような知見を明らかにしたい（得たい）のかを明確に持った研究成果が必要であります．体育・スポーツ分野におけるコンディショニングの実践研究は，まさしくそのニーズに合ったものであるといえるでしょう．

1. コンディショニングを対象とした実践研究の根幹となる実験デザイン

　現在，競技レベルの高度化，競技環境（施設・用具など）の変化，科学的トレーニングの導入などが進むとともに，運動を実施する対象（高齢者，子ども，障がい者など）や目的も多様化してきています．そのため，対象となる競技や運動によってコンディショニング内容もより細分化してきています．各競技によって求められる体力，起こりやすいスポーツ外傷・障害，身に着ける道具や環境などは異なり，さらには同じ競技だとしても近年ではジュニア選手とシニア選手との違いや男女差，競技の戦術等も異なっています．したがって，前述のように各条件の違いによって，どのような

『Condition』
状況：　健康状態・調子
状況を成功させるもの：　条件

『Conditioning』
ある目的を達成するために、対象に応じて必要と考えられるあらゆる要素をよりベストな状態にする（整える）こと

| ある目的 | スポーツ外傷・障害予防、ウォーミングアップ、テーピング　など |
| 対象に応じて | どの競技？　対象の競技レベルは？　環境は？　など |

科学的に

暗黙知（経験値）から形式知（数字や映像）へ他者が参考にできるように示す

図III-7-1　体育・スポーツ分野におけるコンディショニングを科学するとは

表III-7-1　何を現場に還元することを目的とした研究デザインであるのか

～現場で選手指導をする際に必要な科学的知見～
目的に見合ったコンディショニング指導する際のヒント

1. 誰をターゲットとしたものなのか（Who）
2. どの場面を想定したものなのか（When）
3. どの環境条件でおこなったものか（Where）
4. 何を狙いとした条件設定なのか（What）
5. その結果をどのように活用するのか（How）

表III-7-2　競技特性に該当する要素

1. 競技特有の体力
　→例：競技別の持久力要素の違い
2. 競技特有のスポーツ外傷・障害
　→例：外傷・障害の比率や男女の違い
3. 競技レベル
　→例：多方面からみた競技レベル別の違い
4. 競技ルール・運動条件設定
　→例：一連の競技の流れを想定した方法
5. 競技環境
　→例：どの季節を想定したものであるのか
6. 競技道具
　→例：着圧ウエアの有効性

コンディショニング方法がより効果的かを示す（検証する）研究結果が必要であり，各競技別でのあらゆる場面を想定した条件下での情報が求められます．

　コンディショニングは"ある目的を達成させるために必要なあらゆる要素を調整すること"であることを考えると，体育・スポーツ分野におけるコンディショニングを対象とした実践研究において最も重要視しなければならないことは，どのような状況や場面を想定した実験デザインであるかということです．つまり，その結果および知見を誰が，どの場面で，どのように活用するかをイメージできるよう考慮することであります（表III-7-1）．

　特に競技スポーツにおけるコンディショニングでは，競技によって求められる動作や体力要素が異なるため，各競技の特性にあわせた対応が必要になります．競技特性には表III-7-2に示すように，競技特有の体力・動作，スポーツ外傷・障害特性，ルール，環境・道具などのような，それぞれの競技が持つ特徴的な要素があります．したがって，群間および条件内での差を検証することを重きに置いた実験プロトコールではなく，どの現場を想定した研究であるのか，その結果をどのような現場へ還元できるかを考えなければなりません．

（1）競技特有の体力

　単にスタミナがない，持久力がないといっても，

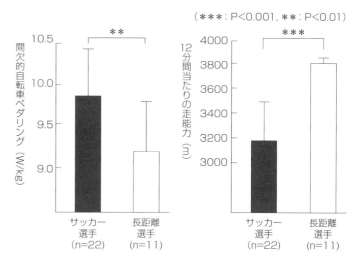

図III-7-2 サッカー選手と長距離選手における間欠的自転車ペダリングテストと12分間当たりの走能力の比較（山本正嘉，山本利春ら：自転車エルゴメーターの間欠的な全力運動時の発揮パワーによる無酸素，有酸素作業能力の間接的評価テスト．トレーニング科学，7（1）：37-44, 1995）

サッカー選手が持つ持久力と陸上競技の長距離選手が持つ持久力では，連続的に長時間走るという点では同じでも，一定の速度で走る陸上長距離選手と高速（ダッシュ）で走ったり，低速（ジョグ）で走ったりするサッカー選手とでは同じ性質の持久力能力とは考えにくいです．サッカー選手の競技特性から考えるとダッシュのようなハイパワー（無酸素性能力）を何度も繰り返すのできるような間欠的なハイパワーの持続能力が必要であると考えられます．

図III-7-2[1]は，サッカー選手と長距離選手との間で，間欠的ペダリングテストの持久力（ハイパワーの持続力：後半の発揮パワー）と12分間走テストの成績を比較したものです．サッカー選手は長距離選手に比べて間欠的ペダリングテストが有意に高く，逆に長距離選手はサッカー選手に比べて12分間走の成績が有意に高いことが見てとれます．間欠的ペダリングテストの後半の発揮パワーも12分間走成績も，いずれも最大酸素摂取量との有意な相関を持つので，これらの指標は持久力を示すという点では共通するものの，両者が示す持久力の性質は異なるであろうことが推測できます．各競技の競技特性に適応した特有の体力（ここでは持久的能力）を明確にしておくことは，各競技に合った体力測定法を選択したり，各競技に必要な持久力を向上させるためのトレーニングプログラムを作成する際のヒントを得ることが可能になります．

（2）競技特有のスポーツ外傷・障害

各競技種目においてどのようなスポーツ外傷・障害が生じやすいのか，またどのような原因が関係しているのかの実態を調査する研究は従来から数多く行われてきました．これらの調査の目的が各競技特有のスポーツ外傷・障害の実態把握だけでなく，どうすれば傷害の発症を予防できるかといった予防対策を考えることを目的とするならば，より精細な受傷機転や傷害発生に関与しうる様々な要因（受傷時の時期や状況など）を情報収集した上で，そのケガが起こった背景や改善すべき要因を考える必要があります．アスリートの傷害予防のためのコンディショニングの役割を担うアスレティックトレーナーやコンディショニングコーチは，各自が関わっている選手やチームのスポーツ外傷・障害の発生状況を精細に記録し，それをまとめることによって，発症に関わる身体的，社会的，環境的視点からケガの発生要因の傾向をつかみ傷害予防に役立てています[2]．

図III-7-3はシーズンを通した大学柔道女子選手のスポーツ外傷・障害記録によって膝関節靱帯損傷が多いことが明らかとなったため，その予防方法を検討し，ウォーミングアップの中にスポー

	膝関節靱帯損傷者	1週間当たりの膝関節靱帯損傷者(名)／W
傷害予防プログラム導入前（24W）	6名	0.25／W
傷害予防プログラム集団実施中（44W）	2名	0.05／W
傷害予防プログラム実施無し（2W）	2名	1.00／W
傷害予防プログラム個別実施中（24W）	5名	0.20／W

※個別実施中における受傷者は傷害予防プログラムを十分実施できていなかった．

女子柔道選手の膝関節外傷予防を目的としたウォーミングアップへの介入を実施した時の方が実施しない場合と比べて1週間あたりの膝関節靱帯損傷者が少なくなった．

図III-7-3 スポーツ外傷・障害記録と傷害予防を目的としたウォーミングアップ介入有無の比較（清水伸子，山本利春，笠原政志：大学女子柔道選手における膝関節靱帯損傷予防プログラム導入事例．千葉スポーツ医学研究会雑誌，9：15-18, 2012）

ツ傷害予防プログラムを取り入れた場合と取り入れなかった場合の傷害発生頻度を記録したものです．スポーツ傷害予防プログラムを実施している時期の1週間あたりの膝関節靱帯損傷者の割合は，他の時期に比べて最も低い結果となりました．このようにスポーツ外傷・障害記録と練習内容やコンディショニングの方法などを照らし合わせることによって，ケガの発生頻度の変化や特徴，そして予防効果の検証をすることも可能となります[3]．

(3) 競技ルール・運動条件設定

2000年当初に"運動前のスタティックストレッチングの実施は運動パフォーマンスを低下させる"というショッキングな研究成果が発表されました．ウォーミングアップの一環として，運動前にスタティックストレッチングを実施することはスポーツ現場において広く普及していただけに，このことは現場の指導者に大きなとまどいを与えました．しかしながら，この研究の実験方法を確認してみると，運動パフォーマンスは瞬発的な最大パワーであり，スタティックストレッチングをした直後に筋力測定や運動パフォーマンステストを実施した際の結果でした．

実際のスポーツ現場で考えれば，スタティックストレッチングをした直後に全力疾走や全力ジャンプのような全力運動をするという状況は想定しにくいでしょう．さらに，運動パフォーマンスといっても，陸上競技や球技系スポーツなどの最大パワーの発揮が必要とされる運動パフォーマンスと，ダンスや器械体操のような柔軟性の要素も求められる運動パフォーマンスとでは，その性質は異なります．仮に，最大パワーの発揮が求められる競技であったとしても，多くのスポーツ現場におけるウォーミングアップでは，スタティックストレッチングをした後に動的ストレッチや主運動に関連した動きづくり等の予備運動（野球でいえば，短い距離でのキャッチボール）を行ってから全力動作を実施することが慣例です（図III-7-4）[4]．さらにその研究ではストレッチングに1部位60秒間も実施するようなプロトコルになっており，これも実際の現場で実施されているストレッチングに比べると時間をかけ過ぎているといえます．

近年ではこういった懸念事項を踏まえて，ストレッチングが運動パフォーマンスに与える影響について過去の研究報告を整理・分析し，同一1部位30秒以内のスタティックストレッチングであれば，運動パフォーマンスを低下させることはないという見解が示されていますが，実際の現場とかけ離れた実験条件の研究報告をまことしやかにスポーツ現場に当てはめて一般論として伝えてしまう事例もあるため，十分に注意しなければなりません．研究結果を現場に応用するには，単にストレッチングの実施の有無だけでなく，実際の場面を想定し，実施の時間やタイミングなどの具体的な方法との関連性も十分に配慮してプロトコルを工夫することが大切です．そのようなアイディアを研究に落とし込み，現場に活かせる研究にすることが実践研究の醍醐味であります．

(4) 競技環境

暑熱環境下で激しい運動を行った場合，筋温や体温の過度な上昇が生じ，運動パフォーマンスは

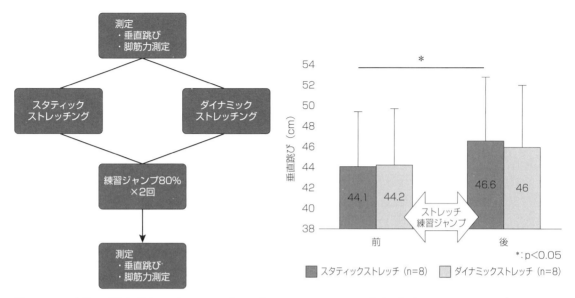

図III-7-4 実際の現場を想定したウォーミングアップにおけるストレッチングが運動パフォーマンスに及ぼす影響を検証したプロトコル（山本利春：スタティックストレッチングの利点を活用しよう．Training journal, 28（6）：16-19, 2006）

低下することが知られています．近年，その過度な筋温や体温の上昇を抑えながら競技を遂行することを課題とした，運動間の暑熱環境下におけるコンディショニングが注目されています．その方法の1つとして用いられているのが冷却（アイシングと呼ばれることが多い）であり，サッカーやラグビーなどの球技系競技ではハーフタイムで実施されることも多いでしょう．

この運動間の冷却の効果を競技場面に当てはめて検証実験する場合には，環境温や各選手の運動量，運動強度，運動後の冷却実施までのタイミング，次の運動までの時間など，筋温や体温を左右する条件に配慮することが必要です．筋温や体温の過度な上昇を抑制するために行う冷却によって，逆に筋温や体温を下げ過ぎてしまうと運動パフォーマンスを低下させたり，再びウォーミングアップを行う必要が生じてエネルギーを浪費してしまう可能性があるからです．

環境条件を変化させた場合における運動間の冷却実施の有無が運動パフォーマンスに及ぼす影響について検証した井上らの報告によると，暑熱環境下（33℃）での冷却効果は認められたものの，快適環境下（23℃）での冷却では逆に運動パフォーマンスを低下させてしまっています[5]．つまり，暑熱環境下においては体温上昇を抑制することを目的に冷却することは有用ですが，快適環境下では過度な体温上昇が生じていないため，冷却はむしろ逆効果になってしまうことを意味するものであります（図III-7-5）．

(5) コンディショニングツール

コンディショニングに関わるサポート用具（テーピング用具，サポーター・装具，着圧ウエア等）の利用実態や特徴，または効果を検証することも選手をサポートする上で重要な情報です．コンディショニングツールの特徴を知ることは，目的に応じて性質の異なる複数の用具から選択する際の情報を得たり，メリット，デメリットを知ることで各競技活動の場面に応じたより効果的な利用方法を知る手がかりになります．

近年スポーツ選手やスポーツ愛好家が広く利用している着圧ウエアは，保温だけでなく，血流（静脈還流）を促進して疲労を軽減したり，長時間の移動やデスクワークで生じる下肢のうっ血，む

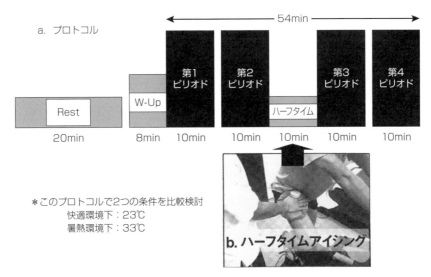

図III-7-5 バスケット競技を想定した暑熱環境下と快適環境下における運動間に行うアイシング効果の検討
（井上修平，山本正嘉：暑熱環境下と快適環境下における運動間の休息時に行うアイシング効果—長時間の間欠的運動を対象として．トレーニング科学，21（4）：357-368, 2009）

図III-7-6 バスでの長距離移動を想定した着圧ウエア着用有無での実験プロトコル．起床後すぐにパフォーマンス測定を行うのは現実的ではないため前日にパフォーマンステストを行い，同時に柔軟性も測定．その後夕食をとり就寝までの生活を制限した．
実験当日は起床後30分後に下腿体積と柔軟性を測定し，3時間の移動後と比較した．

くみの予防を目的としたコンディショニングに役立つとされています．そのような効果が得られるならば，試合会場までのバスや飛行機の長時間座りっぱなしの移動の際に活用することで，長時間移動による疲労感や運動パフォーマンスの低下に対する対策として有用と考えられます．

そこで我々は，試合時における通常あり得る移動時間（3時間）を想定して実際に車に乗って移動した際のコンディションや下車後の運動パフォーマンスの変化を着圧ウエア着用の有無による違いを調べました（図III-7-6）．その結果，むくみを評価する下腿体積は着圧ウエア着用なしよりも着用ありの方が有意に体積の増加が少なく，主観的にも疲労感が少なく動きやすいことがわか

表III-7-3 下腿着圧ウエア着用の有無における測定結果（山本利春：なぜ測定と評価をするのか（特集／測定と評価）．Training journal, 32（1）：12-15, 2010）

測定項目	下腿着圧ウエア 有 移動前後の変化値	下腿着圧ウエア 無 移動前後の変化値	有意差
足関節背屈可動域（自動）（°）	-1.4±4.5	-2.9±5.3	n.s
足関節背屈可動域（他動）（°）	-2.1±5.3	-1.4±3.6	n.s
ステッピングテスト（回）	-1.3±1.6	-0.9±1.2	n.s
RJ指数（m/s）	-0.27±0.2	-0.17±0.2	n.s
下腿体積（cc）	22.9±23.7	57.1±27.1	*
主観的疲労度（mm）	38.4±13.5	53.6±11.8	*

りました（表III-7-3）[6]．しかしながら，垂直跳び，リバウンドジャンプ，ステッピング測定においては有意な差はみられませんでした．

つまり，3時間の移動における下腿着圧ウエアの着用は，その後の瞬発的な運動パフォーマンスには影響を及ぼさないまでも，むくみや主観的な動きやすさに影響するということがわかりました．また，下腿用ではなく下肢全体用の着圧タイツだったら？瞬発的な運動ではなく代謝系に関与する運動への効果は？などの新たな疑問も湧きました．これらの情報は現場で活用する際の1つのヒントになるでしょう．

以上のように体育・スポーツ現場を想定した実験デザインは，先行研究が存在しないというオリジナリティのみが先行したものではなく，現場の疑問や関心を踏まえたニーズをベースとして，どのような対象や場面を想定し，結果をどのように活用できるかを考慮することが大切です．

2. コンディショニングを対象とした測定データの活用

よりよいコンディショニングを行うためには，疲労やケガ，長期間の運動中止などにより，日々変化するコンディションや体力要素を客観的に評価して把握する必要があります．そのためにも測定して得られたデータをどう活用するのかということが最も重要です．身体資源のコンディションの評価は，対象者の身体を様々な角度から精細に観察することで各自の身体資源の長所・短所を発見したり，傾向をつかむことで，対象者の特徴やトレーニングの課題を見つけ出す材料になり得ます．したがって，測定したデータを単に条件内もしくは条件間で統計学的に比較検討することだけではなく，少数や1例からの結果から読み取れること，あるいは，その選手の傾向や特徴を見出すこともコンディショニングを対象とした実践研究には重要な視点であります．

(1) 特定選手の特徴からみた体力特性分析

体育・スポーツ分野において，多くの者に共通して興味関心があることは，トップアスリートは何が優れているのだろうか？どこが他の選手と違うのだろうか？でしょう．これらの疑問に対して具体的で客観的な数値及び指標を示すことができれば多くのスポーツ選手やその関係者にとって有用な参考資料になります．

例えば体力測定データにおいても，ある特徴的な選手やチームを取り上げて，その選手やチームの結果と比べてどこに違いがあるのかを示すことで，共通的な競技特有の体力特性だけに限らず，特徴的な能力を持つ選手やチームの専門性を体力の視点からひも解く（分析する）ことが可能となり，トレーニング指導や体力強化おいて大いに参考になる知見を得ることができます．特に先行研究にトップアスリートの情報に関する報告が少ない競技においては，体力測定の事例報告を通じて選手の特徴を示すことには大きな価値があります．

図III-7-7は弓道選手の体力測定結果から東関

動的支持能力			体幹支持能力			脚伸展筋力左右差		
順位	氏名	指数	順位	氏名	秒	順位	氏名	%
1位	A	2.28	1位	B	230	1位	E	1.5
2位	B	2.55	2位	F	225	2位	B	7.2
3位	C	2.60	3位	E	213	3位	C	7.4
4位	D	3.21	4位	I	141	4位	D	12.4
5位	E	3.82	平均		135.7	5位	G	14.3
平均		3.88	5位	G	98	平均		14.8
6位	F	4.26	6位	A	86	6位	F	16.2
7位	G	4.35	7位	H	79	7位	H	21.6
8位	H	5.22	8位	D	77	8位	I	21.7
9位	I	6.66	9位	C	72	9位	A	30.5

図III-7-7 弓道競技レベルが高い選手Bをベースとしたグループ内分析（競技力が高い選手の特徴を探る）

東インカレで優勝した選手（優れた選手：B）の結果とそうでない選手を比較したものです．弓道には安定した姿勢支持能力が必要であるという弓道部監督との意見交換に基づいて実施した「体幹支持の能力を示す支持時間」，「脚筋力の左右差」，「動的姿勢支持能力」の測定をしてみると，優れた選手はどの項目においても上位を示していました．これらの結果をもとに指導者と話し合った結果，なにか1つが優れているのではなく，総合的な姿勢支持能力が優れていることが優れた選手の特徴であるのではないかと考えました．この結果を踏まえ，他の選手がそれぞれのウィークポイントを知ることができれば，競技力向上のための体力強化の参考になると思われます．

野球選手の野手にとってスイングスピードの速さは競技力を示す重要な要因の1つです．ではこのスイングスピードが速い選手は，競技レベルの高いステージで野球をすることができる（通用する）のでしょうか．我々は大学野球選手のバットスイングスピードを計測し，その結果をもとに大学卒業後も上位レベルのステージで野球をしている選手の特徴を調べてみると，135km/h以上の選手の多くがプロ野球，社会人野球等の上位レベルのステージに進み，野球を継続することができることになりました．つまり，大学以上の上位レベルで野球をするには，スイングスピードに限ってみると，135km/h以上が求められるということになります（表III-7-4)[7]．

表III-7-4 バットスイングスピード上位11名の大学卒業後の進路（笠原政志，山本利春，岩井美樹ら：大学野球選手のバットスイングスピードに影響を及ぼす因子．NSCAジャーナル，19（6）：14-18, 2012）

順位	バットスイングスピード(km/h)	握力(kg)	背筋力(kg)	大学卒業後
1	143.0	65.7	194.0	社会人野球
2	142.0	60.1	126.0	社会人野球
3	140.0	52.3	157.0	
4	140.0	42.5	160.0	クラブチーム
5	138.0	63.0	192.0	プロ野球
6	138.0	51.2	155.0	社会人野球
7	137.0	46.5	112.0	クラブチーム
8	136.0	44.8	116.0	
9	135.0	39.6	184.0	プロ野球
10	133.0	41.6	124.0	
10	133.0	50.2	195.0	
Ave.	137.7	50.7	155.9	
SD	3.3	8.9	32.4	

以上のように競技の中のトップアスリートは，その競技の中でも一握りであるため，従来の研究手法のように被験者としてある程度のN数を集めて平均値を求め，その特徴を導き出すことはトップアスリートの場合極めて困難です．だからこそ，ごくわずかなトップアスリートの特徴を示すだけ

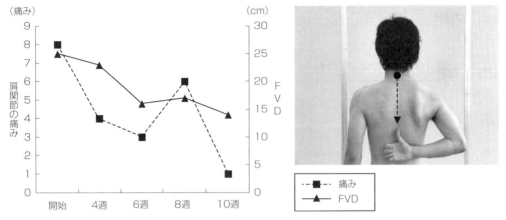

図III-7-8　肩関節柔軟性測定である指椎間距離（FVD）測定値と痛みとの関係の推移（笠原政志：第36回野球のコンディショニング科学．ベースボールクリニック，28（5）：56-57, 2017）

でも大変有意義であり，スポーツ現場に還元できる情報となります．

(2) 継続した測定結果から考える

体力測定やフィジカルチェックのように年に数回しかデータを得ることができない測定結果だけではなく，スポーツ現場で定期的に測定した結果を基に考察していくことも実践研究の1つです．これはスポーツ現場で選手と接点を持っているからこそできるものであり，ある時期の測定結果と選手のコンディションを比較したり，チームスポーツであればチーム全体のあるシーズン時の測定項目とその時のチームの競技成績や傷害発生状況などを比較したりすることも有用な情報（研究データ）になり得ます．

例えば，図III-7-8のように肩関節の柔軟性測定結果と肩の痛みのVisual Analog Scale（視覚的評価スケール：現在の痛みが10cmの直線上のどの位置にあるかを示す方法）を照らし合わせていくと，肩関節周囲の柔軟性が改善すると同時に肩の痛みのスケールは低下しているのがわかります[8]．つまり，本人の痛みのスケールと肩関節の柔軟性とを定期的にチェックすることで，肩関節の痛みの発生（起こりそうなコンディションであるか）を予測したり，あるいは選手の調子が良い時の肩関節の柔軟性の度合いはどれぐらいなのかを知る参考資料（情報を得る機会）となります．スポーツ現場で活動しているアスレティックトレーナーが行うべき日常的な選手のチェックにつながる実践研究の1つです．

スポーツ現場においては体脂肪率をはじめとした身体組成の測定を日常の体調管理として定期的に実施しているチームも多いでしょう．ただし，この身体組成の測定は簡便で手軽に測定できるために実施しているチームが多いものの，その良し悪しが競技力やスポーツ障害・外傷の予防にどのように関与するのかも理解しないまま活用している場合も少なくありません．

図III-7-9は某Jリーグチーム全員の選手を対象として1993年～97年のシーズンに年数回に渡り測定した体脂肪率のチーム平均値とチームの競技成績や状況などを照らし合わせたものです．図からもわかるように，チーム全体の体脂肪率が低い時にはチームの競技成績が比較的良い時期であるのに対して，オフ空けなどではチーム全体の体脂肪率が高くなっています[9]．サッカー競技は1試合に10km以上走ることが求められます．体脂肪はエネルギー源であり，衝撃吸収として必要不可欠な組織ではありますが，必要以上の体脂肪は身体への重りとなり，素早い動きの妨げとなります．

つまり，チーム全体の体脂肪率は運動量・活動量にも関係するとともに，体脂肪が少ないことが

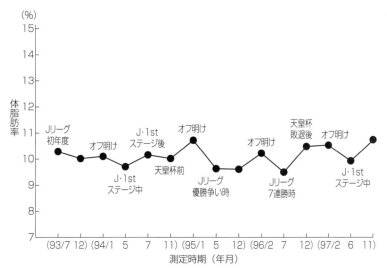

図III-7-9 某Jリーグチーム平均体脂肪率の変化（池田誠剛,山本利春,島村芳崇：コンディショニングの指標としての体脂肪率. サッカー医・科学研究18：133-136, 1998）

コンディションの良好さを少なからず反映しているといえます．体脂肪が少なければ体重移動の際の負担も軽くなり，いわゆる動きのキレがよくなるのではないかと推察することができます．このように，定期的に計測しているデータとチーム状況あるいは選手個々のコンディションとを比べることによって，選手やチームのコンディショニングのための情報収集が可能となり，それを整理して考察することも現場が求める実践研究の1つです．

（3）経験値や主観を客観値にする

コンディショニングに携わる者として，日々のコンディションを把握しながらより良いサポートをしていくことが必要にはなりますが，全てを数値化することは困難であり，そこにはこれまでの経験値およびその場面での主観が選手の状況を捉えていることも大いにあります．中村は「コーチの勘や経験を非科学的だと排斥するのは，科学者として取るべき態度ではない」と示し，指導者の経験値と主観の必要性について説いています[10]．

現場のコーチや監督が選手の動きを見て評価し指導することを考えてみると，客観的な数字で測定するよりも時に的確であることから，主観的な評価であっても，まとめようによっては科学的であり，客観的な数値よりも正しいこともあり得ます．測定機器を用いて客観的なデータを取ることだけが科学的研究ではなく，アンケート調査であっても監督やコーチがどのように感じているかを収集して整理して傾向をつかむことで客観的なデータになり得ます．

例えば経験豊富なトレーナーは臨床経験を基に相手に対して適切なストレッチング方法を選択しています．これを定量化することによって，測定評価だけでは計ることのできない現場の知恵（暗黙知）を客観的に（形式知）へ転換することが可能になります．我々はその発想から図III-7-10のように各部位のストレッチング方法を示し，その効果を10段階で評価するような質問を100名のトレーナーに対して行い，トレーナー自身の臨床経験に基づく目的別，部位別の各ストレッチング方法に対する有効性を調査しました[11]．これによって得られたデータをまとめたのが図III-7-11です．この調査によって得られた結果から作成したこのような資料は，有効なストレッチングの選択をする際の情報となり，トレーナーに指導を受

部位別選択用ストレッチ肢位用紙のストレッチ91種類の中から各部位で柔軟性改善により有効な(症状改善の効果を直接○をつけて下さい．使用頻度が高い)ストレッチ肢位を上位3つずつ選択して写真左上の数字を解答用紙にご記入下さい．

部位別 ストレッチ肢位選択（処方）回答用紙

所属先 ○○○○　　　氏名 ○○ ○○

ストレッチ実施部位	各部位 3つ選択					
肩・肩甲骨周辺	6	10	31			
上腕	12	18	27			
前腕	84	85	87			
胸部						
背中						
腰部						
臀部						
股関節周辺（臀部を除く）						
大腿前面						
大腿後面						
下腿後面						

各症状別回答用紙のストレッチ種目の有効性（症状改善の効果を実感している・使用頻度が高い）を写真の右にある効果スケールに○をつけて下さい．なお，効果スケールが4以下の場合は記入頂かなくて結構です．ただし，効果スケール5以上のものが1つもなかった場合は，効果スケール4以下の種目の中から上位3つの効果スケールを記入して下さい．

【効果スケール10の基準】
このストレッチの実施により，症状の改善に効果があると期待できると認識をしている．あるいは，効果を期待してよく処方する場合には10に○を記入して下さい．

【効果スケール5の基準】
このストレッチの実施により，症状の改善の度合いや原因にもよるが多くの又は，効果を期待すると認識している処方又は，効果を期待して時々処方する場合には5に○を記入して下さい．

【効果スケール0の基準】
このストレッチの実施により，症状の改善の効果を期待して処方することはほとんどない場合には0と○を記入することになります．

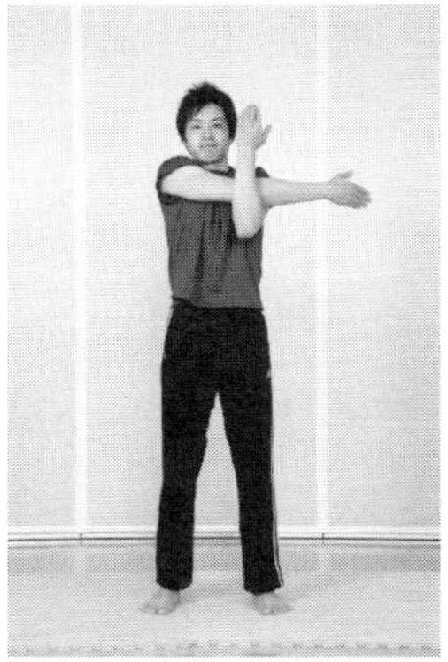

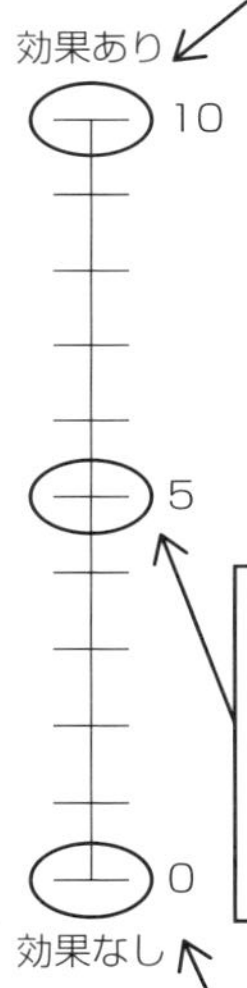

10段階効果スケール

図Ⅲ-7-10　トレーナーを対象としたストレッチング効果調査用紙（山本利春：コンディショニングに用いている手法―ストレッチング目的別・部位別の肢位選択―．臨床スポーツ医学増刊号28巻：232-239, 2011）

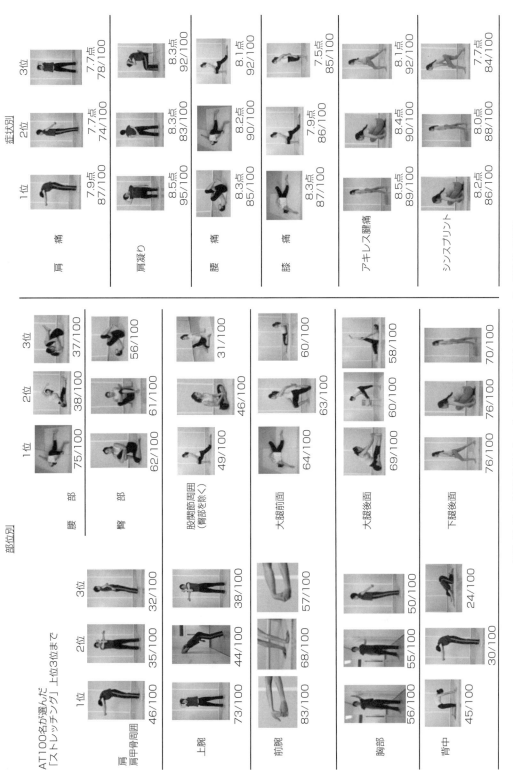

図III-7-11 100名のトレーナーによる有効なストレッチ肢位の評価

(山本利春：コンディショニングに用いる手法―ストレッチング目的別・部位別の肢位選択―. 臨床スポーツ医学増刊号28巻：232-239, 2011)

ける機会の少ない方々がストレッチを実施する際の参考になるでしょう．

コンディショニングに関わる指導者やスタッフの経験値や視点は有用な情報源であるため，経験値や主観を客観的に示すことも実践研究としての取り組むべき内容でしょう．

おわりに

スポーツ現場では，常にある方法や手段の効果を確認したかったり，より有効な方法を選択するための根拠を求めたりする場面が数多くあります[12,13]．そのためにはどのようなことを明らかにしなければいけないか，という課題が山のように存在するといえます．現場での視点や発想というのは，これを比べてみたいとか，確かめてみたいというモチベーションがあり，「現場が知りたがっていることを確かめる」ということが我々の実践研究の発想の基本になっています．自分たちが行っているコンディショニング手法や選手への教育指導を，裏づけをもってやるための根拠を求め，そのために必要なデータを得るために常に模索しています．

体育・スポーツ分野における研究は，その情報を活用してさらなるスポーツパフォーマンスを高めるきっかけとなり，指導者やアスレティックトレーナー等が指導および処方するトレーニングや練習の根拠となるためのものがより一層増えていくべきです．つまり，研究のための研究ではなく，体育・スポーツ現場において活用するための研究がもっと注目され，積極的に取り組みを推奨していくことが必要です．近年，各競技パフォーマンスの高度化および専門性が高くなるに伴い，個別性が重要視されています．だからこそ従来型の体育・スポーツ分野の研究のみならず，本稿で紹介したような現場発想型研究の発展を期待します．

[笠原　政志・山本　利春]

[参考文献]

1) 山本正嘉，山本利春ら：自転車エルゴメーターの間欠的な全力運動時の発揮パワーによる無酸素，有酸素作業能力の間接的評価テスト．トレーニング科学，7 (1)：37-44, 1995.
2) 砂川憲彦：スポーツ現場の傷害調査．ブックハウスHD, 2015.
3) 清水伸子，山本利春，笠原政志：大学女子柔道選手における膝関節靭帯損傷予防プログラム導入事例．千葉スポーツ医学研究会雑誌，9：15-18, 2012.
4) 山本利春：スタティックストレッチングの利点を活用しよう．Training journal, 28 (6)：16-19, 2006.
5) 井上修平，山本正嘉：暑熱環境下と快適環境下における運動間の休息時に行うアイシング効果—長時間の間欠的運動を対象として．トレーニング科学，21 (4)：357-368, 2009.
6) 山本利春，鶴田法人，笠原政志ら：遠征・移動時の長時間座位同一姿勢の際のコンディショニング．千葉スポーツ医学研究会雑誌，7：9-12, 2010.
7) 笠原政志，山本利春，岩井美樹ら：大学野球選手のバットスイングスピードに影響を及ぼす因子．NSCAジャーナル，19 (6)：14-18, 2012.
8) 笠原政志：第36回野球のコンディショニング科学．ベースボールクリニック28 (5)：56-57, 2017.
9) 池田誠剛，山本利春，島村芳崇：コンディショニングの指標としての体脂肪率．サッカー医・科学研究18：133-136, 1998.
10) 中村好男：経験や勘は科学ではないのだろうか．スポーツパフォーマンス研究，1：146-150, 2009.
11) 山本利春：コンディショニングに用いる手法—ストレッチング目的別・部位別の肢位選択—．臨床スポーツ医学増刊号28巻：232-239, 2011.
12) 山本利春：測定と評価—現場に活かすコンディショニングの科学—．ブックハウスHD, 2001.
13) 山本利春：なぜ測定と評価をするのか（特集／測定と評価）．Training journal, 32 (1)：12-15, 2010.

III部　実践研究の考え方と研究の進め方—応用編

8. 大学での体育教育を対象とした実践研究

1. 大学体育を対象とした実践研究のあり方・研究の進め方

(1) 大学体育の理念

「大学体育」とは，大学教育における体育（保健教育およびスポーツを含む）全般を指し，教養教育だけではなく，体育を専攻する学生の専門教育も対象となります．しかしながら本稿では，教養教育，すなわち一般学生を学習対象者とした「大学体育」に焦点を当て，論を進めることとします．

大学体育を対象とした研究のゴールは，「大学体育の目的」達成に寄与する研究といえます．そこで，大学体育の目的・理念について考えてみます．文部科学省の保健体育審議会[4]では，大学体育の基本的目標として，「学生の心身の調和的発達を促し，心身の不調に対応できる体力の養成を図ること，健康やスポーツに関する科学的理論に裏付けられた運動実践を行えるようにすること，さらにスポーツの文化的価値（教養としてのスポーツ，文化としてのスポーツ）についての理解を図ることを通じて，スポーツがその学生にとって生涯にわたって心身ともに豊かな生活を送るための糧となるよう，学生の体系的認識や実践力を育てること」と述べ，身心両面へのアプローチから「生涯スポーツ」につなげる目的と，合わせて「スポーツの文化的価値」についても言及し，スポーツとの関わり方を広くとらえているのが特徴です．

筑波大学の場合[14]でも（図III-8-1），大学体育の理念として「健やかな身体，豊かな心，逞し

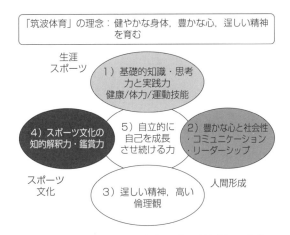

図III-8-1　筑波大学の大学体育（筑波体育）の理念との関係

い精神を育む」こととし，具体的な学習目標として，基礎的な健康・体力の意義の理解，スポーツ技術の習得，豊かな心と社会性の育成，逞しい精神と倫理観の涵養，スポーツ文化の知的解釈を掲げ，それらを包括して自立的に自己を成長させ続ける力の醸成を最終目標として，「生涯スポーツの実現」，「スポーツの文化的価値への気づき」，「スポーツを通した人間形成」の実現を目指しています．

(2) 本稿で取り上げる大学体育の目的：生涯スポーツ

本稿では，筆者の専門性（体力学）と客観的なデータ取得の平易性の観点から，スポーツ・運動実践，それらを通した健康や体力の恩恵を評価し，主に生涯スポーツの実現という目的にフォーカス

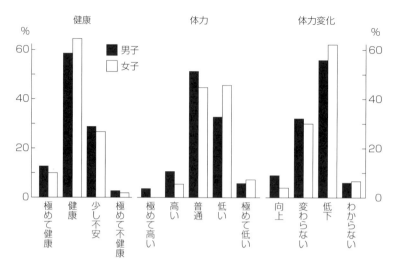

図III-8-2 大学新入生の健康・体力に関する自己評価（n=848）
（鍋倉，未発表資料）

した実践研究を紹介します．

生涯にわたる健康や体力が課題となるので，「一般の人（≠アスリート）の健康や体力に関わる研究」は全て「大学体育」の目的を達成するために有効な研究になり得るともいえます．一方，学習者である大学生の立場に立って考えてみると，「運動が健康や体力に対し，多大な恩恵をもたらす」ことは知識として理解できても，それが，現在の行動規範を変える動機付けになるとは思えません．すでに直接の健康問題や近い将来の不安を覚えている中高齢者に比べると，運動を始める動機として「健康」は，若くて十分に健康な大学生にとって，あまりにも現実離れしているといえます．筆者が大学教員になった26年前，先輩教員にいわれた「『健康へのアプローチ』は大学体育の存在意義にはならない」という痛烈な言葉を，今でもよく覚えています．

(3) 大学生を対象とする意義

大学生という年代は，2つの特徴を有します．1つは，社会人への助走期であり，自立が望まれる年齢期であること，そしてもう1つが，「加齢に伴って体力が低下する」という現象を初めて実感する年齢期でもあることです．特に後者について

ては，多くの大学生が中・高校生時代に比べて自分の体力が低下していることを生活の中で意識し始めます（図III-8-2：大学新入生の健康体力に関する自己評価）．

低下し始めた体力が，今後も同様の生活を続けるとどのようになるのか？近遠の将来を想像できれば，学生にとって運動を始める契機につながる絶好機ともいえます．現在の自分自身の体力や生活スタイルから数十年先の自分を想像する，そんなデータを示すことができれば，学生の危機感をあおることができるかもしれません．その意味で，大学生の現状を知らしめる研究の意義はあると考えています．本稿で紹介する実践研究は，26年前の先輩教員の提言に対する筆者なりの回答ともいえます．

2. 実践研究の具体例

ここで紹介する研究の多くは，学生たちの体力やライフスタイルの現状を把握し，彼らにその事実を突きつけ，自分の問題として認識させるための授業資料収集を目的に行ってきたものです．いずれも授業を通し，学生たちから得たデータを分析したものです．

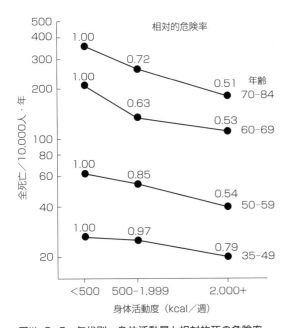

図III-8-3 年代別・身体活動量と相対的死の危険率
(Paffenbarger, R.S.Jr, Hyde, R.T., Wing, A.L., Hsieh, C.C.: Physical activity, all-cause mortality, and longevity of college alumni. New Engl. J. Med., 314: 605-613, 1986.を改変)

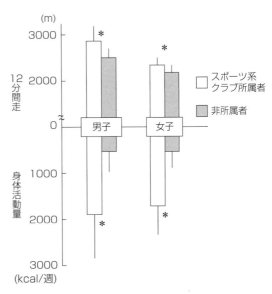

図III-8-4 大学生の身体活動量と持久力（n=239）
(鍋倉ら，1996)

(1) 現代学生の運動量と体力の関係

・背景：1980年代以降，大規模な疫学研究にスポットライトが当たりました．Paffenbergerら[17]は，米国の著名な大学卒業生を数十年にわたって追跡調査し，生活習慣病に及ぼす様々なリスクファクターを一連の疫学研究で明らかにしました．喫煙，血中コレステロール値，遺伝などの他に，運動習慣が重大な因子となることが判明し，運動量の少ない人ほど（図III-8-3），生活習慣病による死亡のリスクが増えることを明らかにした研究です．

彼らはこれらの研究を通し，1週間の総身体活動量が500kcal未満の生活スタイルを，重大な「危険因子」であると警鐘を鳴らしました．少し遅れて日本では，澤田ら[18]が同一企業に勤める社員を対象にした大規模，長期間の追跡研究によって生活習慣と健康リスクについてのエビデンスを精力的に報告しています．

・方法：そこで本研究では，授業を通して日常の身体活動量を増やすことの意義を説明したうえで，大学生の身体活動量を約11カ月にわたって把握し，体力や運動への意識変化などとの関係を検討しました[7,9]．

学生239名（男子149名，女子90名）に対し，毎週の身体活動を記録させ，4月から2月の間の運動量を評価しました．運動を日常生活以外の身体活動と定義し，スポーツはもちろん，重労働や長時間の歩行なども含め，活動内容とその行動時間を記入させることによって，週当たりの消費エネルギーと身体活動回数を求めました．

・結果と考察：その結果，スポーツ系のサークルに入っている学生57名（23.8％：男子42名，女子15名）を除くと，半数以上の学生の運動量は週に500kcal未満であり，多くの学生にとって体育が唯一の運動機会であることが明らかとなりました（図III-8-4）．特別な運動を行っていない学生は，すでに大学在学中の生活スタイルが，Paffenbergerら[17]の指摘するリスクある生活そのものだったのです．

また，週の運動量が大きい学生ほど持久力（12分間走テスト）が高い，という結果と同時に，授

業の初期（5月）と終期（2月）に行った12分間走テストの変化と週当たりの平均運動量から，体力レベル毎に群分けした体力の変化と運動量の関係性が明らかとなりました．すなわち，もともとの体力が低い学生は，わずかな運動量の増加でも体力の改善が認められ，反対に体力の高い学生がその体力を維持するためには，高い運動量が求められるということです．

・研究成果と留意点：この調査研究では，毎週のアンケートに自己記入させているため，日常の歩行や自転車通学などの運動量が反映しきれておらず，身体活動量を過小評価している可能性は高く，正確性や客観性に欠ける部分はあるかもしれません．また，調査対象となった学生には，授業で「Paffenbergerら[17]の研究成果」を紹介したうえで，日常生活の運動を増やすよう呼び掛けています．その点で実態を明らかにする研究として，すでにバイアスがかかっています．

しかし，この調査は研究というよりも，学生への教育資料を得ることが第1の目的でした．すなわち，1）学生自身に自らの現状を知ってもらうこと，2）自ら運動不足に気づき，運動実践への行動変容に結びつけて欲しい，というものです．ここで得られた成果は，それ以降の授業で活用され，その時々の学生自身の運動量と比較する基準となっています．

（2）現代学生の歩行量とそれに関連する要因

同様に，歩数計による歩行量調査をした結果を次に紹介します[12]．

・方法：対象者は，筑波大学の学生（以下，筑波大生）323名（男子177名および女子140名，性別不明6名）で，いずれも一般体育の授業時に，研究目的を説明した上で調査協力を依頼しました．対象者のうち，体育系のサークルに所属している者，あるいは週に2日以上の運動習慣がある者を運動群（100名）とし，それ以外を調査対象群（223名）としました．

詳細な歩行量の分析については，定期的な運動習慣のない調査対象群について行い，同時に筑波

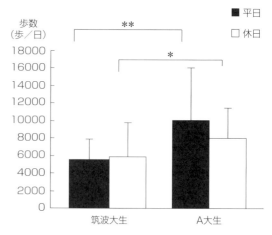

図III-8-5　筑波大生とA大生の歩行数（鍋倉賢治，尾嶋希実子，吉岡利貢，中垣浩平：大学体育研究，27：3-11, 2005.）

大とは異なる生活環境（政令指定都市の中心地に所在）を有すると考えられる国立A大学の学生（以下，A大生）32名（男子10名および女子21名，性別不明1名）についても同様の手順で調査しました．なお，両大学の学力レベルはほぼ同等と考えられます．

調査はいずれも2004年9月〜10月の期間に行い，歩数計を配布した翌日から原則として連続した6日間（起床時から就寝時まで）の歩数を計測しました．各対象者の基礎歩行量として6日間の平均歩数（1日あたり，以下同様），平日の平均歩数および休日の平均歩数をそれぞれ算出し，球技などのスポーツを行う際には，原則として歩数計をはずし，スポーツの内容と実施時間を記録用紙に記入させました．

その他に，ライフスタイルや健康・体力に関する意識や行動についてアンケート調査，対象者の体力指標として，4〜5月に体育授業で行った体力測定テストの結果から，BMI，体脂肪率および12分間走を用い，歩数との関係を検討しました．

・結果と考察：図III-8-5に筑波大とA大学の学生の1日の平均歩数を比較しました．A大生の平均歩数は，平日では10,082歩となり10,000歩を超え，休日でも8,012歩と，平日および休日のいずれも筑波大生（平日：5,559歩および休日：5,871歩）

と比べて有意に高い値となりました．また筑波大生の歩数は，平日よりも休日の方が多かったのに対して，A大生の歩数は，休日よりも平日の方が多い傾向が認められました．

　筑波大の学生は，おおよそ日本人の平均値に照らすと，男子は70代，女子は60代の歩行量に相当します．A大生は筑波大生に比べて平日では2倍近く歩いており，この大部分は通学に関わる歩行と考えられます．すなわち，A大生の自宅通学者は50％に上り（筑波大生は9.0％），通学時間では筑波大生より長く，バスや電車などの公共交通機関を利用する学生が半数近くに上りました．

　さらに，筑波大の調査対象者の学生について，歩行量におよぼす通学以外の影響要因を検討したところ（図III-8-6），スポーツ・運動が好きな学生ほど，歩行数が増えるという正の関係がありました．その他に生活リズムが規則正しい，生活が前向き，勉学・研究に前向き，友人が多い学生ほど歩行数は増える傾向にあり，その反対にTV・パソコンの使用時間が長いほど歩行数が減るという負の関係が認められました．また体力との関係では，持久力レベルの高い者ほど歩数が多くなり，その他，体脂肪率，BMIなどとは明らかな関係は認められませんでした．総じて，研究，生活に意欲ある学生はよく歩き，体力も高いといえます．

・**研究成果と留意点**：以上のように高齢者に匹敵する極端に歩かない生活スタイルは，筑波大の学生だけではなく，学校・職場と居住地が隣接していたり，あるいは自家用車が通勤・通学の主な手段であるような地方大学，あるいは地方の職場などに共通した課題といえます．

（3）激しいトレーニング習慣は24時間の総心拍動数を増加させるか？

　健康という観点でよく指標にされる「長寿」を題材に学生への運動意欲につながる研究ができないかと考えて，次のような研究を行いました．
・**背景**：生物学の分野では，様々な動物のサイズ（体重など）とその生理現象に一定（4分の1乗）の関係があることが知られており，これはアロメ

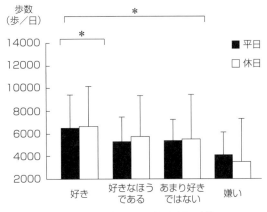

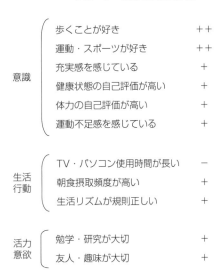

図III-8-6　歩行量におよぼす影響因子（鍋倉賢治，尾嶋希実子，吉岡利貢，中垣浩平：大学体育研究，27：3-11, 2005.）

トリーと呼ばれています[5]．例えば，体重の異なる種々の動物の心拍数を調べてみると，1回の心拍動周期は，いずれの動物間で比較しても体重の4分の1乗に比例し，同様に寿命と体重にも同じ関係があることから，心拍数と寿命は一定の関係となり，ヒトを含めて種の違いによらず，動物の心臓は一生の間にある一定の回数を拍動すると考えられています[3,5]．一方，スポーツ選手は一般健常者よりも短命であるという報告[16]もあり，この原因の1つとして，運動中に過剰に心拍数が高まることから，1日の拍動数が結果的に増加し，

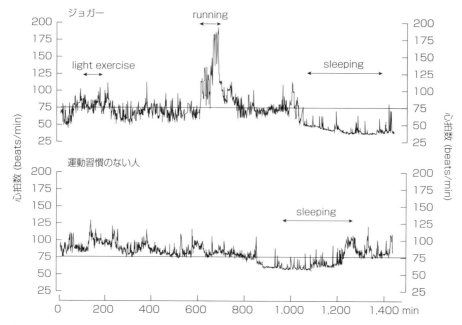

図III-8-7　1日の心拍数の推移(鍋倉賢治,三本木温,佐伯徹郎,鈴木　淳:大学体育研究,21:1-10,1999.)

短命になるとの指摘があります.

　過度な運動が身体に及ぼす弊害については,様々な調査研究で明らかにされており,特に競技スポーツにおいては,心身に重篤な障害や疾病をもたらす場合もあり,一般健常者の過剰な健康志向に警鐘を鳴らしています.一般の人の健康に及ぼす疫学調査でも,運動習慣の継続による様々な健康に関する恩恵や長寿をもたらす沢山の報告がある一方で,運動のやり過ぎによって最適効果を逸脱するという報告もあります[19].

・**方法**:そこで,運動群として,陸上競技部の学生ランナーとジョギング愛好者,対照群として運動習慣のない人に対して,心拍数を24時間連続して2日間計測しました.運動群については,トレーニング量の多い日と少ない日の2日間について計測しています.

・**結果と考察**:図III-8-7は,24時間の心拍数の変動の典型例を示しています[11].上はジョギング愛好者で,下が運動習慣のない人の例です.ジョガーにおいては,軽運動やランニング時に心拍数が上がっていますが,全般に日常生活時間帯は低く推移し,特に睡眠時にはかなり低くなっていることがわかります.一方,運動習慣のない人では,生活の中で心拍数が高くなるようなイベントは少ない代わりに,日常生活中の心拍数や睡眠時の徐脈は,運動している人よりも高いものでした.

　ランナー群,ジョガー群とも対照群にはない運動時の心拍数が加わりますが,24時間の大半を占める日常生活,睡眠中の心拍数が低いので,1日の総心拍数は有意に低くなりました(図III-8-8).

　もしある一定の心拍数に達すると寿命が尽きるという説が正しければ[3,5,20],1日の平均心拍数から寿命が予測できることになります(図III-8-9).例えば,心拍数のリミットが25億回と仮定すると,ジョガーの1日の平均心拍数(69.5拍／分)であれば,寿命は68.4年(25億拍÷365日÷24時間÷60分÷平均心拍数)となります.ランナーになると,平均心拍数はさらに低くなり,その分寿命が延びる(73.6年)ことになります.

・**研究成果と留意点**:今,運動していない人でも,運動習慣ができ心臓が機能的・形態的に改善

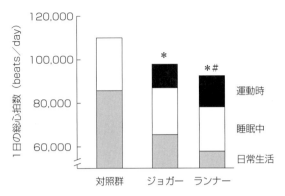

図III-8-8　1日の総心拍数の比較（鍋倉賢治，三本木温，佐伯徹郎，鈴木　淳：大学体育研究，21：1-10, 1999.）
平均心拍数（拍/分）：ランナー（64.6），ジョガー（69.5），対照群（78.9）

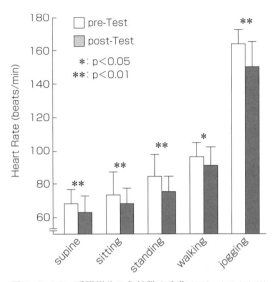

図III-8-10　受講学生の心拍数の変化（鍋倉，未発表資料）

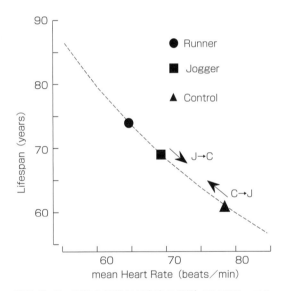

図III-8-9　平均心拍数から寿命の予測（鍋倉賢治，三本木温，佐伯徹郎，鈴木　淳：大学体育研究，21：1-10, 1999.）
生涯総心拍動数を25億拍と仮定

されれば平均心拍数は下がることが期待され，それに伴い寿命も延長され（C→J），その反対に運動している人が運動をやめてしまうと，安静時の心拍数は上がって短命になって（J→C）しまうかもしれません（図III-8-9）．寿命は様々な要因に影響され，このことだけが大きな決定因子になることはないでしょう．

しかし，心拍動を調整している心臓自律神経の働きを考えれば，ストレスとして身体に影響する可能性は否定できず，不活動な生活によって心臓にかえって負荷をかけている，ということは容易に想像ができます．安静時心拍数の高低が寿命にも影響する，となれば，学生に現在の自分の日常生活を振り返らせ，安静時心拍数と合わせてデータを突き付けることで，運動不足の弊害について理解を促すのではないでしょうか．

（4）半年間の授業で心拍数は変わるのか

上記の研究成果と合わせて，運動習慣を構築できれば，脈拍は意外に減少するということも合わせて実証しようと試みたのが次の成果です．

・結果と考察：授業初期（5月）と終期（2月）で比較しました．仰臥位，座位，立位，それからウォーキングとジョギング時の心拍数を比較し，いずれも低下しています（図III-8-10）．

この間の身体活動量の調査から，授業を受ける以前に比べて運動量が増えた群（運動群）と，増えなかった群（コントロール群）に分けて比較しました（図III-8-11）．運動が増えなかったコントロール群には，もともと運動をしている人も含まれるので，コントロール群が運動をしていない人というわけではありません．こうして比較する

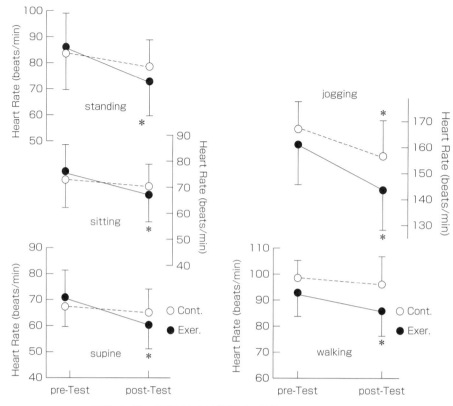

図III-8-11　運動量と心拍数低下の関係（鍋倉，未発表資料）

と，運動量が増えた人ほど，いずれの状態においても脈拍が低くなる傾向にあることが明らかとなりました．

・研究成果と留意点：実際に，授業で触発され，意を決して運動習慣を獲得した学生の中には，半年程度で劇的に安静時の心拍数が低くなる学生もいます．このことから，毎回の授業時に脈拍測定を継続していくだけでも，学生に運動の効果を実感してもらうことが可能といえます．

(5) 運動習慣の獲得による自尊感情の醸成

・背景（授業概要）：最後に，筑波大学で1992年から開講している自由科目・体育「つくばマラソン」のデータから，学生の内面的・精神的な効果について紹介します．「つくばマラソン大会」は，毎年11月末に開催されます．したがって，4月に授業をはじめ，11月末のマラソン本番まで約半年間の準備期間があり，この間に学生は，講義と実技の双方からマラソンを深く学び，実践していくことになります．授業は学生たちの熱意もあり，毎年160名の学生が履修する大型授業となっており，これまでに述べ2,500名以上の学生がマラソンを走りました[8,10,13]．

学生たちは半年間，未知の運動（距離）であるマラソン完走を目標に，徐々に身体を鍛えていきます．毎年の完走率は平均95％ぐらいで，そのうち歩かず完走できるのが70％弱です．目標を達成する学生がいる傍ら，マラソンの厳しさを身をもって味わう学生も多く，目標を定めて半年も準備してきたことによる身体と心の成長と，それにもかかわらず，本番で痛い目に会うという不条理を学生は経験することになります．レポートや授業後のアンケートなどを見るにつけ，体力（持久力）の向上以上に，学生には大いなる内面的，

図III-8-12 マラソン終了後の学生の声（鍋倉賢治：ランニングの世界，8：50-59, 2009.）

心の成長が見受けられます（図III-8-12）．
・方法：そんな学生の内面的な変化を客観的に捉えるため，自己効力感，自尊感情尺度の変化を調査してみました．4月の授業開始時，9月の2学期開始時，11月末のフルマラソンの直前とレース後に同じ調査を行いました．
・結果と考察：その結果，それらの指標はレースが終わってから高まるのではなく，レース前に既に著しく高まっていることが分かりました（図III-8-13A）[2]．さらにもう少し事後（レースの2カ月後）まで追跡したところ，興味深いことに，けがなどによってレースに出場できなかった者だけ，一度高まった自己効力感は2カ月後には下がってしまうことが分かりました（図III-8-13B）[1]．

これらの結果から，半年間目標に向かってトレーニングや生活習慣を変えて過ごすこと（スポーツの生活化）自体が，学生の自尊感情や自己効力感を大いに高めているということ，また，例えレースに失敗してもこれらの感情は低下しないけれど，レースに出られなかった者は低下してしまうということなどが明らかになりました．
・研究成果と留意点：これらの結果を受けて，マラソン本番に頑張るだけではなく，むしろレースに向けてトレーニング（準備）をしていくことの大切さ，かつ，オーバーワークなどで怪我することのないよう，留意し授業を進めていく必要があることが明らかとなり，授業を展開していく上で大いに参考になっています．

3. 大学体育における実践研究をするうえの課題

上に挙げた研究は，いずれも研究方法論的には多くの欠陥があります．データ収集の妥当性については，先に触れました．対照となるようなコントロール群を作りづらい，作れたとしても盲検法や無作為化比較試験などの実験手続きを取りにくいなどの問題もあり，研究方法論がバイアスを生み出している点は研究として無視できないかも知れません．しかし，学生自身（あるいは数年前の先輩）のデータは，他の優れた研究結果よりも説得力があり，ここに授業研究の意義や価値があると実感しています．

現在，健康に関する調査研究は，高齢者にフォーカスが当たり，体力を高めるトレーニング方法論の多くは，アスリート志向の研究です．そういっ

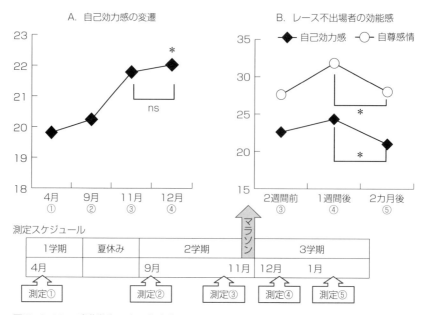

図III-8-13 受講学生の内面的変化（鍋倉賢治：ランニングの世界，8：50-59, 2009.）
図A（堀出知里，岩山海渡，諏訪春樹，吉岡利貢，諸岡佳代，細川孝博，鍋倉賢治：第20回ランニング学会，群馬大学，2008.）：2006，2007年の受講生325名の内，全データの揃った42名
図B（岩山海渡，鍋倉賢治，遠藤知里：ランニング学研究，24：61-62, 2013.）：2011年の受講生の内，出場できなかった6名．

```
➢ トップアスリートではない一般青年のデータ収集
   ◆ 身体活動量∝効果（×）
   ・過負荷の弊害
   ・最大下能力の有用性
➢ 生涯スポーツの方法論（Know How）
   ◆ アスリート ≠ 一般人
➢ スポーツの価値への気づき
   ◆ エリート教育：自由と自律
   ◆ 教養教育としての存在価値
```

図III-8-14 「大学体育」を研究する価値（体力学）

た中で，数十年後に高齢者となる大学生にフォーカスし，彼らの生活スタイルの実態を明らかにし，警鐘を鳴らしていく研究は社会的にも意義があります．また，大学体育がエリート教育に相応しい教養教育の1つになり得ることを証明していくためにも，大学体育の授業成果を地道に蓄積していくことが不可欠でしょう（図III-8-14）．

そういった意味で，「研究」としてのクオリティはともかく，授業の中で様々なデータを「学生たちが自分で」取得していくことは重要で，それをまとめることが実践研究になり，学生だけではなく，教育，指導に関わる我々にとっても授業改善のための大きな財産（FD）になります（図III-8-15）．

最後に，今後考えていくべき課題として研究手続き上の課題と，本質的な課題について指摘しておきたいと思います．

研究手続きの課題は，研究倫理に関する点です．研究という名目である以上，倫理的な手続きは必要不可欠です．しかしながら授業の中でデータを取得するとなると，協力する学生の任意性の確保など，授業研究に応じた倫理的なルールを作成する必要がありそうです．また，研究に比重を傾けすぎると，肝心の教育が疎かになりかねず，授業としての倫理感にも留意する必要があります．

目的	・FD（授業改善，授業資料） ・学生の教育指針 ・大学体育の存在意義の証明
前提	・授業を対象とする研究の場合，授業目的（学習目標）の明確化
研究	・まずは，自分の専門分野でアプローチ ・客観的なデータを授業中に収集 ・授業前後（pre／post）のチェック（評価）
授業	・「授業FD」を第一の目的とする ・セルフチェックの活用（学生へのフィードバック） ・継続したチェックによる効能感と意欲

図III-8-15　「大学体育」をいかに研究するか

　本質的な課題については，2つの点を挙げたいと思います．大学体育の目的（ゴール）として，生涯にわたる影響を検討する必要性です．教育の成果を検討する上では，大学時代の活動（大学体育）が，その後の人生にどのような影響をもたらすか，卒業後の長期間にわたる追跡調査をすることで，その一端を明らかにできるのではないでしょうか[15]．

　さらに大学体育のもう1つの目的である，「スポーツの文化的価値」への教育効果の評価の実現です．これについては，筆者の専門外のテーマではありますが，「健康や体力」，「運動実践」などのように数値で評価しやすい能力とは異なる指標を，適切な方法論で評価し，明らかにしていく必要があります．

　以上に挙げた課題を，大学体育に携わる教員・研究者で共有でき，大学体育のさらなる充実を図れればと思います．

[鍋倉　賢治]

[参考文献]
1) 岩山海渡，鍋倉賢治，遠藤知里：授業「つくばマラソン」受講生のフルマラソン挑戦過程における心理的変化．ランニング学研究，24：61-62，2013．
2) 堀出知里，岩山海渡，諏訪春樹，吉岡利貢，諸岡佳代，細川孝博，鍋倉賢治：授業「つくばマラソン」の教育効果に関する探究的研究．第20回ランニング学会，群馬大学，2008．
3) Livingstone, S.D., Kuehm, L.A.: Similarity in the number of lifespan heartbeats among non-hibernating homeothermic animals. Aviat. Space Environ. Med., 50: 1037-1039, 1979.
4) 文部科学省（平成9年）：生涯にわたる心身の健康の保持増進のための今後の健康に関する教育及びスポーツの振興の在り方について（保健体育審議会），文部科学省HP．
5) 本川達雄：ゾウの時間ネズミの時間．中央公論社，1995．
6) 鍋倉賢治：わたしの講義―体育で何を教えるか？―．筑波フォーラム，40: 103-105, 1995．
7) 鍋倉賢治，布目靖則：正課体育「ジョグ＆ウォーク」の成果に関する一考察―身体活動状況，全身持久力と意識変化―．大学体育研究，18: 7-19, 1996．
8) 鍋倉賢治，永井　純，斉藤慎一，宮下　憲，白木　仁，大木昭一郎：自由科目「つくばマラソン」の授業報告（1）．大学体育研究，18: 59-75, 1996．
9) 鍋倉賢治：大学生の身体活動状況と全身持久力との関係．筑波大学体育科学系紀要，19: 159-166, 1996．
10) 鍋倉賢治，三本木温，佐伯徹郎，中垣内真樹，山本泰明：自由科目「つくばマラソン」の授業報告（2）―体力テストの結果について―．大学体育研究，19: 47-56, 1997．
11) 鍋倉賢治，三本木温，佐伯徹郎，鈴木　淳：激しいトレーニング習慣は24時間の総心拍動数を増加させるか？．大学体育研究，21: 1-10, 1999．
12) 鍋倉賢治，尾嶋希実子，吉岡利貢，中垣浩平：歩行量からみた筑波大学生の身体活動量～「学・食・住」隣接で歩かない筑波大生～．大学体育研究，27: 3-11, 2005．
13) 鍋倉賢治：一般学生はなぜ走るのか？～普通の学生がランナーに．ランニングの世界，8: 50-59, 2009．
14) 鍋倉賢治，遠藤卓郎，大高敏弘，進藤正雄，嵯峨　寿，松元　剛，谷川　聡，福田　崇，吉岡利貢，武田丈太郎，村瀬陽介，山田永子，宮下　憲：我が国の「大学体育」の基本理念とカリキュラム．大学体育研究，34: 59-64, 2012．

15) 鍋山隆弘, 富川理充, 吉岡利貢, 鍋倉賢治, 宮下 憲：大学体育実技の授業に関する卒業生の満足度—T大学の卒業生を対象として—. 大学体育研究, 33: 21-30, 2011.
16) 大沢清二：スポーツと寿命. 朝倉書店, 1998.
17) Paffenbarger, R.S.Jr, Hyde, R.T., Wing, A.L., Hsieh, C.C.: Physical activity, all-cause mortality, and longevity of college alumni. New Engl. J. Med., 314: 605-613, 1986.
18) 澤田 亨：東京ガス・スタディ. 運動疫学研究, 13: 151-159, 2011.
19) Schnohr, P., Marott, J.L., Lange, P., Jensen, G.B.: Longevity in male and female joggers: The Copenhagen city heart study. Am. J. Epidomiol., 177: 683-689, 2013.
20) 山地啓司：寿命は心拍数の多少によって決まる. 心臓とスポーツ. 共立出版, pp211-218, 1982.

IV部 論文の具体的な書き方

1. 論文の書き方

　本書では実践研究のあり方について，従来型の科学研究とも対比させながら考えることを目的としています．ここでは実践研究における論文の書き方について，この趣旨に沿って考えていきます．

　I部2の図I-2-19（p26）に示したように，実践研究の論文にはいくつかのジャンルがありますが，その大きな柱となるのは事例研究と実証研究です．このうち後者の方は，従来型の科学論文と同じ形式で書くことができます．一方で前者はこれとは書き方が異なり，一筋縄ではいかないところがあります．

　ただし事例研究の論文を書く場合でも，その基礎として従来型の科学論文の書き方を理解しておくことは必須です．論文が満たすべき条件が全て押さえられ，書く形式にも定型があるので，それをマスターしておけば事例研究への応用もできるからです．

　そこで本章の前半では，スポーツ科学やトレーニング科学など，自然科学の手法を活用して行う従来型の実証研究を念頭に置いて，論文の書き方を考えます（山本が執筆）．後半では事例研究を念頭に置いて，実践研究に独特な論文の書き方を紹介します（髙橋が執筆）．読者対象は，おおよそ学部4年生から修士課程の学生を想定しています．

A 実証研究の論文を書く
1. 実証研究とは

　実証研究では，自分が興味を持っているテーマについて，ある仮説（予測）を立て，それを検証し，当初の仮説に対する答えを得ることを目的とします．論文とは，その流れを他人にわかりやすく説明するものです．

　実証研究に限りませんが，研究というのは自分が「納得」するための作業です．そして論文とは，他人を「説得」するための作業です．前者は自分本位の作業，後者は他人本位の作業といういい方もできます．つまり，研究をすることと論文を書くことでは，違うスキルが求められるのです．

　研究は好きだが論文を書くのは苦手という人は，前者のスキルは持っているが，後者のスキルには乏しいということです．よい研究をすれば，自動的によい論文が書けるわけではないことに注意してください．スポーツの技術を習得するには反復練習が必要なことと同様，論文を書く能力も書く努力を絶えずしていないと上達しません．

　よい論文を書くには，自分の文章がどう受け取られるかについて，読み手の立場に立って的確に想像する能力（メタ認知能力）が要求されます．また読者といっても，まずは指導教員や共同研究者など身内の人（A），次には論文を査読する人（B），そして最終的には論文が公表された際の不特定多数の読者（C）という，様々な階層があります．

　A～Cの読者があなたの論文を読んだ時に，どう受け取るのかという想像をしつつ，自分の意図を上手に伝えるための文章表現力が問われます．平たくいえば，多様な読者に理解してもらうための徹底したサービス精神と，実際に大きな努力が必要です．

2. 論文の作法と流儀

　研究者が取り組むテーマは百人百様です．そこで得られた成果を論文化する際に，百人百様のやり方で書かれたら，読者は困ります．そこで，他の人に理解してもらいやすい論文の形式が，長い年月をかけて形成されてきました．その形式にあてはめて書けば，書き手にとって書きやすいだけでなく，読み手にとっても読みやすくなる，という二重のメリットが生じます．

　表IV-1-1は，論文の基本構造を示したものです．まず「研究題目」という全体を貫くテーマがあります．その下に「研究目的」「研究方法」「結果」「考察」「まとめ」というパートがあります．この基本構造の下にはさらに，誰もが遵守すべき暗黙のルール（作法）があり，さらにその下には各人で異なる書き方の好みの問題（流儀）もあります．

　作法というのは，たとえば「図の説明は図の下に書く，表の説明は表の上に書く」といった約束事のことです．これを守らなくても文章の中身は変わりません．しかし研究者がそれを読めば「素人がやった研究だな」と判断され，その研究全体の信憑性も疑われてしまう可能性があります．

　流儀とは，個々の研究者が持っている約束事です．たとえば論述の際に，同じ内容に関する話をしている限り改行はすべきでないと考え，1つのパラグラフを20行，30行と長く続けて書く人がいます．一方で私は，そのような場合でも1行を40字として6～8行程度で改行した方が，読者に読みやすい文章が書けると考えています．

　流儀の次元になるとどちらが正しいとは決められず，好みの問題ということになります．ただし本章では，あえて私の流儀も含めて解説しています（この文章もその流儀にしたがって書いています）．あらゆる人の流儀に反しない書き方をすれば，平板な内容になってしまうからです．したがって，ここに書いたことを全て遵守する必要はなく，役立つ部分を参考にしてください．

表IV-1-1　論文の構造
論文には一定の構造がある．それを踏まえて書くことで，著者も書きやすくなり，読者も理解しやすくなる．

研究題目：あなたの研究で取り組んだ内容を簡潔に示す
I. 研究目的：あなたの研究の仮説を提示する
II. 研究方法：その仮説をどのように検証しようとしたかの手順を示す
III. 結果：検証で得られた結果（事実のみ）を書く
IV. 考察：得られた結果（事実）をもとに，先行研究（既成の事実）も用いて裏打ちをしながら，自分の「意見」を説得的に書いていく．そして最終的に，冒頭で提示した仮説に対して，どのような答えが得られたかを書く
V. まとめ：仮説に対する答えを中心に，研究の概要を示す

3.「研究目的」の書き方

　卒業論文や修士論文の発表会などではしばしば，「あなたのオリジナリティ（新規性）とは何ですか？」という質問が出されます．誰かがすでにやっていることと同じ研究をしても，新規性がないと判断されて価値は認めてもらえません．また，新規性がありそうに思えても，過去に行われた研究に対しての位置づけが不明瞭だと，価値の有無が判断できません．

　研究とは，先人たちが過去，大きな努力を払って積み上げた研究成果を踏まえた上で，残されている未知の（そして重要な）部分を見いだし，それをあなたが解明することによって，その分野に貢献することが目的です．そして「研究目的」のパートとは，過去の研究を踏まえつつ，自分が行った研究の新規性を，読み手に理解してもらう所です．そのためには「起承転結」の流れに沿って説明するのが効果的です．

　表IV-1-2は，これをもう少し具体的に示したものです．「起」では，あなたがどの分野でどのような問題に取り組んだのかを示します．「承」ではその問題に関して，これまでにどのような研究が行われ，どこまでが解明されているのかを，先行研究を引用しながら紹介します．「転」では，これまでの研究では解明できていない部分を指摘します．「結」では，その未知の部分に，どのようなやり方で取り組むのか，ということを宣言します．

表IV-1-2 「研究目的」の書き方．起承転結の流れに沿って研究の意義を説明することで，読者の理解が得られやすくなる．

＜研究目的＞
（起）どのような問題に取り組もうとしているのかを提示する
　　□の問題について研究することは，・・・という点で重要である．
（承）その問題について，すでにわかっていることを紹介する
　　この問題について，これまで○の部分までは明らかになっている．→過去の主な先行研究を紹介する
（転）まだわかっていないことを指摘する
　　しかし△の部分については，（重要な問題であるにもかかわらず）研究が少なく，十分に明らかにされていない．→先行研究の限界を示す
（結）本研究で明らかにしたいことを説明する
　　そこで本研究では，・・・・のような研究を行うことにより，これまで不明であった△の問題について解明しようとした

表IV-1-3 起承転結の流れに従って書いた研究目的の例．○の部分には先行研究が入る．起から承と転を抜いて結に行ってしまうと，単なる研究レポートになってしまう．研究題目は，結の部分の内容が反映するものを考える．

研究題目：テニスにおいてバウンド後に伸びると感じる打球に関する研究

起　バウンド後に伸びる打球を打てることで，テニスの試合を有利に進めることができる．従ってこれについて研究することは有益である．

承　ボールの軌跡に影響を及ぼす要因として，先行研究では，初速度，ボール回転軸の方向，ボール回転速度，投射角，空気，度の5つの変量があることが指摘されている○）．実際に，野球のピッチング○），バレーボール○），テニスのサーブ○）においては，球種の違いによるボール軌跡の違いも確認されている．

転　しかし，上記の研究は全て，バウンド前のボールの軌跡に着目した研究であり，バウンド後の軌跡に着目した研究は行われていない．

結　そこで本研究では，テニスボールのバウンド後の軌跡を明らかにするとともに，どのように打ち出されたボールが実際に伸びると感じるか，を明らかにすることを目的とした．

表IV-1-3は，表IV-1-2を具体化した例です．修士課程の演習授業で，テニスの研究に取り組もうと考えている学生が作った資料です．このように，頭の中で考えていることを文字として書き表すことで，自分の研究の意義や，取り組むべき道筋が可視化され，改めて明確になります．すでに周知のことを研究したり，自分の研究の位置づけができていないといった，初歩的なミスを防げます．周りの人も，あなたの研究の意義をよく理解でき，アドバイスをしやすくなります．

ところで表IV-1-3では，承と転を破線で囲ってありますが，この部分を抜いて読んでみてください．起から結に一気に飛んでしまうと，論文ではなく，ただの研究レポートになってしまいます．この研究が過去の研究の積み上げの中で，どのような位置にあるのかが読者にはわからず，あなたの研究の新規性を判断できなくなってしまうからです．

承と転は，論文を論文たらしめている部分です．この部分をきちんと書くためには，先行研究を十分に勉強する必要があります．それに加えて，それらの先行研究の価値やその限界を，あなたの視点で再評価することも必要です．

なお，研究目的欄の記述量が，工夫をしても長くなってしまう場合（目安としてA4用紙で1～1.5頁を超える場合）には，起・承・転までをまとめて「研究の背景」あるいは「問題提起」，結を「本研究の目的」として，2つのパートに分けると読者は読みやすくなるでしょう．

4．「研究方法」の書き方

表IV-1-4は，このパートに盛り込む項目を示したものです．1）被検者，2）研究の手順，3）統計処理の方法，といった順序で書きます．

方法の書き方に関してよくいわれることは，他者がその研究を追試したいと考えたときに，再現できるように書く，ということです．ただし，体育・スポーツの分野では人間が研究対象となるので，この条件を厳密に満たそうとすれば，膨大な記述が必要になる可能性があります．そこで「読者が結果，考察，結論と読み進めていく際に，納得できるようなレベルの情報を盛り込む」と考えておけばよいでしょう．

　1）被検者：通常は，年齢，性別，身長，体重を示すことが必須です．1人あるいは少数の選手が対象であれば，競技歴，競技レベル，練習の状況なども記載しておかないと，読者に適切な情報を提供しているとはいえません．どの程度の項目

表IV-1-4 「研究方法」の書き方．読者が結果，考察，結論と読み進む過程で，納得できるレベルの情報を示しておく．

```
＜研究方法＞
1．被検者
・身体特性（年齢，性別，身長，体重），スポーツ選手ならば，その種目やレベルなど，一般人ならば健康状況や運動状況などを書く．表も活用するとよい．
・倫理審査委員会を通した上で，被検者に対して研究の趣旨や危険性を説明し，研究参加への同意を得たことを明記する．
2．研究の手順
・測定の方法（使用機材，測定方法）
・トレーニング研究の場合であれば
  1）トレーニングの方法，2）前後での効果測定の方法，に分けて書く
3．統計処理
・測定で得られたデータの分析方法
・使った統計検定の種類や有意水準
```

表IV-1-5 「結果」の書き方．結果では事実のみを書き，意見は考察で書く，ということが最大のポイントになる．

```
＜結果＞
・得られた結果の要点を押さえて数枚の図や表を作り，それぞれを1つずつのパラグラフで説明していく
・考察で言及したいことを中心に，順々に説明していく．考察で取り上げないことは結果には書かない．逆に，結果に書いたことは考察で言及する
・結果を一通り読むことにより，読者に著者の言いたいこと（結論）が暗黙のうちに伝わるような順序で構成する
・得られた結果（＝事実）だけを書き，それに対する判断や推論（＝意見）は，考察で改めて述べる．
```

を盛り込むのかについてはケースバイケースなので，過去の類似の研究を参考にするとよいでしょう．

2）研究手順：測定した項目，それに用いた機器（機器の一般名称，型，製造会社名，国名の順で書く），どのように測定したのか（プロトコル）を書きます．体力測定の場合であれば，ウォーミングアップの仕方，何回の試行を行ったか，試行間にどの程度の休息をはさんだか，などを書きます．用いた機材の型式，メーカー，国名の記載にあたっては，基本的に最初だけを大文字とし，後は小文字を使うのが作法です（SONY社製→Sony社製，JAPAN→Japanなど）．

3）統計処理：データをどのように統計処理したか，たとえば平均値を求めて比較した，相関を用いて関係を見た，などの情報を書きます．有意水準は何％としたかも記します．科学論文では5％を用いることが慣例となっていますが，I部2（p18～19）でも述べたように，実践研究の場合にはこの数字にこだわりすぎるのはナンセンスです．

5．「結果」の書き方

表IV-1-5は，このパートを書く上での要点をまとめたものです．あなたが得た新しい事実を，読者に伝達するための重要な部分です．効果的に伝えるには，結果の要点を押さえた図や表を，上手なデザインで作成し，視覚に訴えながら説明するのが上策です．よい論文の図を見て参考にするとよいでしょう．

1つの論文で使う図表は，10個以下を目安と考えます．類型的な図があれば，図1-a，b，cのようにして1つのカテゴリーにまとめると，読み手にはわかりやすいでしょう．

図や表を文章で説明していく際，「図○は，トレーニング群と対照群について，介入期間の前後に行った体力測定の結果を示したものである．前者では有意な改善が認められたが，後者では有意な改善が認められなかった」というように，①図の見方，②その図で特に読者に見てほしいこと，の2点を簡単に説明します．

1枚の図／表の説明に1パラグラフを使い，次の図／表の説明に移るときにはパラグラフを変えます．その際に，先頭の文字を「図○は…」と始めるようにすると，読者は視覚的に見やすくなります．1つのパラグラフの長さは6～8行程度と考え，それ以上になるときには改行します．

ところで，結果のパートを書くにあたって大切な約束事があります．それは，得られた結果の様子（事実）だけを書き，それに対する解釈や推論（自分の意見）は書かない，ということです．自分の意見は，次の考察のパートで書くというのが決まりです．

たとえば「表1は，A群とB群の測定結果を平均値で比較したものである．A群の方が有意に高

値を示した」と書いたとします．そのあとすぐに「この結果から，…のようなことが考えられる」と続けたくなります．しかし，前者は結果（事実），後者は著者の意見ですから，ここで書いてはいけません．面倒に思えても考察のパートで改めて言及して，自分の意見を述べるという作法が求められるのです（Ⅰ部2，p27～28参照）．

ただし，この決まり事を遵守した上でのコツがあります．それは説明する順序です．図や表で結果を提示する際に，上手な順序で順々に示していくことで，著者のいわんとする意見が，暗黙のうちに読者に伝わるような構成にするのです．

このこととも関連して，「結果で書いたことは，考察で改めて言及する」「考察で言及していることは，結果でもきちんと書いておく」ということも守ってください．当たり前のようですが，これができていない論文（特に前者）をよく見かけます．

6.「考察」の書き方

冒頭で宣言した「目的」を達成するために，しかるべき「方法」で実験を行い，その「結果」が得られたはずです．そこで，当初の目的に対してどのような答えを出すことができたのかについて，先行研究も引用しつつ，様々な角度から「考察」します．そして，これまでの知見に対して，どのような新知見を加えることができたのかを示します．

実践研究の論文では，あなたの新知見が実践現場にとってどのような意義を持つのかも書きます．考察の最後に「本研究の意義」「現場への応用」などの小項目を立てて，実践現場への活用方法について，その限界も含めて書くとよいでしょう．

結果のパートでは，その研究で得られた結果（事実）だけを書くと述べました．一方，考察のパートとは，その事実に自分の意見を付加して，最終的には自分が主張したい結論（新しい価値）を生み出すところです．それを筋道の立った文章で表現していかなければならないので，論文を書き慣

表Ⅳ-1-6 「考察」の展開の一例．ここでは予想通りの結果が得られた場合の書き方を示している．（ ）内は，ニュアンスを意味し，実際には書かない部分．

＜考察＞
・まず，冒頭で設定した研究目的に対して，その答えがどうであったのかを書く
　文例）本研究の目的は・・・を明らかにすることであった．そして本研究の結果から，表○に示したように，（予想通り）・・・であることがわかった．
・次に，そのような結果が得られた理由について，先行研究も引用しながら説明していく
　文例）このような（予想通りの）結果が得られた理由については，以下のように考えられる．すなわち，先行研究において○らは・・・であると報告している．また○らは・・・であることを示している．これらの先行研究の知見と，本研究の・・・という結果とを照らし合わせると，本結果は・・・というように説明できる．
・最後に，研究の有用性と限界に触れる
　文例）本研究の結果から，・・・のようなことが明らかとなった．この知見は・・・のようなケースに対しては当てはまる可能性が高いと考えられる．一方で，・・・のような場合に当てはまるか否かについては不明である．これについては今後，・・・のような検討を行うことで，新たな示唆が得られると考えられる．

れた人にとっても最難関のパートです．

表Ⅳ-1-6は，考察の展開の一例ですが，ほかにも様々な展開の仕方があります．他の人が書いた優れた論文を読むことで，様々なパターンを勉強していくことが必要です．以下，一般的なことがらについて，考察を書く上で私が重要と考える3つのポイントを記します．

（1）説得力のある文章

自分の研究で得た結果に対して，自分の意見だけを述べても，相手は納得してくれません．先行研究を的確かつ上手に引用して，自分の意見を裏打ちしていくことが重要です．先行研究とは既知の「事実」です．したがって，自分が得た新事実とうまく組み合わせていけば，自分の主張を展開しやすくなります．経済学者の野口悠紀雄さんは，文献引用の様々な効用を総括して「タダで雇える用心棒」と表現しています．

先行研究の知識が豊富にあれば，自説をより展開しやすくなります．たとえば，あなたの得た結果が，従来の主流派の結果とは違っていたとします．その際，あなたが主流派の論文しか知らなければ，その正当性を説明するのに苦労するでしょ

う．

しかし，先行研究を幅広く読んで，主流派とは違う結果も報告されていることを知っていれば，それらを引用して自説を援護することができます．法律に関係する人たちが，過去の判例をたくさん知っていることが必須なのと同じことです．

具体的には「これまでこの問題については，Aという結果を示した研究が多い．しかし，それとは異なる結果を示した報告も少数だが存在する．本研究の結果は後者であった．このような結果となった理由について，以下に考察する．…」などと書きます．

(2) 共感できる文章

実践研究では人間を扱います．しかも少数の人を扱うことが多く，その研究で得られた結論には曖昧さがつきまといます．答えが1つに決まらないことも多くあります（I部2, p28）．事例研究ともなると，一事例の紹介から一定の普遍性を主張することもしばしばあります．したがって，①少数例という限界は踏まえつつも，②ある程度の普遍性があることを訴えるという，矛盾を克服するような文章力が求められます．

消極的になりすぎては，新たな価値は生み出せません．たとえば「この結論は，本研究の対象者にはあてはまるが，その他の人に当てはまるか否かは，何ともいえない」と書いては，価値を生み出したことにはなりません．

一方「この結論は，本研究で対象とした競技レベルの選手にとっては広く当てはまる可能性がある．ただし，もっと上のレベルの選手に対して当てはまるかは不明であり，今後の検討課題である」と書けば，同業者にとって一定の価値が生じることになります（ただし，読者がその説明を十分に納得するような文章が求められるのはいうまでもありません）．

研究の限界についても言及しておくことが大事です．ただし，考察の部分部分で逐一述べても，読み手には煩雑です．そこで，まずは著者のポジティブな主張を一通り展開し，最後の部分で「本研究の意義と今後の課題」「本研究の有効性と限界」などと項目立てして，そこで一括して述べた方がよいでしょう．

実践現場で研究をしている読者であれば，実践研究の難しさは知っているはずです．その人たちに「この問題について，これまでにはなかった新たな視点で切り込む努力をしている．得られた結論には限界もあるが，大きな可能性も感じられる．したがって，このような研究成果を共同体で共有しておくことは重要である」と，共感を呼び起こす書き方を工夫することが重要です．

I部2（p17）で述べた表現を使えば，同業者に「科学的な合理性ではないものの，社会的な合理性がある」ことを感じさせる書き方，ということになります．このような文章能力は一朝一夕には身につかないので，すでに世に出ている優れた実践研究の論文を読んで，そのあたりがどう表現されているのか，という問題意識を持って読むことが早道でしょう．

(3) 読みやすい文章

読みやすい文章ということに関して，私の流儀を紹介します．冒頭でも述べたように，私は1パラグラフを6〜8行以内（1行を40文字とした場合）にするようにしています．これは読者にとって読みやすいだけでなく，著者にとっても考えをまとめやすいという理由からです．

改行せずに文章を書くと，自分の考えが十分まとまっていなくても，いくらでも長く書いていけます．数十行という長いパラグラフの中で，著者の考えが次から次へと散漫に述べられることになり，読者にとっては読むのが苦痛な文章となってしまいます．

6〜8行で改行すれば，自分のひとまとまりの考えを，短い文章量で1パラグラフに表現しようと努力することになるので，メッセージがより明確になります．このようにして一つひとつ洗練したパラグラフを，順序よく組み上げることができれば，考察全体の流れがはっきりして説得力も増します．

考察全体を通して短いパラグラフの集合体ができたら，次はそれぞれの関係について検討していきます．類似のものがあれば，隣接させたり合併させます．異なるものがあれば，順序的にどちらを先に置く方が有利かを考えます．

短文のパラグラフがたくさんあると，あるテーマから次のテーマに移行する部分がわかりづらいという意見もありますが，いくつかのパラグラフをまとめて小見出しをつければ解決します．小見出しでくくることによって，全体の構成が読者にとって（そして著者にとっても）より鮮明に把握できるというメリットもあります．

7.「まとめ」の書き方

「要約」「結語」「結論」などと表記することもあります．明快な仮説を立て，結論も明快に出たとすれば，「この仮説に対しては…と結論される」と，一文で表すこともできるでしょう．ただし実践研究の場合には，曖昧な部分が残ることも多いので，「まとめ」あるいは「要約」として，この研究で新たにわかったことを中心として，研究の概要がわかるように，短くまとめるとよいでしょう（A4用紙で半頁以内が目安）．

読者はまず，まとめや抄録を読んでから，本文を読むか否かを判断します．この部分しか読まない人も多いので，最も気力を充実させて書く必要があります．しかし実際には，考察を書くところまでで力を使い果たしてしまい，最も重要なこの部分がおざなりになりがちです．

その対策として私の場合は，本文を書き進めて結果まで一通り書けた段階で，暫定的にまとめや抄録を書くことにしています．その内容は，考察を書き進めて考えが深まるたびに少しずつ変えていきます．全体の内容を踏まえて何度も書き直すので，しっかりした文章になります．

この作業をすることで，本文の内容もしっかりしたものになります．それは「このようなまとめを書いているからには，目的はこのように書かれているべきである．そして方法，結果，考察は，このような流れや表現になっているべきである」というように，結論から逆算して考えていけるからです．

逆に「目的ではこう書いているから，結論にはこう書いてあるべきである」という見方でもチェックします．また，結果で示している図表を起点として，目的，方法，考察，結論の表現に整合性があるかも見ていきます．

このような作業をする中で，目的とまとめとがうまくかみ合っていないことに気づくことがよくあります．それを修正する努力をするうちに，首尾一貫した文章になる場合もありますし，当初は考えてもみなかった異なる視点で，より興味深い見方を発見することもあります．そのような場合，私であれば結論の持って行きどころを変えたり，それにあわせて研究目的の文案を変えてしまうことさえもあります．

論文とは，研究目的，方法，結果，考察と，順々に書いていって，まとめまで書いたらそれで終了というものではありません．そのような書き方では通り一遍の内容にしかなりません．論文は，最後まで一通り書いてから苦労が大きいと考えてください．

しかし，そこからの努力次第で，論文はどんどんよいものになります．特に，目的，考察，結論のパートについては，何度も書き直しをして，初めに書いた文章の原型がほとんど失われた頃に，ようやく納得のいく内容になるものです．自分の論文を読んでもらう読者のことを考えれば，この程度の努力は当然のことといってよいでしょう．

8. 文献と謝辞

まとめの後には引用文献をつけます．これは本文中で「引用」した文献のみをリストする所で，参考にした全ての文献を示す所ではありません．書式については学術雑誌ごとに決まりがあるので，自分が公表しようとする雑誌の指示どおりに記載します．

目的や考察の冒頭部分で，自分の研究に類似し

た過去の研究を一通りあげてはいるものの，自分の研究とどのような関係にあるのかを書いていない論文を見かけます．これでは文献を引用したことになりません．緒言や考察で適宜引用して，自説とからめて説明することが大切です．

　自分の研究に関連した先行研究といっても，考え方によっては無数にあるともいえるし，逆に，ほとんどないと考えることも可能です．必要かつ十分な引用をすることが必要ですが，そのためには様々な文献を読み，それらを自分の視点で再評価した上で取捨選択する必要があります．

　加えて，読者の視点で考えることも必要です．読者が常識的に想起する文献が引用されていなければ，執筆者の能力や識見に疑問を抱きます．たとえば，その文献自体を知らない，その文献は知っているが自分の研究に結びつけることができていない，自分の研究に関連があることは知っているのにわざと無視している，といったことを読者は考えます．文献リストには著者の学識が最もよく現れるということを銘記すべきです．

　謝辞は，本文の末尾に書き添えます．あなたの研究のために，多くの人が協力をしてくれたはずですが，学術雑誌に掲載する論文では，公にお世話になった個人や法人などに限定して記載します．科学研究費などの交付を受けていればそれを記します．

　身内の人に対する本当の謝辞とは，研究成果のフィードバックだと考えてください．被検者として研究に協力させたのに，研究後に何の報告もしなければ，その人はあなたに対してはもとより，体育・スポーツにおける研究という行為に対しても，ネガティブな感情を持つでしょう．あなたが始めた研究は，それに協力してくれた人にフィードバックして，初めて完結すると考えてください．

9. 論文を書くための演習

　図Ⅳ-1-1は，研究計画の立案から論文を執筆するまでの，一連の作業をシミュレーションするための演習シートです．大学院の「ナレッジマネジメント演習」という授業で，修士論文に取りかかる前の演習としてやってもらっています．

　まず目的を，起承転結をつけて書きます．次に，どのような結果が出そうなのかを想像し，核心となる結果を図にしてみます．そして，その結果からどのような結論を導けるのかを考えます．あわせて，その結果からでは結論できないこと（研究の限界）についても書き出します．その他，研究遂行上の問題となりそうなことがあれば列挙します．

　この演習は，研究を終えてからではなく，研究を始める前に行います．このシートをひととおり埋めてみると，研究の計画，遂行，そして論文にまとめるための一連の行程が可視化され，机上での予行演習ができます．

　ただし，このシートに1回書き込んだだけでは，内容の浅いものにしかなりません．前にも述べたように，昇順と逆順で何度も考え，何度も書き直すことが重要です．それができたら，次にはゼミ等で他者を相手に発表し，その意見も聞きながらまた何度も修正を加えていきます．

　こうすることでさらに自分の頭の整理ができます．また，指導教員やほかの学生の頭の整理にもなり，研究室としての共通認識の醸成にも役立ちます．

［山本　正嘉］

[参考図書]

　論文の書き方に関する参考書は非常に多く，以下はそのごく一部です．1冊だけ読んでも参考になりますが，いくつかを読み比べると各著者の「流儀」の違いもわかり，さらに勉強になるでしょう．
・木下是雄：理科系の作文技術．中公新書，1981．
・木村　泉：ワープロ作文技術．岩波新書，1993．
・小林康夫，船曳建夫（編）：知の技法．東京大学出版会，1994．
・野口悠紀雄：「超」文章法．中公新書，2002．
・鎌田浩毅：ラクして成果が上がる理系的仕事術．PHP新書，2006．
・木下是雄：日本語の思考法．中央公論新社，2009．

研究計画・論文執筆のための演習シート

1. あなたの研究で明らかにしたい事（＝仮説）を書いてみよう

   [　　　　　　　　　]

2. 論文のタイトルをつけよう（明らかにしたい内容が具体的にわかるように）

   [　　　　　　　　　]

3. 目的：起承転結の形式で書いてみよう（極力簡潔に、エッセンスを書く）

   <起> まず、あなたが研究したい領域の重要性をアピールする

   [　　　　　　　　　]

   <承> その領域で、これまでにどこまでが明らかにされているのか？

   [　　　　　　　　　]

   <転> まだわかっていないことは何か？

   [　　　　　　　　　]

   <結> それを受けて、あなたが明らかにしたいこと（オリジナルな仮説）とは？

   [　　　　　　　　　]

4. 結果：予想される結果の核心部分を、1〜2枚の図で表してみよう（横軸・縦軸それぞれの説明と単位を書き、図の下には簡単な説明文をつける）

   [　　　　　　　　　]

   図の説明
   ①小見出し：
   ②説明文：

5. 考察：上記の結果から、あなたが設定した仮説に対して、どの程度の解答が引き出せるか（結論できる事）と、解答しされない事（研究の限界）とを書いてみよう

   A. 結論できる事

   [　　　　　　　　　]

   B. 研究の限界（リミテーション）

   [　　　　　　　　　]

6. その他：研究を進める際、現実的にはどんな困難があるかを予想し、書き出してみよう（十分な検体者は集められるのか？ その測定は現在の環境で可能なのか？ など）

   1.
   2.
   3.
   4.

図IV-1-1 研究の計画立案と論文執筆のためのシミュレーションシート。研究を終えてからではなく、研究を始める前に、頭で考えていることを可視化するために行う。

B 事例研究の論文を書く
1．事例研究とは

　Aでは，従来型の研究とは「自分が興味を持っているテーマについて，ある仮説（予測）を立て，それを検証し，当初に立てた仮説に対する答えを得ること」が目的であると述べられています．この考え方は，実践研究の中でも「実証研究」を行う際の基本的な考え方であるといえます．それに対して実践研究の中でも「事例研究」とは「自分が興味を持っているテーマについて，ある実践を行い，それを検証し，テーマに対する仮説を得ること」が目的である，といえます．難しく述べていますが，これはつまり，みなさんが日々行っているスポーツの実践活動と同じことです．

　例えばみなさんは自分のスポーツ活動について，様々な課題を持っていると思います．自分が実践しているのであれば，どうすれば今までよりも速く走れるようになるのか，どうすれば今までよりも遠くまでボールを飛ばせるようになるのか，どうすれば今までよりもきれいに着地できるようになるのか，など，いわばどうやったら今までよりも上手になるのか，という一点に関して，その課題を克服しようといろいろな努力を積み重ねていると思います．

　また自分が指導しているのであれば，どうすればこの選手は今までよりも速く走れるようになるのか，どうすれば今までよりもこの選手は遠くまでボールを飛ばせるようになるのか，など，いわば指導する選手がどうすれば今までよりも強くなるのか，という一点に関して，その課題を克服しようと選手とともに日々試行錯誤を繰り返していると思います．

　こういった日々の努力や試行錯誤であるスポーツの実践活動が，すなわち事例研究であるといえるのです．自分が実践しているにしろ，指導しているにしろ，課題を克服するために，いろいろな課題練習を行ったり，試合形式の練習をしたり，体力トレーニングに励んだり，心理面の意識をしたり，新たな戦術を試してみたりなど，多方面からの手段を用いているはずです．これらの手段を用いた結果，どのような変化が現れたのか，その一連の流れをまとめる作業が，事例研究の論文を書くということです．

　事例研究の論文をまとめることにより，「この研究で実践した練習は，今までよりも速く走れるようになる有効な練習かもしれない」「この研究で実践した練習は，今までよりも遠くまでボールを飛ばせるようになる有効な練習かもしれない」という新たな仮説を導き出すことになります．これが，事例研究が主として「仮説創出型」の研究といわれる所以でもあります．

2．事例研究論文の書き方

　事例研究における論文の基本構造は，従来型の研究の論文とほぼ同じですが，少々考え方を変えて書く必要があります．「研究題目」というテーマのもとには，I．問題提起（含む研究目的），II．研究対象の現状と課題，III．実践記録および事例の提示，IV．結果の考察および事例展開，V．まとめと今後の課題という5つのパートがあげられます．従来型の論文と言葉は変わっていますが，基本的な考え方や作法，流儀は同じです．ここでは，事例研究論文で注意して書くべき点について，解説を加えていきます．

3．「問題提起」の書き方

　事例研究における「問題提起」は，従来型の論文の「研究目的」にあたります．ここで記述することは，みなさんが日々のスポーツ実践の中で感じている課題とその背景ということになります．

　技術的課題を例とすると，研究の対象者が持っている技術的課題はそのスポーツではどういう意味を持つものなのか，なぜその課題を改善することが必要なのか，それが改善されることでどのような効果が期待されるのか，などといった内容を記述することになります．

	I. 問題提起
走幅跳の踏切についての運動課題を提示.	走幅跳のパフォーマンスは，助走・踏切・空中・着地の4つの局面によって構成される．助走については，できるだけ高い速度を獲得するとともに，踏切動作にスムーズに連鎖していくことのできる動きが要求される．また，踏切では，助走で獲得した水平速度を出来る限り減速させずに，鉛直速度を獲得しなければならない（Hay, 1986; 村木, 1982）．その動作は0.2秒以内の短時間に遂行されなくてはならず，爆発的な力を地面から受けることになる．したがって，実際の現場では，
指導現場における典型的な課題「抜けた踏切」に関する記述.	助走速度が速すぎると，踏切ができずに，「スッ」と抜けた踏切になり，高さが獲得できない場合や，逆に「ガツン」と突っ張りすぎた踏切になり，高く上がるだけで「ストンと落ちて」しまう試技が多数行われている．これらはいずれも間違った踏切動作を行っていることに由来している．
指導現場における暗黙知「腰で踏切る」についての解説.	一方，走幅跳の踏切は，「足や膝で踏切るのではなく，腰で踏切る」というわざ言語が利用される．腰は身体の中心にあり，大きな筋群が多数存在する部位である．「腰で踏切る」ということは，最も大きな腰が発揮した力を主動源として，その他の関節は腰がうまく使える位置に配列するということを意味している．現場で言われている「腰で踏切る」ことは，原理的に考えても非常に理にかなったものであると思われる．しかし，この言葉の意味やトレーニング法が理解できずに，記録が停滞している選手が多数存在していることが事実である．
	II. 本事例の目的
上記の問題提起を基に，「腰で踏切る」という意図を持つことにより走幅跳のパフォーマンスを向上した事例を提示して実践知を得るという本研究の目的を明示.	ある大学男子の走幅跳選手（以降はDK選手と略す）は，踏切動作中における腰（骨盤周囲）の動きが大切であるという考えに至り，自身のトレーニングの中に，腰を積極的に利用した踏切ドリルや歩行ドリルを取り入れた．以前のDK選手が行っていた踏切動作は，「膝で踏切る」タイプであり，踏切脚の膝関節による屈曲・伸展動作によって地面を押して力を獲得していた．そこで，「膝で踏切る」という意図を捨てて，「腰で踏切る」という意図に変化させる必要性を強く感じた．この問題を解決するためのトレーニング構想を立案し，実践することを通して，走幅跳のパフォーマンスを向上させることに成功した． そこで，本研究では，DK選手が腰（骨盤周囲）を使った踏切動作を獲得し，成功に至ったトレーニング事例を提示するとともに，その実践評価を評価診断し，その中から有益な実践知を提示することを試みた．

図IV-1-2 「問題提起」の構成例．問題提起と目的を分けて記述した例．（小森大輔，図子浩二：スポーツパフォーマンス研究，1：1-7, 2009.）

事例研究の場合，いわゆる先行研究が数多く出されているわけではありません．それでも，取り上げる課題に関連した従来型の論文は見つけられると思いますし，指導書などには課題に関連した記述がされているものです．そういったこれまで明らかになっている知見も引用して紹介しながら，課題の意義を訴えることが「問題提起」の狙いになります．

実際の論文（小森，図子[2]）を例に，どういった構成になっているかを図IV-1-2に示しましたので，参考にしてみてください．

4.「研究対象の現状と課題」の書き方

従来型の論文の「研究方法」にあたる部分です．従来型の論文と同じく，「読者が結果，考察，結論を読んだときに，納得できるようなレベルの情報を盛り込む」という原則は同じです．

事例研究では，対象者に関する情報を記述することが必要です．これはその論文で取り上げる課題がどういった種類のものかによりますが，対象者の各種プロフィール，それまでの競技歴や競技レベル，取り上げる課題に関する対象者の現状，などを記述します．いわば練習やトレーニングに取り組む前段階の状態を読者に提示する，ということになります．

この後のパートの「実践記録および事例の提示」などでも必要ですが，対象者が課題を実施している動画も重要な情報になります．論文によっては動画をそのまま掲載できるものもありますので，日々のスポーツ実践の中で，動画で記録する習慣をつけておくと良いでしょう．

実際の論文の例（村上ら[4]）を図IV-1-3に示しましたので，参考にしてみてください．

III. 方法
1. 対象
　対象はワイパースイング動作未習熟の大学女子テニス部員2名であった．A選手は中学からテニスをはじめ，高校においてもテニスを部活動で続けており，どのショットもある一定レベルの技術があるものの戦績としては突出した成績があるとはいえず中級レベルであるといえる．
　B選手はバドミントンの競技歴があるものの，大学に入学してからテニスをはじめた初級レベルである．
　対象者には，トレーニングを開始するにあたり，本研究の目的と方法およびトレーニングに伴う注意事項などを説明し，トレーニングの参加に対する同意を得た．

[注釈：研究対象者に関する記述．ここでは中級と初級レベルのテニス部員であることが記述されている．]

2. 課題
　まず，対象者自身の課題と指導者の目線による課題（表）を抽出した．対象者自身の課題はインタビューより抽出し，指導者の目線による課題は10年以上の指導歴があり，職業コーチとしての経験もある筆者によるものである．これらの課題がワイパースイング動作習得により改善されうる課題であることを確認し，以下のようにトレーニング目標を設定した．
・ワイパースイング動作を習得し，フルスイングできるようにする．
・様々な状況に応じてスピンコントロールできるようにする．
・トレーニングを通して，テニス技術の理解を深める．

[注釈：本事例で対象者が取り組む課題である「ワイパースイング動作習得」についての内容と，指導者に関する記述．]

表　対象者のプロフィールおよび課題

	A選手	B選手
年齢※	20歳	18歳
身長/体重	165cm/59kg	152cm/53kg
戦績（高校時代）	都道府県大会ダブルスベスト8	—
競技歴※	7年	6カ月
対象者自身による課題	威力のあるボールが打ちたい	しっかりラケットを振って狙いたい
指導者の目線による課題	・体の回転が不十分 ・面が開く ・打点を落とす，下がって打つ	

※年齢，競技歴は2012年10月時点のものである．

[注釈：必要に応じて，対象者のプロフィールなどを明示する．この例のように，表などを用いてまとめて表記すると理解がしやすい．]

図IV-1-3　「研究対象の現状と課題」の構成例．「方法」として記述した例．(村上俊祐, 北村　哲, 高橋仁大, 西薗秀嗣, 前田　明：スポーツパフォーマンス研究, 6：276-288, 2014.)

5.「実践記録および事例の提示」の書き方

　従来型の論文の「結果」にあたる部分です．従来型論文の作法と同じく，ここでは得られた結果の様子（事実）だけを書き，それに対する判断や推論（自分の意見）は書かない，という点には注意しましょう．

　また，得られた結果（事実）は可能なかぎり時系列に提示することが必要です．日々の実践をどのような順序で取り組んだのか，それによってどのように変化していったのか，対象者の時系列の変化がいつ起きたのか，ということがわかるように記述します．

　実践を進めているうちに，当初の計画や見通しとは異なる展開や，突発的な事象が生じることもあります．そういった点についても，時系列の流れの中で明確に記述し，結果（事実）を可能なかぎり記述するようにします．

　「事実」だけを書きますので，各種のデータを提示することになります．練習やトレーニングの実践により得られた数値データの変化や，動作の変化に関する動画や連続写真，対象者や指導者による主観データ（内省報告や感覚の変化に関する語り）などがそれにあたります．

　動画や連続写真などには，矢印や円，四角形などの図形を用いて，課題に関する注目すべき箇所を強調するようにします．またキャプションを加えて，動きや感覚に関しての解説を加えることも，

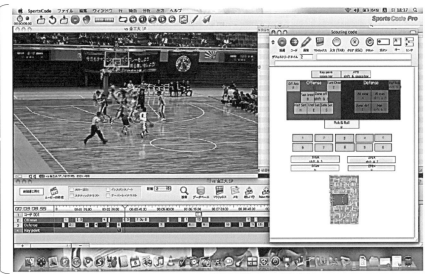

ゲーム分析サポートの実践事例について，実際に行った活動内容を記述している．またゲーム分析の方法，チームへのフィードバックの方法についても記述が見られる．

III. 2009年全国大会Aにおけるゲーム分析サポートの実践事例

対戦相手のスカウティングを行うために，組み合わせが決定後，対戦相手の映像を対戦相手地区の大学と実業団からDVDで入手した．また今回は一ヶ月前に行われた全国大会でもすべての試合を撮影していたので，それらの映像を基にSportsCodeを用いてスカウティングを行った．

スカウティングを行うにあたり，まずDVDの映像をSportsCodeに読み込むために，DV形式に変換した．変換した映像をSportsCodeで編集した（図）．編集した内容をもとにアナリストである筆者がスカウティングレポートを作成した．SportsCodeで編集した映像はiPodに入力し，各選手に一台配布した．チーム全体でのミーティングは，スカウティングレポートを参考にしながら，SportsCodeで編集した映像を見る形で行った．

ゲーム分析の方法について，実際の分析画面を提示し，読者の理解を促している．
紙面の都合上記載していないが，この後のパートでは，時系列にどのような活動をしたかについても記載がされている．

図　SportsCodeで動画を編集している画面

図IV-1-4-1　「実践記録および事例の提示」の構成例．（森重貴裕，石原雅彦，西中間恵，髙橋仁大，清水信行：スポーツパフォーマンス研究，2：207-219，2010．）

読者が理解するための手助けになります．

主観データについては，結果の解釈のために補足的に用いるのであれば，次の「結果の考察および事例展開」のパートで取り上げる内容になります．またこういった事例研究においては，主観データを主要なデータとして構成しなければならない種目やテーマの場合もあります．この場合は，そのデータが事実であることを担保するために，メンバー・チェックやトライアンギュレーションと呼ばれる手続きを踏まえる必要が出てきます．これらの方法を用いる場合は，フリック[1]やウィリッグ[8]などを参考にして，注意深くデータを取り扱うようにしてください．

実際の論文の例（森重ら[3]，坂中ら[5]）を図IV-1-4-1，2に示しましたので，参考にしてみてください．

6．「結果の考察および事例展開」の書き方

従来型の論文の「考察」にあたる部分です．研究で得られた結果（事実）に自分の意見を付加して，最終的には自分が主張したい結論（新しい価値）を生み出すところであるのは，事例研究においても同じです．

事例研究における考察は，前章の様々なデータを指導者や選手自身がどのように解釈していたか，を示すものです．これによって，同じような数値データに対しても，対象とする選手の背景や身体的・技術的特徴などによって，その解釈が異

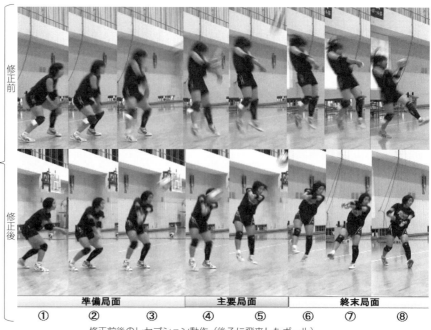

レセプション動作の変化について，トレーニング前後の動作を連続写真で提示している．本文中では，動画も提示している．この図では，局面の区別がわかるように写真を掲載している．写真中の注目すべき点について，キャプションなどを記述することも，読者の理解を助ける方法である．

修正前後のレセプション動作（後ろに飛来したボール）

3．試合におけるレセプション成功率の変化

「レセプション成功率」という数値データの変化も示している．これらの変化を確認するために，統計を用いることが必要なこともある．

試合におけるレセプション成功率の比較

	修正前 （春季リーグ）	修正後 （秋季リーグ）
出場セット数	19セット	16セット
受数	43本	64本
成功数	25本	46本
成功率	58.1%	71.9%*

*$p<0.05$

図IV-1-4-2 「実践記録および事例の提示」における画像や数値データの例．（坂中美郷，村田憲亮，青木　竜：スポーツパフォーマンス研究，8：139-151，2016.）．

なる，ということが示されます．これこそが事例研究のオリジナリティであるといえるかもしれません．各種のデータの解釈を論理的に，筋道立てて説明することが求められます．

事例研究は対象とする事例が少なかったり，論文を書く筆者自身がその対象に深く関わっていたりと，その対象や論文の内容に関する書き手の思い入れが強くなる傾向にあります．そういった場合の考察は，独りよがりなものになることが多く，読み手に共感してもらうことが難しくなります．他人を説得するためにも，このパートの文章を書く際には，第三者的な視点を崩さず，前章で得ら

れた結果（事実）に基づいた考察をすることが大切です．

そのために必要なことは，従来型の論文と同じく，先行研究の適確な引用です．前述の通り，事例研究における先行研究は数少ないのが現状です．そこで，先行研究の視点を広げ，例えば教本や指導書，解説書なども調べてみましょう．事例研究で取り上げる先行研究，つまり「既知の事実」は，論文の中だけでなく，各種の書籍やそれぞれの種目で経験知として知られていること，いわゆる「セオリー」の中に含まれているものです．それらに関する記述を教本や指導書から論文に取り

指導者の主観と選手の内省の両面から、うまくいかなかった要因について考察（意見）を述べている。	またA選手の指導者は「一つのプレーに自信を持つことができれば他のプレーにもよい影響を及ぼすことができる」という信念があり、これがGoodなパターンを習得することを目的としたコーチングにつながっていた．一方でA選手の内省報告からは、『うまくできないと、すぐに「これは間違っているのでは？」と不安になってしまい、（以下略）』という記述がみられた．これは
当該の点についての客観的意見（先行研究）を引用している。	今回のコーチングを通じて指摘してきたGoodなパターンについて理解はしているものの自信を持つまでには至っていないことを表しているといえよう．心理学の面からは、技術の習得には反復練習ならびにオーバーラーニングが必要で、自信を持つためには成功体験が重要といわれている（日本テニス協会編 2005）．今回のA選手に対しては、通常のトレーニングの中でGood
この事例でうまくいかなかった要因を各種データからまとめ、本事例から考えられる課題を明示している。	なパターンを効果的に用いることができた場合には賞賛を与え、それが成功体験となるように指導者は努めていた．しかし約5週間というコーチング期間では、それらの成功体験が定着されず、また反復練習の量がオーバーラーニングに至るには不足していたものと考えられる．それがA選手の不安となって内省報告に表れたものと考えられる．この点からは至適な反復練習の量や、より強い成功体験の提供が必要という課題が挙げられよう．

図IV-1-5　「結果の考察および事例展開」の文章例．（髙橋仁大，岩嶋孝夫，石原雅彦，三浦　健，塩川勝行，濱田幸二，児玉光雄：スポーツパフォーマンス研究，1：8-13, 2009.）

入れることで、筆者の思いに第三者の視点が付加されることになります．

実際の論文の例（髙橋ら[6]）を図IV-1-5に示しましたので、参考にしてみてください．

7. 「まとめと今後の課題」の書き方

論文の「まとめ」ですから、その論文の全体を要約した内容を記述することになります．「問題提起」「研究対象の現状と課題」「実践記録および事例の提示」「結果の考察および事例展開」のすべてのパートの内容が含まれるように記述しましょう．「まとめ」ですから、ここで新たな内容が初めて加わる、ということはありません．

最初にも書いたように、事例研究は仮説創出型の研究といえます．「今後の課題」としては、この論文で導き出された仮説を検証することが必要、という記述が加わることになります．論文で導き出された仮説を、従来型の研究で科学的に検証することは、事例研究と同等の価値を持つものです．新たな客観的知見を得るヒントが事例研究には隠されています．その点を明らかにすることが「今後の課題」であることを明確に示しましょう．

8. 事例研究論文の構成はワンパターンではない

本稿では上記のように「問題提起」「研究対象の現状と課題」「実践記録および事例の提示」「結果の考察および事例展開」「まとめと今後の課題」というパートを提示しました．このパートの分け方はあくまでも一例と捉え、自身が行う事例研究の内容や対象、スポーツ種目の特性などを考慮して、柔軟に論文を構成してください．

例えばスポーツパフォーマンス研究の投稿規定では、「実践事例における本文の構成」として、「問題提起」「目的」「基本構想と見通し」「実践計画」「実践記録および事例の提示」「結果の考察および事例展開」「まとめと今後の課題」「文献」を挙げています．さらに「トレーニング法、練習法、指導法を解説したアイデア論文の構成例」として、「問題提起」「目的」「基本構想と見通し」「新しいトレーニング法、練習法、指導法」「まとめと今後の課題」を挙げています．

また、2つのパートを一つにすることも可能です．事例研究の内容によっては、「実践記録および事例の提示」のパートと「結果の考察および事例展開」のパートを合わせて記述した方が、読者の理解が進みやすい場合もあります．図IV-1-6のような例（髙橋[7]）もありますので、参考にし

> 「ネットプレーを導入したことにより競技力を向上した大学女子テニス選手の一事例（髙橋ほか，2015）」の構成
> 1. 問題提起
> 2. 方法
> 3. 結果と考察
>   3-1. 指導者の視点からの時系列的変化
>   3-2. 試合データの変化とA選手の内省
> 4. 結論
> 5. 追記
> 6. 文献

この論文は，試合データの変化を基にして，選手の変化についてトレーニング内容との関連から考察している．試合データ，選手の内省，指導者の視点，トレーニングの内容は時系列に振り返る中で密接に関連していることから，論文全体の構成として「結果と考察」を分けず，その中で考察の観点を基にパートを分けて（3-1と3-2）記述している．このように研究の内容やそのまとめ方に応じて，読者の理解がより深まるように，論文の構成は柔軟に変えることが必要である．

図IV-1-6 「実践記録および事例の提示」と「結果の考察および事例展開」をまとめた論文の構成例．

てみてください．

どのようにパートを分けるにしても，論文として記述すべき内容を網羅して，基本的な作法に則り，事実と意見を区別して，丁寧に書くことを心がけましょう．

[髙橋 仁大]

[引用文献]
1) フリック：小田博志ほか訳：新版質的研究入門—〈人間の科学〉のための方法論．春秋社，p.477，2011.
2) 小森大輔，図子浩二：腰の動きに注目した走幅跳の踏切技術の改善法．スポーツパフォーマンス研究，1：1-7，2009.
3) 森重貴裕，石原雅彦，西中間恵，髙橋仁大，清水信行：バスケットボールにおけるゲーム分析サポートの実践事例．スポーツパフォーマンス研究，2：207-219，2010.
4) 村上俊祐，北村 哲，髙橋仁大，西薗秀嗣，前田 明：テニスのフォアハンドストロークにおけるワイパースイング動作習得を目指したトレーニングの効果．スポーツパフォーマンス研究，6：276-288，2014.
5) 坂中美郷，村田憲亮，青木 竜：ある大学女子バレーボール選手のレセプション技術が向上した事例 レセプション動作の修正を目指した3か月間の取り組み．スポーツパフォーマンス研究，8：139-151，2016.
6) 髙橋仁大，岩嶋孝夫，石原雅彦，三浦 健，塩川勝行，濱田幸二，児玉光雄：5週間のコーチングは選手にどのような変化をもたらしたのか？—大学女子テニス選手の事例から—．スポーツパフォーマンス研究，1：8-13，2009.
7) 髙橋仁大，村上俊祐，北村 哲：ネットプレーを導入したことにより競技力を向上した大学女子テニス選手の一事例．スポーツパフォーマンス研究，7：238-246，2015.
8) ウィリッグ：上淵 寿ほか訳：心理学のための質的研究法入門 創造的な探求に向けて．培風館，2003.

IV部 論文の具体的な書き方

2. 実践研究における統計の意味と使い方

1. 体育・スポーツ科学における統計

　体育・スポーツ科学が「科学」であるためには，研究する対象は「事実」でなければなりません．この事実を明らかにすることを「実証」と言います．実証は現実を正確に捉えるための手続きであり，現実をどれだけ正確に捉えているかという妥当性の検証が重要です．ただ，体育・スポーツに関するテーマについて確かめる実証的な方法に，唯一の「絶対確実」な方法はありません．科学的な知識は様々な研究方法を適用し，研究の積み重ねによって精度を高めていきます（高野・岡[10]）．

　自然科学では，観察や実験で得られたデータを解釈し，その仕組みを理解しようとします．そのデータの背後にある科学的知見を提示するために，多くの研究分野で統計が活用されています．体育・スポーツ分野においても科学的アプローチの主たる道具として統計学は存在しているとも言えます．体育・スポーツ科学分野における統計の意味と使いかたを述べるために，まず「統計学」は歴史的に「実践」が先にあってその術が磨かれて理論が形作られた（佐伯・松原[5]）ことを指摘したいと思います．このことより，体育・スポーツにおいてあるべき統計の本質は，経済学や臨床医学と同様，実践に役立つツールであり，実践の内容に即した情報を客観的にわかりやすく伝えることにあると言えます．

　図IV-2-1は，「医学・医療と技術評価」における統計学の概念図（寺良向[8]）を体育・スポーツ科学における統計学の概念図として表したもの

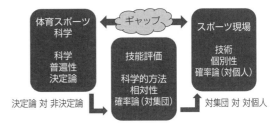

図IV-2-1　体育・スポーツ科学における統計学
（手良向聡：なぜベイズを使わないのか！？　金芳堂，2017）

です．「医学」を「体育スポーツ科学」に置き換え，同様に「医療」を「スポーツ現場」に置き換えています．体育・スポーツ科学における統計学は決定論に基づき，科学的な普遍性を検討するだけでなく，確率論を中心にスポーツの技術や個別性を検討するアプローチもあります．医学と医療が常にその間にある技能評価によって，それぞれの立場に基づくギャップを認識してきたことと同様，体育・スポーツ科学においても，「体育スポーツ科学」と「スポーツ現場」は異なる立場を認識して，それぞれ合目的な統計的アプローチを行うべきです．しかしながら，現在体育・スポーツ分野で利用される統計の多くは，普遍性や一般論を導くための集団における頻度論（図IV-2-1左側）が中心であり，スポーツ現場におけるデータ分析を決定論の土俵に持ち込めるかどうかが，いわゆる「科学論文」の成立条件になることがあります．つまり，スポーツ現場において個別性や確率論で表現すべきもの（図IV-2-1右側）を，一般論や普遍性を導く手法で分析することがとても多い状況にあります．実践研究における統計とは，スポー

ツ現場に即した研究デザインとそれに応じた統計を適用することなのです．

　ここで，本邦における体育・スポーツの権威的な学会である日本体育学会の投稿の手引きに示されている論文の種類に対する説明を一部抜粋して紹介します．

> 「原著論文」は，科学論文としての内容と体裁を整えているもので，新たな科学的な知見をもたらすものであることが必要です．（後略）
> 「実践研究」は，現場からの貴重な情報を基にした研究で，指導法に関する実用的研究や，総合的に分析した研究などが含まれます．

　「原著論文」は「科学論文」による「科学的な知見」を提供するものとされています．「実践研究」との違いはその科学性にあると考えられ，科学的普遍性を担保する上で外的妥当性による一般化可能性を有するものと位置付けられます．したがって，この場合の「科学」は一般論を導くことのできる論文であることを指摘しているでしょう．しかし，一般論を導くことだけが科学ではありません．はじめに述べたとおり，現実をどれだけ正確に捉えているかが重要であり，実践研究も柔軟な統計手法を駆使して共通理解の得られる表現と論理の組み立てによって「統計的な」有意だけではなく，「現実的な」有意が得られれば科学的な研究論文として成立します．

　体育・スポーツの分野では，練習やトレーニングの現場において，選手の個人特性を明らかにすることはとても大切なアプローチです．一方，推測統計の立場は，個人差を散布度として扱い，集団全体の傾向を把握する方向性を有しています．

　妥当性には構成概念妥当性のほか，内的妥当性と外的妥当性があります（図IV-2-2）．一般的な統計学においては，データを取得することは母集団を推定することを想定しているため，サンプルの無作為抽出が計画されます．データ分析の結果が異なるサンプルでも適用できるかどうかは，一般化可能性と呼ばれる外的妥当性の概念です．実

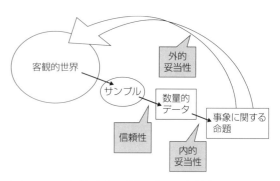

図IV-2-2　量的研究の過程と主な評価基準（能智正博：「質的研究の質」．伊藤哲司・能智正博・田中共子編，動きながら織る・関わりながら考える—心理学における質的研究の実践．pp.155-166，新曜社，2005．）

践研究においては，母集団を推定する無作為抽出が困難であるため，一般化可能性，外的妥当性は十分保証されません．したがって，現場における測定はデータの信頼性を確保し，内的妥当性の上限を高めることに注力すべきです．信頼性の高さは妥当性の高さを決めるため，日常の現場における測定においても，信頼性の高い測定項目を準備し，複数回の測定によって再現性の高いデータを得ることが大切です．継続的に現場でデータを取得することは，実践研究を論文としてまとめるのみならず，それ以前にトレーニングの記録として，コンディショニング等にも役立つ基礎的かつ重要な作業です．

　推測統計の教科書には標本と母集団の記述があります．実践研究で捉えたい現象には母集団を仮定できることはあまり多くありません．したがって，推測統計，統計的仮説検定をしていても母集団が定められていない検定結果は外的妥当性の点で問題です．小さな標本で有意差が出ないという結果に対して，そのトレーニングは意味がないという誤った結果を導くことになります．数人の日本代表選手を対象とした場合，母集団を想定することは困難であり，ある意味悉皆調査です．あえて推測統計を行って有意差がないことを理由にトレーニング効果の有無を議論することはありません．体育・スポーツの分野では，一般論を導く統計は勿論大切ですが，現場における統計とは区別

し，それぞれに適切な統計的アプローチを施すことが重要なのです．

2．頻度論による伝統的な統計分析

統計学は大きな2つの学派から成り立ちます．一つは，ネイマン，ピアソン，フィッシャーらによる伝統的統計学派であり「頻度主義」と呼ばれます．われわれが論文を作成するために適用する統計は専ら頻度主義統計を適用しています．もう一つは，ベイズ，ラプラスらによる「ベイズ主義」と呼ばれるものです．ベイズ主義の理論は頻度主義よりも古く，その起源は18世紀に遡ります．

体育・スポーツ科学において，論文を書く際には前者の頻度主義と呼ばれる（伝統的）統計分析を適用することが特に自然科学の領域で必須の手続きとされています．実際，わが国の体育・スポーツ科学における統計の指南書は，暗黙の了解として「頻度主義」の統計手法を紹介しています．論文投稿の際にはこの種の統計処理をして検定を行わなければ科学論文の体をなしていないと見なされることもあります．フィッシャーとネイマン，ピアソンらが確立した頻度論に基づく統計的仮説検定は，体育・スポーツにおける科学的水準を一定レベルに押し上げた一方で，「有意差」主義が中心となり，仮説検定を行い「有意差」を検出し，結果をまとめなければ科学論文としてアクセプトされない了解を広めました．

仮説検定はもともと帰無仮説（null hypothesis）の「有意性検定」test of significance（フィッシャー）でした．この後，「対立仮説」alternative hypothesis（ネイマン，ピアソン）という考え方が導入され，「仮説検定」hypothesis testingと称されるようになりました（佐伯・松原[5]）．今日の統計理論は両者が混じった内容なのです．両者の違いは「対立仮説」の設定にあります．フィッシャー流は統計によって仮説が棄却されれば，また違うアプローチで研究を進め，新たな仮説を考えます．統計的な有意は実質的な有意ではないことを前提にした手続きです．一方，ネイマン-ピアソン流は帰無仮説の棄却が対立仮説の採択と判断するものです．言い方を変えれば，フィッシャーの立場は「推論」であり，ネイマン-ピアソンの立場は「決定」と言えるでしょう．今日の科学論文ではそのほとんどが「決定」まで言及しています．つまり，現在の科学論文における伝統的統計分析はフィッシャーの流れを汲んだネイマン-ピアソン流を主に扱っているため，仮説検定では帰無仮説と対立仮説という2つの仮説が登場します．例えば，あるトレーニング効果を調べるためにトレーニングの前後で筋力を測定するとします．トレーニング効果を見たいので，トレーニングの前後の筋力には差があることを主張しようとしています．この場合，帰無仮説はトレーニングの前後で筋力に「差がない」という仮説，対立仮説は筋力に「差がある」という仮説です．この2つの仮説はどちらかが採用されるという性質ではなく，帰無仮説を積極的に支持することはできません．結果，帰無仮説が得られた場合は「差がない」とはせず，「判断保留」となります（ただし，データが著しく多い場合は，「差がない」と結論することもあります）．差がないことを検証することは仮説検定においては難しいことなのです．

仮説検定では，帰無仮説が正しいときに，いま手元にあるようなデータが手に入る確率としてp値を求めます．もしp値が事前に定めた基準（一般的には5％や1％）よりも小さい場合には，帰無仮説が正しいという前提のもとでめったに得られないデータが得られたことになります．これにより帰無仮説が間違いだったと結論し，対立仮説を採用します．主張したい仮説とは逆の仮説を設定し，データによって整合性がないことを示すことにより言いたいことを主張する，という点で背理法と類似した手法です．

ネイマン-ピアソンの立場に基づくと，伝統的な統計的推論においてサンプルサイズは推定誤差をコントロールする重要なパラメータです．検出力を踏まえ必要なサンプルサイズを確保することが求められます．そのため，予備測定や理論的な根拠に基づき，扱うテーマについてどの程度の差

が検出されれば「現実的に」有意な差と見なすことができるか，検出したい差を決めて，その差の存在を高い確率で検出できるようなサンプルサイズをあらかじめ設定することが重要なポイントであり原則です．ただ，理論的に必要なサンプルサイズを求めることはできても，意図的に普段のトレーニング状況とは異なる計画を立てなければなりません．アメリカ心理学会が「帰無仮説検定は統計的分析の始まりに過ぎない」と明示していることは，スポーツ現場における統計分析においても重要な指摘です．

3. 体育・スポーツ科学における仮説

研究は何らかの「問い」，リサーチ・クエスチョンを持つところから始まります（南風原[11]）．医学臨床において日常の診療で生じる疑問をクリニカル・クエスチョンと呼んでいます（神田[4]）が，漠然とした現場での問い（クリニカル・クエスチョン）を研究として成立させるために，所定の形に整理して，論点を明確にする（リサーチ・クエスチョン）必要があります（川村[3]）．

現場での疑問は，「膝が悪い人にフルスクワットをしてはだめだろうか」「長距離ランナーにレジスタンストレーニングは効果があるのか」などの例があります．「膝が悪い」といっても，ACL損傷のバスケットボール選手なのか，膝の向きが悪い初心者の女性なのか，レジスタンストレーニングといっても，フリーウエイトなのか，マシーンなのか，効果と言っても，筋力なのか，全身持久力なのか，など様々なことが考えられます（川村[3]）．そのため，漠然とした現場での疑問を定式化してリサーチ・クエスチョンにする必要があります．

研究の暫定的な説明は「仮説」として位置付けられ，統計分析の重要な手続きとして設定されます．実践研究は後述するように仮説生成型の手続きをとることが往々にしてあり，仮説検証型の従来のネイマン-ピアソン流の頻度主義統計学だけに縛られることはありません．「研究とは仮説の

図IV-2-3 実践性と科学性の循環

構築とその検証，再評価の延々たる繰り返し」であることから，統計的なデータ分析は，仮説を生成する立場も重要なのです．

前述のように，体育・スポーツ系の科学論文の多くは仮説検証型のネイマン-ピアソン流の有意差検定こそ科学的手続きにおける統計手法であるとの立場と思われます．すなわち，母集団における唯一無二の母数の存在を前提（仮説の設定）に，変数におけるデータを分析して母集団を推測します．この手続きが無事論文として採択されれば，有力なエビデンスのひとつとして公表されます．しかし，これはクリニカル・クエスチョンを説明することには必ずしもなりません．クリニカル・クエスチョンは現場で得られたデータから，もちろんエビデンスと照らし合わせて合致しているかどうかを確認しますが，それ以上に現場で得られたデータを母数と考え，それに合致した合理的な仮説は何かと考えることが多いのです．

われわれが興味の対象とするところは，個々の研究においては仮説の設定によって成り立ちますが，同時に全体的なモデルを形成することでもあります．

図IV-2-3は，研究モデルの形成における実践性と科学性の循環を示しています．研究デザインにおいて，モデルや仮説を設定しそれを検証するだけでなく，モデルを生成する過程には実践を通しての研究，すなわちわれわれが言うところの実践研究の位置付けがあって，それらは循環するものとする立場です．いわゆる科学的とされる研究は図IV-2-3右側にあり，統計手法の成熟ととも

表IV-2-1 仮説検証型研究と仮説生成型研究の特徴（佐伯 胖，松原 望：実践としての統計学．東京大学出版会，2000．）

	仮説検証型研究	仮説生成型研究
研究設問の焦点化をいつ行うか	データ収集前	データ収集しながら問いを取り込む
文献研究をいつ重点的に行うか	データ収集前	知見浮上のプロセス中（研究の中盤～後半）
仮説をいつ立てるか	データ収集前	データ分析後（研究結果として提示）
データの分析枠組みをいつ決定するか	データ収集前	データ収集しながら
研究者と対象との関係性	対象者と距離のある無関係で透明な存在	対象者と特定のかかわりをもつ生きた存在

に定式化がなされています．一方，図IV-2-3左側にある実践研究の立場は循環を成立させる重要な役割を有し，研究モデルを検証し，新たなモデルを構成するものです．その手法は研究内容によってアプローチは様々で関連する統計手法も十分定式化されていません．

表IV-2-1は仮説検証型研究と仮説生成型研究の特徴を比較したものです（佐伯・松原[5]）．仮説検証型研究が実験計画とセットになった統計分析を行うため，データ収集前にほとんどの作業を行うのに対し，仮説生成型研究はデータ収集の前から収集中あるいは収集後にも様々な作業を伴います．実践研究においては，後述する理想的な実験計画を実施できることは少なく，仮説検証型研究の立場では後述する準実験計画を取り入れ工夫します．仮説検証型研究は自然科学的な方法を取り入れて方法論的に整備されてきた経緯があり，実践的な仮説生成型研究は「探索型」研究とも言われ，定式化したり訓練したりしにくい面があるとされてきました（南風原[11]）が，現在では現場での観察の記述や臨床的実践から仮説を練りあげていく方法が重視されています．

4. 体育・スポーツ分野における研究デザイン

研究デザインは目標を達成するための方法で研究を計画し，実行するための指針とされています．その目標は一般的法則，因果関係を明らかにすることです．一般に研究デザインは表IV-2-2のように分類されます（奥田[2]）．なお，因果関係を検証する場合の原因と結果について，これ以降，前者を「介入」（処遇，処置，治療，暴露因子，独立変数など），後者を「効果」（結果，アウトカム，従属変数など）を基本表現とし，文脈に応じて使い分けます．

また研究は，観察（調査），実験，実践に分類することができます（表IV-2-3）．観察は現実をそのまま捉えようとするアプローチです．実験と実践はどちらも介入が基本ですが，実験は意図的な条件を設定し，処遇の効果（トレーニングなど）をできる限り純粋に取り出すアプローチである一方，実践は現場における対象者の状況の改善を前提として介入していくアプローチです．ここで「実践は現実場面に介入し」と記述されていますが，観察（調査）もスポーツの現場で実施できる研究方法です．

観察（調査），実験，実践にかかわらず，それぞれ変数間の因果関係を明らかにすることが目的です．観察は独立変数と従属変数を測定し，相関関係，パス解析，構造方程式モデルを適用し，また，実験は独立変数を操作し，測定された従属変数の値の差をt検定や分散分析を適用し，因果関係を明らかにしようと試みます．実践研究も同様，何らかの統計を適用し，因果関係を明らかにしようとすることに変わりはありません．

観察，調査研究では，実験群と対照群に対象者をランダムに割りあてる無作為化が行えないた

表IV-2-2 研究デザインの分類

(奥田千惠子：医薬研究者のための研究デザインに合わせた研究手法の選び方. 金芳堂, 2015)

A. 記述的研究（主として探索的研究として行われる，内部対照がない）
　　例）事例報告，事例集積研究，特定地域の健康調査など
B. 分析的研究（主として検証的研究として行われる，内部対照がある）
　　a. 観察研究（対象を制御せず，聞き取り調査や健康診断のみを行う）
　　　（1）横断的研究（時間の要素がない）
　　　　　例）受傷率や検査値の群間比較，診断法の有用性の検定など
　　　（2）縦断的研究（時間の要素がある）
　　　　　後向き研究（スタート時点で「結果」が得られている）
　　　　　　例）ケース・コントロール研究，後向きコホート研究，
　　　　　　　　コホート内ケース・コントロール研究など
　　　　　前向き研究（スタート時点で「結果」が得られていない）
　　　　　　例）前向きコホート研究など
　　b. 実験研究（対象を制御し，トレーニングの実施や処置などの介入を行う）
　　　　例）介入研究（臨床的な実験研究）など

表IV-2-3 研究方法

観察（調査）	現実場面の，ある特定の側面を調べるために，その特徴を適切に抽出できるようにデータ収集の場を設定する．調査では適切なデータを抽出することによって現実の，ある側面を正確に把握することが目指される．いずれの現実場面に介入し，研究対象に影響を与えることは極力避けるように場が設定される．
実験	現実場面の複雑な要因の影響を受けないようにデータ収集の場の条件を統制する．ここでは条件を統制することで要因間の厳密な因果関係を把握することが目指される．
実践	現実場面に介入し，研究対象に望ましい影響を与えるようにデータ収集の場を設定する．実践型研究では現実場面に介入しながら研究を遂行し，その結果に基づいて実践活動の有効性を高めることが目指される．

め，様々な観点から反論されます．群への割り当てや結果に影響する様々な変数の影響を除去しなければ，群間の差は明らかになりません．特に実践においては，誤差を踏まえて個人差を分析し，その効果の程度を分析しますが，できるだけ反論の少ない研究を計画したいものです．

(1) 実験計画

実験計画では以下の3項目を設定することが要求され，フィッシャーの3原則として知られています．

・局所管理：影響を調べる要因以外のすべての要因を可能な限り一定にする
・反復測定：測定ごとの偶然誤差の影響を除き実験誤差を推定する
・無作為化（ランダム化）：制御できない可能性のある要因の影響を除き，偏りを小さくするために条件を無作為化する

局所管理で系統誤差を排除し，反復により実験誤差を推定し，無作為化により系統誤差を偶然誤差に転換します．つまり，処遇以外の効果が結果に及ぼす様々な誤差の影響をできる限り小さくするのが実験計画です．この3原則が満たされない場合は，伝統的な実験モデルによる仮説検定を適用することはできなくなります．有意性検定を用いる前提は，因果関係を明らかにすること（因果効果 Treatment effect：期待値の差）を前提にしています．そのため，適切な実験計画が実施されない場合の有意性検定は十分ではありません．なお，分散分析はこれらの原則に基づく研究が計画

表IV-2-4　実験デザイン

① 完全無作為1要因デザイン
② 対応のある1要因デザイン 　（または1要因ランダムブロックデザイン）
③ 完全無作為2要因デザイン

表IV-2-5　準実験デザイン

① 不等価2群テストデザイン
② 1群事前事後テストデザイン
③ 中断時系列デザイン
④ 単一事例実験計画

された場合に適用し，分散を複数の成分の和として分析する統計手法です．

特に処遇以外の偶然の誤差以外の質的な差ができないよう，無作為（無作為化：randomization，無作為割付：random assignment）に介入群（実験群）と条件をできる限り同じ（等価）にした対照群（コントロール群）を設定し，2つの群間の差を比べる手続きは，無作為化比較試験（Randomized Controlled Trial：RCT）と呼ばれるエビデンスの確度の高い手法です．無作為割り付けという操作により，この2群はトレーニング実施前は同じ特性の集団と仮定してよいので，現場の測定結果の差はトレーニングを行ったかどうかだけに求めることができます．つまり，トレーニング後の従属変数の測定結果を両群間で比較することにより，トレーニング効果を評価することができます．両群間で偶然誤差を超える差が生じた場合，トレーニング効果が認められたと推定することができます．つまり，トレーニング前後での測定値の変化がトレーニングによるものかどうかを客観的に判断するためには，対照群を設定する必要があり，対照群の設定の有無（コントロール，無作為化）が実験計画と後述する準実験計画の違いになります．実験計画には表IV-2-4のような種類があります．

このようなフィッシャーの3原則に基づく実験計画の詳細は他の統計書に譲りますが，先述したように，体育・スポーツの現場ではこのような手続きに基づいてデータを取得することが困難である場合が多いものです．また，実験が持つ特殊性は様々な制約を伴い，現場の実状とは乖離したデータの取得状況となり，プラシーボ効果，ホーソン効果などの影響がおよぶ可能性も短所として指摘されています．

現在の体育・スポーツ研究において，群間比較法が因果関係を検討するためのスタンダードになっています．現場の状況に大きな干渉をすることなく，内的妥当性を確保する方法として，準実験計画という方法があります（表IV-2-5）．内的妥当性とは処遇（独立変数）と結果（従属変数）の間の因果関係について「この研究の結果，処遇の効果があることがわかった」とする主張の正当性に確信が持てる程度をいいます（南風原[12]）．準実験計画は上述の実験計画を適用することが困難な場合（具体的には無作為化が困難な場合など）は研究の内的妥当性が低くなってしまいますが，可能な限り内的妥当性を保ち，できるだけ明確な結果を得られるように工夫されたものです．つまり，内的妥当性は表IV-2-4の実験デザインで行った実験よりも普遍性の程度はその限りではありませんが，有意差検定の結果に全面的に依存せず，先行研究を踏まえた適切な理論構築で科学的意義のある知見を導出することが可能です．したがって，誤差の適切な管理における内的妥当性よりも現場に即した測定を行っており，一般化可能性あるいは生態学的妥当性を重視した研究のアプローチと言えます（南風原[11]）．

エビデンスに基づく医療（Evidence-Based Medicine：EBM）が提唱され，人を対象とする研究分野は科学的な根拠としてのエビデンスを重視するようになりました．しかし，実践研究はEBMと同様の方法論で記述されることは前述の実験計画の厳密性を踏まえても困難です．そのため，さまざまな現場のデータを科学的知見に昇華させるエビデンスに基づく実践（Evidence-Based Practice：EBP）という概念は重要です．以下に，因果関係を明らかにすることを志向した実践研究に有効な研究デザインである準実験計画と単一事

例実験，これらに適用する統計方法について説明します．

(2) 準実験計画

準実験計画はランダム化比較試験（RCT）や準ランダム化比較試験以外の，ランダム割付を考慮せず，介入群と対照群を比較している研究のことを指します．対照群（比較群）をもたない研究もこれに含まれます．

表IV-2-5の①は等価ではない群の一方に介入（トレーニング等）を行い，その効果を比較する方法です．準実験計画によって収集したデータは，一般線形モデル（例えば，分散分析，共分散分析など）をもちいて分析することが一般的です．①のデータに対して分散分析を行う場合，群（実験群と統制群の被験者間要因）および時期（事前と事後の被験者内要因）を要因とする2要因分散分析を行います．独立変数の交互作用が統計的に有意であれば，介入としてのトレーニング効果があったと解釈できます．

表IV-2-5の②と③は1群を対象に介入を行います．つまり，トレーニング前後の値の比較や時系列で推移を確認して，効果を検討します．現場では統制群を設けることがまれなので，実践研究としてはこれらのデザインにおける測定場面が多いと考えられます．③中断時系列デザイン（図IV-2-4）は②1群事前事後テストデザインについて測定回数を増やしたデザインです．中断時系列デザインでは，トレーニング前の状態を統制群のようにみなし，それとの比較でトレーニング後の状態を評価するものです．単純な事前事後テストのデザインよりも繰り返しの測定回数が多い為，時間経過に伴う単なる変化に対するディフェンスが可能です．トレーニング前の平均値の総平均からトレーニング後の平均を全て平均した値を引いた大きさを効果の大きさとして示すことができます．

中断時系列デザインにおいてトレーニングの導入前後の値がそれぞれ同程度であれば，導入前の全ての値の平均値から導入後の全ての値の平均を

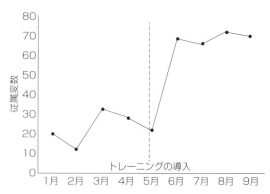

図IV-2-4 中断時系列デザインを用いた結果の例

引くことによって，トレーニング効果の大きさ（ES:効果量）を規定することができます（南風原・市川[12]）．

ES（effect size）= $y_A - y_B$

y_B: 導入前（before）の平均

y_A: 導入後（after）の平均

また，トレーニング前後のそれぞれについて，回帰直線を求め，比較することも可能です．

$y_B = a_B + b_B x$

$y_A = a_A + b_A x$

さらに，傾き $b_A = b_B$ と仮定できるなら，共分散分析の場合と同様に効果の大きさESを切片の差，

ES = $a_A - a_B$

と定義することができます．

5. 単一事例実験（シングルケース）計画

(1) 単一事例実験計画の概要と手法

単一事例実験計画は，前述の準実験計画の枠組みで④として紹介しましたが，単に実験計画ができない場合の代替的な研究デザインではありません．RCTのデメリットを上回る現場の実態に即した実践的なアプローチです（Kinugasa et al[28]）．

単一事例実験計画はシングルケースデザイン（Single-Case Designs：SCD）とも呼ばれ，「個体」のデータについて独立変数と従属変数の因果関係を検討する方法です．体育・スポーツ科学において因果関係を明らかにしようとする場合，群間比

較法がゴールドスタンダードとされていますが，これまで述べてきたとおり，体育・スポーツの現場においては，対照群を設置することは様々な制約を伴い，現場における実践の場を実践ではなくしてしまう可能性があります．なお，典型例の経過を記述するケーススタディとは名称が似ていますが，異なる方法です．

SCDにおいて「ケース（case）」の意味するところは，n＝1としての一個体だけでなく，スポーツチームや日本代表選手など複数人からなるまとまりとしての意味も持ち，その際個体に対する（経時的）前後比較を行う点がこの方法の要点です（井垣[19]）．個体の反応を測定評価することによって処遇による効果を明らかにする立場は，実験計画法における群間の平均値を比較する立場とは一線を画します．すなわち，実践研究あるいはSCDの立場は，対照実験を行うことができないからといった消極的な考えに立つものではありません．

広く知られている「根拠に基づく医療（evidence based medicine）」では，研究手法に対する信頼性の強さを「エビデンスレベル」として数値で表し，序列化しています．この序列においてSCDはレベル4に位置付けられる場合もあり，レベル5記述研究（症例報告を含む）の一つ上に留まる程度ですが，この一次元の尺度では序列化できない利点が多く存在します．つまり，エビデンスを担保するためには群間比較法を利用しようとしますが，群間比較をしないSCDは研究方法として劣っているのではありません．さらに，SCDは先のエビデンスレベルの位置付けに関わらず「エビデンスにもとづいた実践を確立するために用いられる厳密で科学的な手法」とされています（山田・井上[22]）．特にSCDの長所は介入の柔軟性と結果のフィードバックの迅速性です（井垣[19]）．体育・スポーツ現場における進捗状況を観察しながら測定を進めていくため，トレーニング介入としての独立変数を導入するタイミングなどを状況の変化にあわせて柔軟に決定し，その効果を即時フィードバックすることができます（井垣[19]）．

SCDに関する研究は古く，1925年にフィッシャーが群間比較法による実験計画を開発する以前に遡ります．無意味つづりを用いた記憶実験で知られているエビングハウスは，自分自身を被験者として反復測定したデータから忘却曲線を導出しました（Barker et al[34]）．また，いわゆるパブロフの犬として有名な条件反射の知見は少数の犬の個体から得られたデータが元になっています．ソーンダイクは効果の法則を少数のネコの問題箱の実験から導きました（井垣[19]）．群間比較法が主流になった後，これによる推測統計を批判したスキナーは，個体の行動変容に影響を与える環境的要因を操作することで，環境と行動の関数関係を明らかにしていきました．そして1950年代以降スキナーを中心とした研究者が個体データを検討する手法としてSCDを開発し発展させました（Barker et al[34]）．

SCDの特徴として次の3つがあげられます．(1) 参加者（被験体）の数が少数であること，(2) 同一個体に対する反復測定を行うこと，(3) 結果に対する評価方法として統計的検定を前提としないこと，です（岩本・川俣[32]）．

SCDは行動，パフォーマンス，心理的構造などの結果変数の変化を調べ，介入の有効性を評価するための有効な方法です．体育・スポーツにおいて効果的なテクニックの開発や実践場面における運動行動の知見が得られるなど，数多くの用途があります．しかし，SCD研究の基本的な原則や技術は明確に理解されているわけではありません．次に，SCDで利用される統計分析について解説します．

（2）SCDのデザイン

SCDには様々なバリエーションがあり，一般にABデザイン，反転（reversal）デザイン，基準変更（changing criterion）デザイン，多重ベースライン（multiple baseline）デザイン，処遇交替（alternating treatment）デザインに類型化できます（桑田[6]）．

ABデザインにおいて，Aはベースライン期，Bは処遇あるいはトレーニング期を意味します．

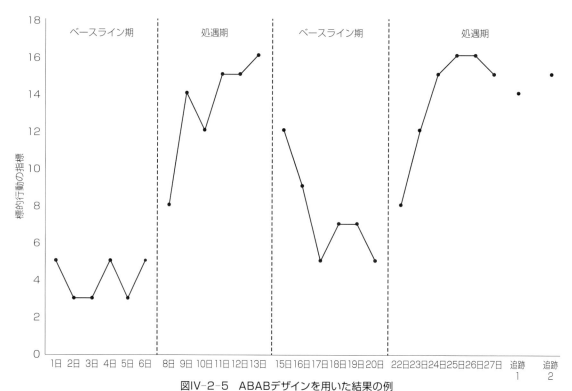

図Ⅳ-2-5　ABABデザインを用いた結果の例
(南風原朝和ほか：心理学研究法入門．東京大学出版会，2001)

　また，ベースライン期はトレーニング介入前の群間比較法の対照群として位置付けられます．そのため，一般的に安定基準を設定し，データに何らかの傾向が混入していないかを確認します．例えば，6回のセッションにおいて，最終3セッションの平均値の±15％以内に各データが収まっているかどうかなどの処理によって判断します（桑田[6]）．検定力の観点からも測定するセッションの回数は多い方が効果的です．Bの介入（処遇）期は，群間比較法の実験群に位置付けられます．ベースライン期と同様に複数回の測定によってデータの安定を観察していきます．ただ，ABデザインはSCDの考え方の基本ではありますが，様々な反証の可能性を有しており，処遇以外の要因や時間経過による変化への対処は十分ではありません．

　反転デザインは，ABの後に再度ベースラインに反転させる（戻す）方法で，トレーニングなどの処遇の効果を一度取り除き，再度処遇を行うことでより内的妥当性を高め，その効果を明らかにしようとするデザインです．ABAデザインあるいはABABデザイン（図Ⅳ-2-5），あるいはB以外の介入Cを行い，ABACAデザインなどとする様々な組み合わせが考えられます．ただ，体育・スポーツで扱う筋力や競技スキルの多くは，可塑性の点において介入を終えた後も再びベースラインに戻ることは容易ではなく，反転デザインを利用する際の問題点のひとつに挙げられます（桑田[6]）．

　多重ベースラインデザインは，先の反転法の問題を補う方法として利用されています．被験者間多重ベースラインデザインでは複数の選手を対象とし，異なる時期にトレーニングの処遇を与えると，より説得力を有する結果が得られます．複数のベースラインを対象とし，個人差を考慮しても同様なトレーニング効果が得られれば内的妥当性を高めることになります（図Ⅳ-2-6）．このデザ

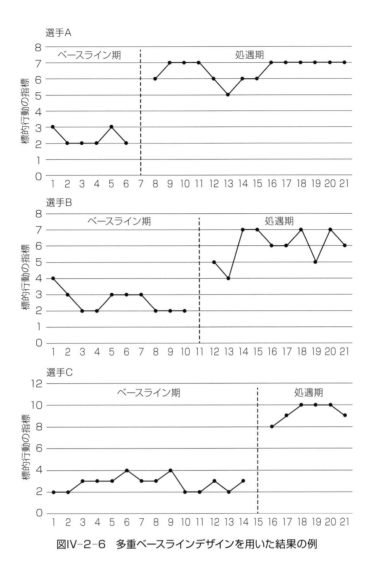

図IV-2-6　多重ベースラインデザインを用いた結果の例

インはn＝1の完全な単一事例実験よりも内的妥当性を高めるだけでなく，一般化可能性にも言及できます．この場合，時系列データであるため，ベースライン期のパフォーマンスの平均とトレーニング後のパフォーマンスの平均との単なるt検定を行うことは問題であり，時系列分析やランダマイゼーション検定を行うことが望まれます．

また一人の被検者から連続的にデータをサンプリングするため自己相関の問題も生じます．

(3) SCDの統計

SCDは中断時系列デザインと同様に，パフォーマンスの継続的な測定を行い，トレーニングを行った効果がそのパフォーマンスに現れるかどうかを検討します．前述のように大切なのはトレーニング効果を確認できるようにパフォーマンスの値を安定させるベースライン期の設定です．日常のトレーニングにおいて常にパフォーマンスを記録することによってこのベースライン期を確認することができます．

SCDにおける介入効果は，従来グラフ化による視覚的判断によって行われてきました（山田[33]）．しかし，この方法は推定精度や信頼性に乏しく，特に自己相関の高い時系列データは系列依存性が

表IV-2-6　シングルケースデータのための統計的検定の特徴

統計的検定	必要なN	自己相関の考慮	長所	短所
t検定, F検定	小〜中	×	なじみがある方法. レベルの変化を見るには適切	自己相関があると結果が歪む
二項検定	小	○	計算が容易. 視覚的判断と併用される	自己相関があると, 第1種の誤りの統制が悪くなる (Crosbie, 1987)
TryonのC統計	小	○	計算が容易	自己相関があると, 第1種の誤りの統制が悪くなる (Crosbie, 1989；山田, 1999)
中断時系列分析：ARIMAモデル	大 (>50)	○	自己相関をモデルに組み込むことが可能	モデルが難解. 必要なNが大きい
中断時系列分析：GottmanのITSE	やや大 (>30)	○	自己相関をモデルに組み込むことが可能	モデルが難解. 必要なNが大きい. 方法論への批判も (Huitema, 2004)
中断時系列分析：CrosbieのITSACORR	小 (>10)	○	各フェーズN＝10程度のデータがあれば分析可能	致命的な欠陥があるという指摘も (Huitema, McKean & Laraway, 2007)
ランダマイゼーション検定	小〜中	○	さまざまなデザインに対応	デザインによっては多くのNが必要. Basu (1980) など理論自体への批判も

表IV-2-7　一事例実験で利用される効果量

効果量	式	特徴
d	＝(A期の平均－B期の平均)／A期とB期をプールした標準偏差 ＊分母はA期の標準偏差の場合もある	「標準化された平均値差」に準じた効果量
PND (percentage of nonoverlapping data)	＝(A期の従属変数の最小値よりも従属変数の値が小さくなるデータポイント数)／B期の総データポイント数）×100 (％)	介入期での従属変数の値(データポイント)が, 基準値と比較して改善されているかを表す
PZD (percentage of zero data)	＝(B期の0の数)／B期ではじめて0になったデータポイント以降のデータポイント数)×100 (％)	介入期での従属変数の値(データポイント)が, 基準値＝0となった割合を表す
SMD (standardized mean difference)	＝(A期の平均－B期の平均)／A期の標準偏差 ※分母はA期とB期をプールしたデータの標準偏差の場合もある	2つの平均値の差を標準偏差で割り, 効果を標準化し, 異なる単位変量を比較できる
MBLR (mean baseline reduction)	＝(A期の平均－B期の平均)／A期の平均×100 (％)	ベースライン期と介入期の平均値差が, ベースライン期の平均値と比較してどの程度改善されたかを表す

高く, 視覚的判断に影響します. そのため, 統計分析によって判断する方法が活用されるべきですが, 適用される統計分析の内容が十分理解されていない現状にあったため, 多くの利用に至ってはいません. つまり, SCDにおいて実験手続きおよび適用すべき統計内容に明確な合意はありませんでした. しかし, SCDに関する研究は進んでおり, こんにち様々な提案がなされています.

SCDのための統計的検定として表IV-2-6のようなまとめが報告されています (山田[33]). 推測統計に利用される検定統計量も個人の介入効果の検出が目的との立場にあって, 測定時の誤差は偶然誤差と捉えられ, 種々の研究の限界を踏まえた上でSCDに利用することは可能です.

表IV-2-6に示した統計的検定のほか, 効果量 (effect size：ES) によって介入の影響を記述する試みも提案されています. 今日多くのESが提案されており, そのうち本書では使用頻度が高いと思われる, d, PND, PZD, SMD, MBLRについて紹介します (表IV-2-7).

dは標準化された平均値差でΔ - indexとも表現されます (Barker et al[34]). なお, A期とB期の平均値差をA期とB期のデータをプールした標準偏差で除す場合もあります (山田・井上[22]). また, 単にA期とB期の百分率の差を手がかりとするg-indexも提唱されています (Barker et al[34]).

PNDは, 介入期のデータポイント数のうち, ベースライン期と重複しないデータポイント数

（セッション数）の割合を求め，介入の効果量を算出します（山田[33]）．ベースライン期の最大値（少ない方が望ましいパフォーマンスの場合は，最小値）を基準として，介入期のデータポイント数がその基準値をどの程度上回っている（あるいは，下回っている）割合を算出します．例えば，介入期のデータポイントの数が10個あり，ベースライン期の最小値を上回るデータポイント数が8個あれば，PNDは80％（（8÷10）×100（％）＝80％）となります．PNDが90％以上であれば高い効果（very effective），70〜90％であれば効果的（effective），50〜70％であれば効果は疑わしい（questionable），50％未満は効果なし（ineffective）と判断されます（Scruggs and Mastropieri[31]）．

PNDは基準値が少しでも下（上）回れば効果があったと判断する指標であるのに対し，PZDは従属変数が0になって（例えば，指導介入の結果，ネガティブなスキルの出現がなかった場合）はじめて介入効果があったとみなせる場合に利用でき，PNDよりも厳しい基準の指標といえます．

MBLRはA期とB期の平均値差をA期の平均値で除して100を乗じた指標です．各期のデータポイントが2以下の場合やA期がすべて0（％）あるいは100（％）の場合は効果量を算出することはできません（山田・井上[22]）．また，いずれの効果量を利用すべきかについては，複数の効果量を算出して，総合的にかつ慎重に判断することが推奨されています（山田・井上[22]）．

SCDの分析にはオープンソースの統計的プログラミング言語Rで書かれたソフトウェアパッケージにリソースやコマンドが存在します．代表的なものとしてSCMA, SCRT, SCVA, SSD for Rなどが知られています．いずれも大抵のデザインに対応し，p値や種々の効果量を計算してくれます．例えば，SSD for Rにはビジュアル解析を行うための数多くのグラフ作成機能とチャート機能があります．折れ線グラフの作成のみならず，フェーズ間に平均，中央値，標準偏差を追加し，経時的変化を視覚化するための追機能も利用できます．t検定，カイ二乗，二重基準など多くの統計的有意性の検定も含まれています（Auerbach and Zeitlin[24]）．年々このようなリソースが充実しており，SCDの解析がより簡便に行えるようになってきました．

以上，体育・スポーツの実践研究で利用する統計について，準実験あるいは一事例実験の研究デザインとともに紹介してきました．一貫して言えることは，統計のために現場の状況を変更するよりも，現場の状況を踏まえたうえでの統計の適用，内的妥当性の確保が生態学的妥当性を保証するためには重要ということです．条件を厳密に統制しすぎると，スポーツ現場本来の現象から乖離したデータを解析することにつながり，道具としての統計本来のあり方にはなりません．外的妥当性は仮説検証型研究にとって一般化可能性を検証するために重要ですが，仮説生成型研究においては内的妥当性を保つために，誤差の管理，信頼性の保証，再現性の確保は非常に重要です．加えてネガティブなデータを恣意的に取り除くことも避けるべきです．現場での実践を研究結果として記述するためには，その実践について様々な方法を用いて丁寧に記述することが必要です．この対応は測定誤差を管理することにもつながります．測定誤差のうち，過失誤差や系統誤差が排除されれば測定値のばらつきは偶然誤差によるものと扱うことができ，個人内変動を適切に扱うことができます．スポーツの現場では，個人内変動がコンディショニングであったり，トレーニング効果による変化であったりします．信頼性の程度は妥当性の程度の上限にもなりますから，現場における測定だからといって，不適切な測定が許されるものではなく，実践研究においてこそ誤差の管理は重要といえるでしょう．

6. 実践研究における相関分析

体育・スポーツの研究において相関分析する場合に注意すべきことがあります．相関係数を解釈する際にありがちな誤りとして，個人間の相関を個人内の相関としてしまうことです．2変数の関

連を考えるとき,「集団において,xの値が大きい個人ほどyの値も大きい」という個人間差に基づく相関関係（個人間相関）と「ある個人について,xの値が大きい時ほどyの値も大きい」という個人内の共変関係（個人内相関）とが区別されます．研究の場では,そのほとんどが前者の解析を行っていますが,その考察において後者の内容を述べていることが散見されます．実践研究では「集団の相関関係」よりも「個人の共変関係」に注目することが多く,われわれが通常行う個人間相関での解析に対する考察は,本来個人内共変によって考察されるものです．特に人数が少ない場合の対処の仕方には注意が必要です．2変数の関係を分析する際,実践研究では人数が少ないとデータの水増しが起こりやすく,例えばn = 5のデータを1人当たり3回の測定を行ったとして,5人×3回 = 15個のデータとみなしてプロットし,相関係数を求め,有意性を主張することがあります．相関係数は基本的に独立無作為サンプリングが前提となっており,1人当たり3回のデータはその前提が担保されていません．個人間データと個人内データを混ぜて相関係数を求めるとミスリードを起こします．さらに個人内相関は個人間相関との逆相関も起こることが知られています．たとえば筋力とバットのスイング速度という変数で測定し,相関係数を求めた際に高い相関係数が得られたとします．この相関係数は個人間差に基づいた相関ですが,それを「筋力をつければバットのスイング速度があがる」といった個人内の関係と解釈してはいけません．現実に個人内相関を求めたら,筋トレに多くの時間をかけたら逆に技能の練習が不足し,スイング速度が遅くなる可能性もあるからです．このような個人間相関係数が正の値でも,個人内相関係数が負の値を示すケースはよくあることです．個人内変動と個人間変動の関係には,常に気を配るべきでしょう．

さらに,スポーツの現場では練習効果,トレーニング効果としての時系列のデータを扱う場合,相関係数によって個人内変動としての共変関係を示す場合があります．この場合,個人内変動を横軸にセッションのポイントで示しますが,本来対応のあるデータであるため自己相関を有し,有意な相関係数や絶対値の大きい相関係数が得られやすくなります．実践研究における相関分析では気をつけたいポイントです．

他には,選抜効果による相関係数の低下がよくある例ですが,例えばトレーニング量とパフォーマンスとの相関係数を求める場合に生じます．トレーニングの効果は,もともとパフォーマンスの低い人に対して効果が高いものです．トレーニングを日常から行っているような,特にトップレベルの選手においては,単にトレーニング量を増やしてもさほどパフォーマンスは向上しません．このような集団の分割による相関係数の変化は,比較的等質のスポーツ現場においては,トレーニングに意味はないといった誤った議論を生み出しかねません．

因果関係に言及する際にはより注意が必要です．「xの値が大きいときにyの値も大きい」は相関関係で,「xの値を大きくしたときにyの値も大きくなる」のは因果関係です．「身長が高いと体重も重い」という相関関係は,解析結果だけではなく,事前の知識を踏まえて「身長が伸びれば,体重が増える」という因果関係を推定しています．事前の知識があるため,「体重が増えれば,身長が伸びる」という因果関係を考えることはありません．つまり,集団を対象とした相関分析において,原因系の変数と結果系の変数の間の相関が算出されると,そこから因果関係やメカニズムが推論され,関係のあり方やプロセスに関する個人差は誤差として扱われてしまいます．

相関係数における典型的な検定は「母集団相関係数はゼロである」の帰無仮説をたてる無相関検定ですが,この相関係数の有意性検定において統計的に有意であるということは,母集団相関係数がゼロだとしたら得にくい値であるということを意味し,実質的に意味のある相関（の程度）であることを説明するものではありません．また,第三の変数が測定されていない場合,相関係数の大きさはその影響によって生じた擬似相関である可

能性もあります．

7．ベイズ統計の活用

わが国の体育・スポーツ科学は，ネイマン－ピアソン流の統計学こそ，自然科学のアプローチとして必須の道具であると了解されています．その流れの中で前述のように実践研究として準実験，単一事例実験等を説明してきましたが，章の冒頭で触れたこれからの実践研究において効果的となる統計手法であるベイズ統計を紹介します．

ベイズ推定は実験や観察などの研究によって得られたデータに基づき，その母集団について確率論的に推測を行う統計学の一分野です．図IV-2-7は統計学の全体像におけるベイズ統計学の位置付けを示したものです．

ベイズの定理を一般式で表すと以下のようになります．

$$P(H|D) = P(D|H)P(H)/P(D)$$

H: Hypothesis 仮説
D: Data データ（観測値）
P(H): Prior probability 事前確率
P(H|D): Posterior probability 事後確率

P（H）はデータを得る前の事前の仮説Hについての確信の度合いです．これらの確率は測定によって得られたデータでも，選手やコーチの判断としての主観（確率）でもいいのです．この式は事後確率が事前確率に尤度を乗じた値に比例することも示しています．

われわれは，トレーニング効果が何割以上だったらそれを実施しようと思うでしょうか．トレーニング効果が何割かということは，そのトレーニングによって関心のあるアウトカムとしてのパフォーマンス達成率を指すことがほとんどだと思います．つまり，どの程度のトレーニング効果であるかは概ねどの程度の確率が期待できるかを考えることになります．有意差検定における確率は頻度に基づく客観確率です．ラプラスは「確率とは，

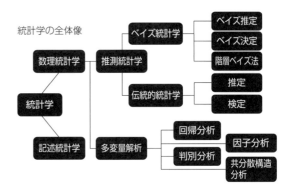

図IV-2-7　統計学の全体像（涌井良幸：道具としてのベイズ統計，日本実業出版社，2011）

全ての可能な場合の数に対する好都合な場合の数の比である（ラプラスの確率法則の第一原理）」と定義しています．確率を帰納論理ではなく，パフォーマンスの結果として捉えると主観確率として位置付けることができます．有効なフィードバック情報が行動の意思決定の根拠であり，意思決定のための主観確率は数学的確率でもあります．

ベイズ的アプローチはデータからの情報と事前の知識の両方を合わせた評価です．この場合の事前の知識は頻度主義に基づく普遍性を担保した科学的知見であったり，エビデンス以上の知識がない場合は現場の日常によって得られたデータに基づく確率，あるいはコーチや選手から得られる主観確率だったりします．現在のベイズ的アプローチではパフォーマンスの結果に基づく確率を用いることが多くあります．データを積み重ねるほど，データの持つ情報の影響力が強くなり，個々人の持つ事前の知識の差異を縮小する客観的な数値が得られます（佐伯・松原[5]）．これをベイズ更新と呼びます．ベイズの定理に基づく統計アプローチは，データに基づくモデル化した分布について数学的確率を用いてその不確かさを評価するアプローチであるため，実践研究との親和性は高いと考えられます．表IV-2-8は頻度主義といわれる従来の統計とベイズ統計の違いを示しています．頻度主義の従来の統計では，真の値の存在を前提に仮説は真か偽かを判定します．ベイズ統計ではデータに基づき何がどの程度の確からしさである

表IV-2-8 従来の統計とベイズ統計の違い

	母数θ	データx,y
従来の統計（頻度主義）	定数	確率変数
ベイズ統計	確率変数	定数

のか，データから考えられる母数の分布，母集団を考えます．

　一般的な統計モデルの多くは，主効果交互作用だけで現象を表現します．頻度論に基づく統計の利用が長く続いているため，われわれは変数の主効果と交互作用だけで現象を説明しようとしています．そして実験的操作や介入など，効果の有無を検証することだけが科学だと考えるようになってきています．ベイズ推定の利用によって「効果の有無で現象を観察する」という科学観に囚われる理由はなくなります．つまり，現象を表現するモデルそのものを作り，評価できるようになりました．

　それでも様々な制約のあるベイズ推定ですが，トレーニング効果の有無を検証するだけの科学ではなく，そのパフォーマンスが生まれた過程を明らかにする科学へ向かうための手続きにもなります．現場で得られたデータや個人データに理論分布をあてがうことは必ずしも適切な手続きではなく，意思決定に貢献する結果をもたらすものではありません．スポーツ科学の現場ではトレーニング効果や試合状況の変化など，能力や状況に関する情報が常に更新することが通常の形態であり，様々なスポーツ環境で原因となる要因が複雑に関連します．このような現象に対しては，従来のガウシアン的アプローチではなく，ベイジアン的アプローチとしてベイズの定理を利用することが有効です．根拠もなく事前確率を正規分布に委ねて理論確率として設定することなく，データの尤度と事前確率の積として事後確率を設定し，能力や状況に応じて情報を更新し，アウトカムに資するデータ分析を行うことができます．ベイズ推定の特徴はそのままスポーツ現場の状況に適用できる点で効果的であることです．

　これからの体育・スポーツ科学は，従来の頻度主義とベイズ主義において，それぞれの特徴を踏まえた統計分析を適用することが求められるでしょう．

8. 欠損データの扱い

　体育・スポーツ科学が網羅する分野は多岐にわたります．基礎研究の分野でラットやマウスを用いた研究は厳密な実験設定が可能です．一方，実践の場においてはこれまで述べてきたように，厳密に統制した実験研究を行うことは多くの場合困難です．また，現場に即した研究であるほど関心のある現象に関連する要因が多岐にわたるため，因果推論や予測が困難であることが多くあります．先述したようにアウトカムとしての確率をデータに基づいて求めることも行われるようになってきましたが，研究デザインの統制は難しい場合があります．

　近年，実験計画が困難である調査，観察研究においても因果推論や予測が可能な統計手法が用いられるようになってきました．つまり，欠測データの統計解析理論およびその枠組みに立脚した統計的因果効果推定法と潜在変数を導入した柔軟なモデリング，行動データで利用される離散選択モデリングや行動間隔・生存時間分析に対して個人差やグループの差を導入する変量効果や潜在クラス，マルチレベルモデリングなどの拡張，発展，応用があります（高井ほか[9]）．この詳細は他書に譲りますが，今後実践研究において有効な統計手法になると予測されます．

9. 実践研究における統計の意味と使い方のまとめにかえて

　現象の解析において万能なアルゴリズムは存在しません．現場に精通した者が興味のある対象のメカニズムを想定した因果モデルにおいて仮説を設定し，かつ現場に介入しながら逐次仮説を修正するプロセスが統計を適用するうえで大切です．かかる意味で体育・スポーツの現場における実践

研究にこそ，汎用的な統計解析に頼らない専門的なアプローチが必要になってきます．今後，柔軟な発想のもと，実践研究において様々な統計解析が適用され，素晴らしい体育・スポーツ科学の知見が発信されることを願っています．

[小林　秀紹]

[文　献]

1) 市川伸一:「実践研究」とはどのような研究をさすのか:論文例に対する教心研編集委員の評価の分析. 教育心理学年報, 38:180-187, 1999.
2) 奥田千惠子:医薬研究者のための研究デザインに合わせた研究手法の選び方. 金芳堂, pp.5-19, 2015.
3) 川村　孝:臨床研究の教科書. 医学書院, pp.10-15, 2016.
4) 神田英一郎:医学論文執筆のための臨床研究と医療統計. メジカルビュー社, 2016.
5) 佐伯　胖, 松原　望:実践としての統計学. 東京大学出版会, 2000.
6) 桑田　繁:新しい実験計画法としての単一被験者法の紹介 (I): その適用方法と群間比較法との相違. 全日本鍼灸学会雑誌, 43:28-35, 1993.
7) 下山春彦, 能智正博:心理学の実践的研究を学ぶ. 新曜社, 2014.
8) 手良向聡:なぜベイズを使わないのか!? 金芳堂, 2017.
9) 高井啓二, 星野崇宏, 野間久史:欠測データの統計科学. 岩波書店, 2016.
10) 高野陽太郎, 岡　隆:心理学研究法. 有斐閣アルマ, pp.1-19, 2005.
11) 南風原朝和:心理統計学の基礎:総合的理解のために. 有斐閣アルマ, pp.1-3, 2003.
12) 南風原朝和, 市川伸一, 下山晴彦:心理学研究法入門. 東京大学出版会, 2003.
13) 広瀬和佳子ほか:実践研究をどう記述するか:私たちの見たいものと方法の関係. 早稲田日本語教育学, 7:43-68, 2010.
14) 真嶋由貴恵:教育実践をいかに論文化するか:実践研究の体系的な方法論やその事例. 編集担当委員が語るJSiSE論文投稿入門:教育実践をいかに論文化するのか？ チュートリアル, 教育システム情報学会第40回全国大会, 2015.
15) 永田　靖:統計的方法のしくみ. 日科技連, 1996.
16) 長田　理:実例で考える統計解析の落とし穴. 克誠堂出版, pp.5-9, 2002.
17) 能智正博:質的研究の質. pp.155-166, (伊藤哲司ほか編, 動きながら織る・関わりながら考える. 新曜社, 2005)
18) 柴田克之:臨床家のための実践と報告のすすめ:入門編. 第2回「事例報告と効果反転のまとめ方」. 作業療法, 32:214-220, 2013.
19) 井垣竹晴:シングルケースデザインの現状と展望. 行動分析学研究. 29:174-187, 2015.
20) 須釜淳子, 西澤知江:研究デザイン. 12回日本褥瘡学会学術集会編集委員会講習会, 2010.
21) 津谷喜一郎ほか訳:CONSORT2010声明「ランダム化並行群間比較試験報告のための最新版ガイドライン」. 薬理と治療, 38:939-947, 2010〈Schulz KF, Altman DG, Moher D for the CONSORT Group: CONSORT 2010 Statement: updated guidelines for reporting parallel group randomized trials. Lancet. 375 (9721):1136, 2010〉
22) 山田剛史, 井上俊哉:メタ分析入門:心理・教育研究の系統的レビューのために. 東京大学出版会, pp.182-201, 2012.
23) フィッシャーRA著, 遠藤健児, 鍋谷清治訳:研究者のための統計的方法. 森北出版, 2013.
24) Auerbach C, Zeitlin W: SSD for R: An R Package for Analyzing Single-Subject Data. 1st Ed., Oxford University Press, 2014.
25) Stapleton D, Hawkins A: Single-Case Research Design: An Alternative Strategy for Evidence-Based Practice. Athletic Training Education Journal, 10: 256-266, 2015.
26) Hartmann DP, Hall RV: The changing criterion design. J Appl Behav Anal, 9: 527-532, 1976.
27) Ledford JR, Gast DL: Single-case research methods in sport and exercise psychology. 3rd Ed., Routledge, 2018.
28) Kinugasa T, Cerin E, Hooper S: Single-subject research designs and data analyses for assessing elite athletes' conditioning. Sports Medicine, 34: 1035-1050, 2004.
29) McGill RJ: Single-case design and evaluation in R: an introduction and tutorial for school psychologists. Int J Sch Educ Psychol, 5: 39-51, 2017.

30) Stapleton D, Hawkins A: Single-case research design: an alternative strategy for evidence-based practice. Athletic Training Education Journal, 10: 256–266, 2015.
31) Scruggs TE, Mastropieri MA: Summarizing single-subject research. Issues and applications. Behav Modif, 22: 221–242, 1998.
32) 岩本隆茂,川俣甲子夫：シングルケース研究法：新しい実験計画法とその応用.勁草書房,1990.
33) 山田剛史：シングルケースデザインの統計分析.行動分析学研究,29：219–232,2015.
34) Barker J, McCarthy P, Jones M, Moran A: Single-Case Research Methods in Sport and Exercise Psychology. Taylor and Francis, 2011.

IV部 論文の具体的な書き方

3. Q&A〈文献研究，倫理的配慮など〉

【文献研究に関するQ&A】

Q. 文献研究は，どの程度行う必要がありますか？ 英文の文献が必ず必要ですか？

A. スポーツ等の実践現場で問題等に対処している場合であれば，その実践活動の中で行える範囲のものとなるでしょう．

実践での問題・課題が生じ，解決を模索している中では，文献研究は充分に行えないかも知れません．しかし，「実践研究」としての論文を執筆するとなると，実践現場での活動をしている時よりは，時間をとって文献や情報を収集したり，再確認したり，読み込んだりする必要があるでしょう．そのことにより，実践的活動で見えなかったことが，より別な角度から見えてくると思われます．

もしかすると，これから執筆しようとしている筆者自身らが設定した問題や課題，そしてその解決過程は，「既知のことであった」ということもあるかもしれません．そうなれば，その課題に関する事例研究等をする意味は半減することになるかもしれません（筆者自身らの指導や活動過程を振り返り，記録を残すという意味での「事例報告」としては大きな意味があります）．しかし，そのような「既知のこと」にも関わらず，「筆者自身らが思い悩んだ事実や背景」を検討することは大きな意味や価値があるでしょう（會田ほか，2016）．そのような意味からも文献＝先人の知恵を活用することは重要と言えます．

また，闇雲に文献等の情報を収集するのは効率が悪いので，関連する事項に詳しい同僚（同輩・先輩），専門家に尋ねて，その収集すべき文献についての情報を集めることもよいでしょう．

文献引用や研究の中に「英語の文献が必ずなければならない」ということはありません．ただし，現在では，比較的簡単に世界中の色々な情報を集めやすい環境にあることも事実です．海外等の情報に関心を持ち，情報収集すること，それを理解しようとすることは，引用する，しないに関わらず，筆者自身らが設定した課題や直面する問題を解決する上で有益な一手段であることを忘れないで頂ければと思います．

Q. 文献には，指導書やインターネット情報も含まれますか？

A. 文献には，指導書やインターネット情報等も含まれます．問題発生や解決の糸口，事例の結果についての解釈の根拠となった情報源として示すことは，特に重要です．また，研究を進める上で用いた実験手法や分析・解析法，さらには統計処理等について引用があれば，その引用元を明らかにし，明記することも大切です．

指導書，専門のスポーツ競技の雑誌等の場合の引用では，投稿論文先の文献引用の手引きや表記に従って示して下さい．書籍の場合は，その引用ページも示すことが期待されます．

インターネット情報については，引用URLはもちろん，情報の変更等が頻繁に行われたりしますので，その"参照日"も示すようにて下さい．

なお，写真・図・表等の引用をする場合，情報の管理者に確認を取る必要がある場合があるので，その点も注意して下さい．

さらに，経験知として指導者や競技者から得た情報についても，その情報提供の期日と氏名（公表の確認が取れているのであれば）を，「○○私信より，2014.3」といった形で表現することもできます．

Q．Youtube等の映像情報も文献に含まれますか？ 転用して提示してもよいですか？

A．Youtube等の映像情報も文献として取り扱うことはできます．ただし，インターネット上のテキストデータと同様に，引用URLはもちろん，情報の変更等が頻繁に行われたりしますので，その参照日も示すようにして下さい．

なお，映像情報を無断転用して論文に掲載することは，著作権等の問題へと発展しやすいので，行うべきではありません．転用の場合は，情報の管理者に確認，手続き等を取る必要があるので，その点も注意して下さい．

【研究倫理・配慮事項に関するQ＆A】

Q．責任著者や共同研究者の役割は，どのように論文中に書けばよいですか？

（投稿規定のところに，以下のような説明がついている場合への対応です．「共著の場合，できれば，注や付記などにより役割分担を明確に記すようにお願い致します」）

A．オーサーシップを重視し，共著者で名前貸しとならないようにすることが大事です．共著の場合は，注などにより役割分担を明確に記すようになっています．以下が例です．
〈例1〉
付記

本論文は筆頭著者による平成27年度愛知学院大学心身科学部卒業論文「卓球におけるフォアハンドドライブの新しい指導法の開発」に加筆修正を加えたものである．本論文の作成に際して，筆頭著者は責任著者の指導のもとで研究に取り組んだ．責任著者は，筆頭著者の研究指導を行うとともに，論文投稿に際して論文全体に推敲を加え，さらに査読過程における論文修正に際して「I．研究のねらい」における「3．球技種目のコーチング論における運動技術の『段階的指導法』開発の意義」および「IV．開発された指導法の学習成果とさらなる改善可能性」における「2．考察資料の作成」の第一段落などの加筆を行った．
（出典）小木智映子，渡辺輝也（2016）初心者を対象とした卓球におけるフォアハンドドライブの新しい段階的指導法の開発．スポーツパフォーマンス研究，8，284-301．
〈例2〉
付記

本研究は，共同研究者3名で研究構想を練り，本論全体を筆者A（●）がとりまとめ，グループインタビューならびに対話分析については筆者B（●）が，「研究方法」ならびに「結論」については筆者C（●）が主に担当した．
（出典）小井土正亮，原仲碧，中村剛（2016）サッカー競技会における監督のメンバー選考に関する実践知—短期トーナメント方式の大会における事例を例証として—．スポーツ運動学研究29，29-43．

Q．事例研究等を進めるにあたって，対象者の事例提示の同意や肖像権の利用について確認を取る必要がありますか？

A．あります．ただし，目隠し等が必要かは，本人の同意書を交わすことが重要です．TV局等のマスコミで用いるものを援用した同意書（資料1）を活用するとよいでしょう．

［資料1］

肖像権使用同意書

作成日　　年　　月　　日

　私は貴者(●●)に対し、貴者が私の肖像等を＿＿年　　月＿＿日に撮影した動画及び画像について、下記の定める使用範囲において無償にて使用することに同意します。
　また、同意書に記載した内容について偽りがないことを保証します。

　　　〒
■ 住所：
　　　＿＿＿＿＿＿＿＿＿＿＿＿＿＿＿＿＿＿＿＿＿＿＿＿＿＿＿＿＿＿＿＿

■氏名（署名）：＿＿＿＿＿＿＿＿＿＿＿＿＿＿＿＿＿＿＿＿＿＿＿＿＿＿

【使用範囲等】
1. 本動画及び本画像を使用した貴者または貴者が指名した者の作品が、授業・講演・研究における資料（Web・ジャーナルを含む）で使用されることを許可いたします。また、媒体へ使用されなかった場合でも、意義申し立てを行いません。
2. 本動画及び本画像の選択、光学的創作、変形等に対して意義申し立てを行いません。
3. 本動画及び本画像の使用地域を制限しません。
4. 本動画及び本画像の使用期間を制限しません。
5. 本動画及び本画像のデータ、それを出力した印刷物等の提供を求めません。また、本動画及び本画像を使用した貴者または貴者が指名した者の作品、作品の見本の提供を求めません。
6.

　　　　　　　　　　　　　　　　　　　〒〇-〇　〇〇市〇〇町〇番地
　　　　　　　　　　　　　　　　　　　〇〇大学　〇〇学部
　　　　　　　　　　　　　　　　　　　　　　●●（氏名）

Q. 事例研究等を進めるにあたって,「倫理的配慮」の事項を論文内（方法）で提示する必要がありますか？

A. 学会誌により様々な対応があります．厳しく，投稿者等の所属する機関等の「研究倫理委員会」へ申請し，承認された研究のみしか投稿論文が受理されないところもあります．

実践研究論文でも徐々に「研究倫理委員会」へ申請し，承認された論文が投稿されるようになりつつあります．例えば，コーチング学研究（※）に投稿された原仲ほか（2015）の本文中には「本研究の調査は，筆者所属大学院の研究倫理委員会に研究計画書（研究目的・手続き・分析方法及び，依頼書・同意書並びに資料や個人情報の取り扱いに関する事項を含む）を審査申請し，厳正な審査手続きを終え，倫理委員会並びに所属長による審査を得た上で実施された．」と付して，実践的研究が進められています．

一方で，執筆者の所属する機関等で「研究倫理委員会」などがない場合や個人で活動している場合もあるかと思います．そのような場合は，以下のような「倫理的な配慮」を行って研究を実施する（した）ことが分かるようにすることが期待されます．

①"事前に"事例研究等を実施することが分かっている場合

「事例対象には，あらかじめ取組（トレーニング，実験等）の内容や方法，肖像権等の取り扱いを十分に説明し，書面にて提示した．また，本人の意志により，どの段階においても取組への協力を拒否する権利を有すること等伝えて，同意を得た．取組（トレーニング，実験等）の実施にあたっては，十分な準備運動を行い，安全面に配慮して行った．［なお，本研究は，●大学研究倫理委員会の承認（課題番号：○○）を得て行った］」（［　］は，申請・承認された場合の表記である．）

②"事後的に"事例研究を実施する場合

「事例対象には，事例提示の内容や肖像権等の取り扱いを十分に説明するとともに，本人の意志により，どの段階においても取組への協力を拒否する権利を有すること等伝え，書面にて事例提示の同意を得た．［なお，本研究は，●大学研究倫理委員会の承認（課題番号：○○）を得て行った］」（［　］は，申請・承認された場合の表記である．）

※原仲　碧ほか「育成年代サッカーコーチ（元Jリーガー）のコーチング実践知に関するライフヒストリー研究」，コーチング学研究，28（2）：163-173．

【論文投稿および査読に関するQ＆A】

Q. 実践研究の論文種別はどのように考えるとよいですか？

A. 実践研究の論文種別は，投稿する研究誌によって色々なものがあります．各研究誌の投稿要領等を確認することが大事になります．ここでは，Webジャーナルの「スポーツパフォーマンス研究」を手がかりに説明します．

図I-2-19は，I部2章で山本氏が実践研究の論文のあり方を示したものです（図の出典はp.30参照）．実践研究の特徴は，スポーツ現場で起こる様々な興味深い現象，しかしそのままでは当人だけの暗黙知でしかないことがらを，他の人にも見えるデータとして記述する点にあります．そのデータは言語や記号，映像や画像，またVASのように主観を数値化したもので，実践を説明する「エビデンス」となります．そして，エビデンスに著者独自の考察を加えて磨き，他者にとっても有益な実践知（ヒント）を導き出すことになります．山本氏の提案を手がかりにすると，大きくは実践知に対する研究の方向性（ヒント検証か，ヒント創出か）により「実証研究」「資料」「事例研究」「アイデア」の大きく4つに分けられます．実証研究や資料は，著者がある事象や現象の実践知や暗黙知を客観的に検証しようとしている点，事例研究やアイデアは一つの事例や事象から実践現場で活用できそうな実践知やヒントなどを提案しようとする点が特徴といえます．以下に簡単に

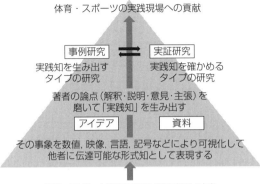

図 I-2-19 実践研究論文のあり方とカテゴリー（山本，2015，2017を改変）
様々なカテゴリーがあるが，これらを総称して実践研究と考える．事例研究と実証研究の区別は，厳密にはつけられない場合もある．

各種別の説明をしておきます．

「実証研究」とは，実践現場で共有されてきた経験知やヒントを検証し，実践知等が安心して活用できる確証を提示するものです．

「資料」とは，たくさんのデータを集めて標準値を示したものや，稀少性のある一流選手のデータなど，他者がそれを二次的に活用できるもののことです．実践現場にとって，活用の可能性が示され，整理されて提示されるものです．

「事例研究」は，一個人や一チームのトレーニングやチームの取り組みの過程や結果について，実際の取り組みにあわせて色々なデータを用いて詳しく記述します．そして，一事例であっても著者の独創的な視点から，同業者に「なるほど」と思わせる，次の実践に有益なヒントや実践知を提示するものです．

「アイデア」は，その考えを裏付ける十分なデータはないが，周りの人が興味深いと思えるレベルにまで言語化されたものと考えます．トレーニングでいえば，他者が試してみたくなるような発想を打ち出しているものです．

実践研究を投稿する際には，以上のように研究の方向性やエビデンスの充実度を考慮して論文種別を決めるとよいでしょう．なお，現時点でのスポーツパフォーマンス研究の論文種別は「実証研究・資料」「事例研究」「アイデア」となっており，「実証研究」と「資料」に区別はありません．

Q. 実践研究での査読でのやり取りで注意することは何ですか？

A. 実践研究では，従来の科学雑誌では扱われにくかったスポーツやその指導の実践場面の事象を，積極的に研究対象としていく，という点に独自性があります．このため，従来の雑誌における執筆や査読の方法論から見て，異なるあり方が要求される部分もあります．したがって執筆者と査読者とが，これについての共通理解を持っておかなければ，実践研究の査読はスムーズに機能しません．以下に，その注意点を整理しておきます．

1. 執筆・査読にあたって要求されること
①実践者にとってわかりやすい記述と説明

執筆者は，研究対象とした事象を，読者である現場の実践者にできるだけわかりやすく伝える（まず事象を記述し，次にそれを説明する）努力をすることです．事象の記述にあたっては，従来の科学雑誌が基盤としてきた数値データだけにとどまらず，映像，言語，記号等も積極的に活用することです．

一方，査読者は，この記述や説明について，著者だけの独りよがりの理解になっていないか，また，できるだけ多くの読者に伝わるような表現となっているかを点検し，建設的なアドバイスをすることです．

②事実と意見の区別

執筆者は，その研究（実践や実証）で得られた「事実（エビデンス）」と，その事実を元にした執筆者の「意見・主張」とを明確に区別して表現することです．

一方，査読者は，執筆者の意見・主張の是非ではなく，事実を元にした意見・主張の展開の仕方について，一貫性があるか，飛躍がないかについ

て点検することです．執筆者の意見・主張について，査読者個人としては同意できなくても，研究で得られた事実をもとに，執筆者の論理により一貫性を持って考察が展開されていれば，科学の要件である反証可能性があると見なし，許容することです．

2．執筆・査読にあたって要求されないこと

以下は，従来の科学雑誌では求められてきましたが，実践研究では必ずしも求められない点です．ただし，その代わりとして求められることもありますので，注意してください．

①対象者の数

多くの人数をそろえ，対照条件も設けるのが従来の研究のあり方ですが，実践研究ではそれにはこだわりません．対象者は，一人または少数でもよく，グループの場合でも，対照群を作ることが難しければ，作る必要はありません．たとえば，あるトレーニングを行ったグループについて，その前後の結果を比較して考察する，というスタイルも許容されます．なお実践研究は，平均値だけではなく個人の特性も重視する，という特色を持ちます．したがって，トレーニング前後で平均値に有意差があった，ということだけで論文をまとめてしまうのではなく，あわせて個人の変化についても言及する努力をすることが重要になります．

②有意差検定

科学論文の作法ともいうべき有意差検定や，5％水準の統計的有意性にこだわる必要はありません．ただし，このような方法論を用いない分，研究成果が持つ意味を読者に伝えるための説明は行うことです．たとえば，対照群を作らずにトレーニングを行い，改善が見られた場合，そのトレーニング方法に一定の意義があったということについて，先行研究，過去のデータや事象，経験則などから説明する努力をすることです．査読者は，このことに関して執筆者が言及していない有益な説明材料を知っていれば，具体的に明示してアドバイスをすることになります．

③先行研究

先行研究を網羅的に検証し，それをもとに仮説を立て，検証する，というスタイルは必要としません．したがって，先行研究に対する当該研究の位置づけにも，あまりこだわる必要はありません．ただし，当該の研究課題がスポーツやその指導の実践場面でどのような意義や価値を持つのか，また新規性があるのかについての説明は行う努力をする必要があります．査読者は，当該研究に対して引用が不可欠と考えられる先行研究があり，それを執筆者が書き漏らしていると判断した場合，その文献名を具体的に明示してアドバイスをすることになります．

本稿は，日本スポーツパフォーマンス学会のスポーツパフォーマンス研究の投稿規定を引用し，一部改編したものです．(http://sports-performance.jp/kitei.php，2018年7月17日閲覧)

［金高　宏文］

索　引

[あ 行]

アイシング　152
アイデア　26, 109
アイマークレコーダー　34
アウトカム　204
足さばき　138
アロメトリー　165
暗黙知　12, 17, 53, 54, 57, 157

意見　27
1群事前事後テストデザイン　196
一般化可能性　190
意味基準　11
因果関係　193
因果効果　194
インターネット　207
インタビュー　48, 129

ウィンドサーフィン　21
ウォーミングアップ　150
動きの意図　78
動きの感じ　78
打ち込み　145
運動意識　67
運動条件　150
運動の客観的な情報　128
運動の構造　76
運動パフォーマンス　151
運動フォーム　67

疫学研究　163
エビデンス　13, 26
エビデンスに基づく医療　195
エビデンスに基づく実践　195

横断的観察　56
横断的研究　33, 62, 64
応用的な研究　109
オーサーシップ　208
思い込み　123
オリジナリティ　174
オンコート発表　109

[か 行]

外的妥当性　190

介入　193
概念レベル　88
科学　189
科学技術　13
科学技術社会論　12
科学研究　9, 111
科学サポート　121
科学的　15
科学的の合理性　13
科学的指導　3
科学の作法　15
踵押し法　139
掛かり稽古　145
確率　203
可視化　17
仮説　130
仮説検証型研究　67, 114, 193
仮説生成型研究　114, 193
仮説創出型研究　67, 182, 187
下腿角度　141
肩関節の柔軟性　156
肩の痛み　156
語り　49
カヌー　18, 19
勘（カン）　17, 24, 41, 80
観察　189, 193
観察者　41

気剣体　24
技術　127
技術トレーニング　127
基本稽古法　145
基本的修練　145
帰無仮説　191
客体的に把握　77
客観　3
客観値　156
客観的運動　76
客観的言語　3
客観的情報　55, 56, 57, 59
客観的分析　55, 61, 64
弓道選手　154
競技環境　151
競技スポーツ　1
競技特性　149
競技特有のスポーツ外傷・障害　150

競技特有の体力　149
競技ルール　150
教養スポーツ　1
局所管理　194
切り返し　145
気力　145
筋温　151

崩し　146
組替型　140
クラウンデッド・セオリー・アプローチ　85
クリニカル・クエスチョン　192

経験　17, 24
経験値　156
稽古日誌　146
形式知　17, 26, 157
欠測データ　204
健康スポーツ　1
言語技術教育　28
言語データ　88
剣道指導要領　137

行為者　41
効果　193
工学　13
工学部　14
効果量　196, 200
高速度帯域での移動　97
個人間相関　202
個人差　190
個人戦術　48
個人内相関　202
個人の共変関係　202
個体　197
5段階評価　115
コツ　41, 80, 120, 129
5%水準の危険率　9, 19
個別性　9
コンディショニング　148
コンディショニングツール　152

[さ 行]

サッカー　156
作法　9, 174

参照日　207

視覚探索パターン　34
時系列　202
時系列データ　199
時系列分析　199
思考プロセス　91
事後確率　203
自己効力感　169
事実　27
自然科学（系）　4，13
事前確率　203
自尊感情尺度　169
実験　189，193
実験群　195
実験計画　194
実証　189
実証研究　26，67，173
実践　189，193
実践研究　111，118
実践研究の定義　17
実践研究論文　26
実践知　12，17，41，42，53，57
実践についての研究　84
実践を通しての研究　84
質的研究（方法）　42，88
質的データ　88
失敗　68
失敗事例　125
自転車競技　21
指導書　207
竹刀接触時間　141
社会科学　27
社会的存在　12
社会的な合理性　13，178
縦断的観察　56
縦断的研究　33，60，61，64
集団の相関関係　202
従来型　140
主観　3，22，24，203
主観的運動　76
主観的言語　3
主観的情報　56，57，59，61，143
主観的動作　77
主観的分析　54，56，61，62，64
主体的に把握　77
準実験計画　196
生涯スポーツ　161
上下肢の一致　140

上下肢の協調　140
称号・段位制度　147
肖像権　208
正面打突　140
症例報告　118
暑熱環境下　152
資料　26
資料研究　67
事例研究　5，27，43，66，67，182
事例報告　43，67
審査　147
身体活動量　163
身体知　41，57
人文科学　27
人文・社会学系　4
信頼性　50
心理的存在　12

推測統計　190
スイングスピード　155
スタティックストレッチング　150
ストレッチング　151，157
スポーツの文化的価値　161

正対打突法　139
攻め　146
戦術　21

相関係数　201
相関分析　201
測定データの活用　154

[た　行]
体育・スポーツ科学　3
体温　151
大学体育　161
体脂肪率　156
対照群　20，195
対照実験　10
体操競技　127
対立仮説　191
体力測定　154
体力特性　142，154
体力トレーニング　127
対話　49
多重ベースラインデザイン　197
妥当性　50
打突　141

打突時の床反力　141
打突動作　138
単一事例実験計画　196

知覚と運動のカップリング問題　84
知覚の特殊性　83
逐語録　50
着圧ウエア　152
注視点　33，34
中断時系列デザイン　196
中動的　78
長距離走　20，22
調査　193
地力　145

提言　109
できばえ　144
テニスサーブ　110
伝統文化　136

同意書　208
統計的仮説検定　191
トライアンギュレーション　50，185
取組過程　113
トレーナー自身の臨床経験　157
トレーニング科学　14
トレーニング効果　195
トレーニング実践研究　90

[な　行]

内省　49
内省報告　39
内的妥当性　190
なぎなた　24
ナラティブ　13

[は　行]

バイオメカニクス　128
刃筋　147
跳ね足　137
跳ね足改善稽古法　140
パラダイム　11
バレーボール　24
半構造的インタビュー　86
反転デザイン　197
反復測定　194

ビデオ　128
頻度主義　191

ファーストサーブの確率　111
フィードバック　197
フィードバック法　143
フィジカル能力　102
物理的存在　12
武道　24
普遍性　9
踏み込み　141
プラシーボ効果　195
プログラミング言語R　201
プロセス研究　91
ブロック効果率　37
ブロック反応時間　37
文化　2
文化性　136
文献研究　207
分節点　78

ベイズ主義　191
ベイズ推定　203
ベイズ統計　203
ベイズの定理　203
ベースライン期　197
偏差値　144

ホーソン効果　195
母集団　190

[ま　行]

見える化　113，120，125
右足着床時間　141
ミドルブロッカー　36

無作為化　194

メンバー・チェック　50，56，185

問題解決　68

[や　行]

野球監督の心拍数　31
野球選手　155

有効打突　136

[ら　行]

ランダマイゼーション検定　199
ランダム　193
ランダム化比較試験　196

理学部　14
リサーチ・クエスチョン　192
理想像　128
リフレクション　72
流儀　174
量的研究　42
理論知　12，42
倫理的配慮　125，210

練習方法　127

論文種別　210

[欧文索引]

ABデザイン　197

Backステップ　35

EBM（Evidence-Based Medicine）　195
EBP（Evidence-Based Practice）　195
ES（effect size）　196，200

GPS（global positioning system）　96
GTA　85

Leadステップ　35

multiple baseline　197

Noステップ　35

OCP（orientated control play）　96

PDCAサイクル　27，90
p値　191

RCT　196
reversal　197

SCD（Single-Case Designs）　196
score-box possession　98

Time-motion分析　96

VAS（visual analog scale）　22，24，25，142
VASスケール　39

Youtube　208

体育・スポーツ分野における
実践研究の考え方と論文の書き方
定価（本体3,000円＋税）

2018年　10月23日　初版１刷発行
2022年　 6月11日　　 　２刷発行

編　者
福永哲夫・山本正嘉

発行者
市村　近

発行所
有限会社　市村出版

〒114-0003　東京都北区豊島2-13-10
TEL03-5902-4151・FAX03-3919-4197
http://www.ichimura-pub.com・info@ichimura-pub.com

印刷・製本
株式会社　杏林舎

ISBN978-4-902109-49-8　C3037
Printed in Japan

乱丁・落丁本はお取り替えいたします